40 Cross-cultural Communication Tactics
for New Global Business Leaders

心をつかみ、人を動かす
ビジネス英会話スキル
成功するための
異文化対応戦術40

鈴木武生 著　上田怜奈 監修

はじめに

　1979 年に TOEIC が日本に登場してはや 40 年以上が経ち，今日，書店の棚には，語彙，文法，リスニング，スピーキング，ライティングなどさまざまな教材が並んでいます。また技術の進歩により，PC によるオンライン教材や，時間を問わず英語が学べるスマホアプリが数多く登場し，今や「費用，場所，時間」を問わずに英語が自由に学習できる環境が出現しています。それもあいまって TOEIC 公開テストの平均スコアは年々上がり，現在では約 630 点前後にまで達するようになりました（筆者が学生だった頃，おおむね新入社員の平均点が 300 点台後半から 400 点弱あたりだったように記憶しています）。

　そうした意味では，日本人は「語学力」という点ではすでに一定のレベルに達していると言ってもよさそうです。もちろん人によって発音の得手不得手や語彙力の多い少ないといった違いはありますが，語学レベルではすでにスタート地点に到達している（人によってはさらに先に進んでいる）にもかかわらず，ビジネスシチュエーションになると英語によるコミュニケーションがなかなかスムーズに取れないのはなぜなのでしょうか？そこには何やら「単なる言葉としての英語」以外の問題が隠れていそうです。

　前著の『異文化理解で変わるビジネス英会話・チャット 状況・場面 115』では，日本語とは異なる英語コミュニケーション文化における「暗黙のルール」を理解することにフォーカスし，オフィスコミュニケーションを格段スムーズなものにレベルアップする方法を解説しました。つまり日本語コミュニケーション文化の枠組みからは見えにくい英語独自の対人配慮文化を理解することがカギでした。しかし今日のビジネスパーソンは，ビジネスリーダーとして多様な外国人メンバーを 1 つのチームにまとめ上げ，彼らの信用を勝ち取り，協働的に動かして成果を上げることが求められています。また海外のビジネスパートナーを時には説得し，時には議論を交わし合い，新たな価値を想像することが期待されています。

　こうしたグローバルでダイナミックなビジネス環境では，単なる対人配慮スキルだけではなく，**人を動かすコミュニケーション・タクティクス**，すなわち価値観の違う人間の懐に飛び込んで，心を開かせ，相手を動かす戦術が欠かせません。これからのビジネスリーダーに求められる資質として，EQ（Emotional intelligence），レジリエンス（Resilience），社会的影響力（Social influence），リーダーシップ（Leadership），自発性（Initiative），批判的思考力（Critical thinking），度胸（Guts），執念（Tenacity），独創性と創造性（Creativity & Originality），アクティブラーニング（Active learning）といったキーワードが頻繁にメディアに取り上げられていますが，では英語学習者が，一体これを具体的にどうやって英語コミュニケーションスキルの練習に落とし込んでいけばいいのかとなると，なかなか難しい問題と言えます。実際，「言語としての英語」の教材は多く出版されていますが，**人間関係の発展，敬意ある協働関係，信頼の構築，リベラルアーツや一般教養の会話展開，状況打開，誤解を生まない対応，説明や説得，関係修復におけるコミュニケーションスキル体験を主眼に置いた教材**はこれまであまりありませんでした。

　本書は，こうしたニーズに対応するために企画・出版されました。ビジネスリーダーが遭遇しがちなビジネスケースを設定し，その中で学習者が具体的なシチュエーションを疑似的に体験・検証できるようにすることで，英語を使って「**相手の心を開かせ，信頼を築き，相手を動かす**」ためのコミュニケーションスキルを学べるように構成されています。各ケースでは，**効果的なコミュニケーションに失敗する展開例と成功する展開例が対比**されています。まず NG 例でうまく伝わらない原因を分析した上で，英語における異文化的価値観を踏まえながら，各局面において，どうすれば相手の心に刺さるように会話を展開できるかを，計 40 のタクティクスを通じて学んでいきます（アジア諸国で用いられるタクティクスも一部加えてあります）。また**各ケー**

スにおける成功例は，自然で効果的な会話を行う上でのテンプレートとして利用することができます。

　これらのタクティクスには欧米型ビジネスモデルの価値観の影響が色濃く投影されています。たしかに日本語コミュニケーションには日本型のタクティクスがあるのですが，この国が長年独自の発展を遂げてきたという経緯から，海外から見るとその一部はかなり独特なものに見えます。例えば日本では謝罪は必ずしもペナルティーを伴いませんが，謝罪とペナルティーがイコールになる国も存在します。そうした国では状況によっては気軽に言った「すみません」が「ペナルティー覚悟の発言」として認識されてしまいかねません。このように異文化的価値観の違いはビジネスの行動様式をも大きく左右します。これに対応するには，「誠意をもって日本式コミュニケーションパターンを貫く」よりも，英語的タクティクスを通じて英語コミュニケーションスキルを体得するのが最も近道なのです。

　本書で設定したケースやシチュエーションは，筆者が実際に経験した状況，また筆者のビジネスパートナーたちが経験したエピソードをもとに，より多くの読者が理解しやすいように紙面の制限やプライバシーも考慮しながら加筆修正したものが元となっています。また本書に収録された異文化的知見は，一部市販書籍，統計調査，学術論文などを参考にはしていますが，大半は過去数十年にわたる筆者のビジネス経験と国内外のビジネスパートナーからの聴き取り証言をまとめたものです。こうした経験から得られた教訓を是非有効にご活用ください。

　末筆ながら，前著に続き本書の執筆機会を与えていただいた株式会社Z会ソリューションズの皆様には厚くお礼を申し上げます。企画の段階から有意義なアドバイスとフィードバックをいただき，筆者のとりとめのないアイデアを完成度の高い独創的なものに仕上げていただいたことに深く感謝します。

　本書のシチュエーションの構想と設定，表現の吟味，英文校閲に多大な力を貸していただいた Mike Lloret さんにも深く感謝を申し上げます。彼からは長年にわたる NEC 人事部門での職歴，ヘッドハンター，編集者としての深い経験と洞察に基づき多くの貴重なアドバイスをいただきました。収録されたビジネスシチュエーションの構想・策定においては，彼の高い言語的洞察力，深いビジネス知見そして広範な教養を通じて多大なる貢献をいただきました。本書を監修していただいたさくらリンケージインターナショナル社 CEO の上田怜奈さんにも心より感謝いたします。上田さんには本書の構成方針はもとより，各国別現地レポート，内容のチェックや貴重なコメント，海外ビジネス事情に関する重要な情報そしてコラム記事のご提供をいただきました。

　さらに今回の執筆では多くの外国人および日本人の方々からもご協力いただきました。Antoon Burgers, Arnaud Wenger, Bobby Buck, Kenneth Cheung, Mariya Ebira, Ryan Okuda, R Sais Chandra Teja, Sean O'Connell, 朝田稔一, 上村魁, 高揚, 佐藤正俊, 嶋田仁, 田洪涛, 春遍雀來, 渡辺利一の皆様（敬称略）からはさまざまな体験談や情報，そしてきわめて有意義なコメント・ご意見をいただきました。この他にも多くの知見をいただきました海外勤務経験者の方々および日本在住の外国人の方々にも深くお礼を申し上げます。

　本書を通じて，読者の皆様にとって新たな英語コミュニケーションの扉が開かれ，グローバルなビジネスリーダーとして活躍していく上での一助となれば幸いです。

2023 年 3 月
鈴木武生

目次

Section 1　心を開かせ，距離を縮める

Section 2　自分に興味を持たせる

Section 3　信頼関係を構築する

Section 4　ネットワークを広げる

Section 5　リーダーシップを発揮する

Section 6　コンフリクトを解決する

本書の利用法

① Case・通し番号

各 Section では Case ごとに会話例・発言例を掲載しています。会話例・発言例には番号（1 ～ 69）を付し，具体的な状況・場面の説明を記しています。

同じ場面で改善・工夫の余地のある例（「改善の余地あり！」「状況が悪化！」）と，自然な例（「これならスムーズ！」「状況をうまくハンドリング！」）を対比している場合は，通し番号は同じとし，パターンを -A，-B で表しています。

② 音声ファイル番号

各会話例・発言例に読み上げ音声が用意されており，ファイル名が記載されています。ダウンロード方法は p.9 で確認してください。

「改善の余地あり！」「状況が悪化！」と，「これならスムーズ！」「状況をうまくハンドリング！」を対比している場合は，音声は「これならスムーズ！」「状況をうまくハンドリング！」のもののみ用意しています。

③ 会話例・発言例と和訳，語句・表現

会話例・発言例を左側，和訳を右側に記し，その下に会話・発言に登場する語句・表現について補足説明を入れています。

会話例・発言例の中の網掛け部分，下線部分については、「Review」の中に説明がありますので参照してください。

④ Review　振り返ってみよう

　会話例・発言例の解説です。どこが，なぜ問題なのか，発言の裏にはどのような意図や文化的背景があるのかなどを説明しています。

⑤ Communication Tactics

　「Review」で解説した円滑なコミュニケーションのために押さえておきたいポイントを一言でまとめています。

> 音声を聞きながら会話を口ずさみ，ダイアログの流れ（展開の仕方・型）を染み込ませていきましょう。その際，Review で解説されている考え方もあわせて自分のものにしていってください。

● 本書の音声について

> 　本書に掲載している会話例・発言例には，読み上げ音声がついています。下記 Web サイトにて，ダウンロードとストリーミング再生が可能です。音声ファイルは MP3 形式で，本書に記載のファイルマーク ♪SX_XX の番号に対応しています。
>
> https://service.zkai.co.jp/books/zbooks_data/dlstream?c=5453
>
>

※登場人物はさまざまな国・地域の出身ですが，音声吹き込みはアメリカ出身のナレーターが行っています。
※音声は「これならスムーズ！」「状況をうまくハンドリング！」のもののみ用意しています。

● 各種コラム

○ もっと知りたい！

文法・語句，類似表現のニュアンスの違い，使い分けや，ダイアログの内容に関するプラスアルファの情報について解説しています。

> **Plus+ もっと知りたい！　きっかけ作りの表現**
> 近所や社内で何度か顔を合わせているものの，直接話したことがない人と表現としては次のようなものを覚えておくと便利。
> ☐ I've seen you around, but we haven't spoken.

○ もっと語ろう！

Section 2 では，Case ごとに「一般教養としてこのくらい語れるようになろう」という目標となる日本文を示しています。自分なりに英語で表現することにチャレンジしてみましょう。

> **Plus+ もっと語ろう！　東西冷戦**
> 次の日本文の内容を，自分なりに英語で表現してみよう。
> 「現在民主主義体制の国と権威主義体制の国の対立が高まってい

○ Tips For Better Communication

Review で解説したポイントから一歩踏み込んだ，グローバル・コミュニケーションのためのアドバイスを記しています。

> **Tips For Better Communication　アイコンタクト**
> 仕草や表情は非言語コミュニケーション (non-verbal comm
> ミュニケーションの中でかなり大きな役割を持つものと見なさ
> 圏ではアイコンタクトは非常に重要な意味を持ちます。

○ Voice　異文化最前線からの声

ビジネス現場で海外の人々とやりとりのある方の実体験に基づくコラムです。

> **Voice　異文化最前線からの声　日本人としての強みを**
> 本書の監修者であり，ルクセンブルクを拠点に，コンサルテ
> 書翻訳業務等を行い，グローバルビジネスコミュニケーション
> の声を紹介します。

○ Candid Opinion　外国人からの辛口コメント

海外の方から日本人の言動がどのように見えているのかを記した，ちょっと辛口のコラムです。

> **Candid Opinion　外国人からの辛口コメント　ソフトすぎて分**
> 日本で修士号を取得したのちに日本のメーカーに入社した中国
> 日本では，言葉で説明されなくとも，その場にいる人が理解す

○ 異文化理解 Column

本書で取り上げた会話例や発言例の背景にある，海外の国々の文化や価値観について解説しています。

> **異文化理解 Column**

コラム一覧

※「もっと語ろう！」は Section2 の各 Case に掲載
　されています。

ダイアログの設定と登場人物

本書のダイアログに登場する主な企業と人物を紹介します。

Heuristics Inc. — Japan

東京・四谷に本拠を置く IT ソリューションプロバイダ

Robert	営業部
Rie	営業部
Daisuke	営業部
Shohei	営業部
Mia	営業部
Ryota	マーケティング部部長
Phillip	マーケティング部
Christophe	IT 部
Kaoru	HR 部

Heuristics, UK — U.K.

Heuristics Inc. のイギリス支社

Naoki	営業
	Heuristics Inc. からの長期出張者
Emma	PR 課長

Heuristics, Singapore — Singapore

Heuristics Inc. のシンガポール支社

Saori	マーケティング部
	Heuristics Inc. からの長期出張者
Stephan	マーケティング部
Patrick	マーケティング部
Mei	マーケティング部
Kenta	エンジニア
Ashok	エンジニア
Chitra	エンジニア
Nikita	HR 部

Alps Beer Company, Ltd. — Japan

日本のビールメーカー

Mr. Yamane	システム管理
Mr. Yoda	営業部
Nanami	品質管理部

San Giovanni — Italy

イタリアのミネラルウォーターメーカー

Mr. Bruno	社長

LuxTech — Luxembourg

ルクセンブルクのベンチャー企業

Sébastien	社長

※・・・は人物同士の関わりを示しています。

Quadram Solutions — U.S.A.

アメリカのサンノゼにある Heuristics Inc. の子会社

Nathan	営業部部長
Yoshiaki	営業部
	Heuristics Inc. からの出向者
Jeremy	営業部
Steve	営業部
Hassan	営業部
Masakazu	マーケティング部課長
	Heuristics Inc. からの出向者
Kazuhiro	マーケティング部
	Heuristics Inc. からの長期出張者
Oliver	マーケティング部
Nicole	マーケティング部
Ella	マーケティング部
Takashi	エンジニア
Dave	エンジニア
Adele	エンジニア
Alex	法務部

Quadram Solutions, Philippine — Philippine

Quadram Solutions のフィリピン支社

Kota	マーケティング課長
Anna	エンジニア
Abdul	エンジニア

TexSoft — U.S.A.

IT ソフトベンダー

Eric	CES で Yoshiaki と知り合う

Adept Apps — Philippine

フィリピンのローカルベンダー

Manuel	

家族・友人 — U.S.A.

Misaki	Yoshiaki の妻
Jennifer	Misaki と同じマンションの友人
Ann	Jennifer の友人
Jacob	Yoshiaki と同じ野球チームのメンバー

Franken Engineering — Germany

ドイツの装置メーカー

北洋重機 — Japan

Franken Engineering と共同プロジェクトを行う

Starlid Logistics — Japan

Heuristics Inc. の顧客の物流企業

Valuemart Net — U.S.A.

Quadram Solutions の顧客のネット販売企業

Strait Industires — Singapore

Heuristics, Singapore の顧客

1

心を開かせ，距離を縮める

Breaking the ice and instilling trust

スモールトークは，初対面の相手ばかりでなく，同僚やビジネスパートナーとの会話において，相手の心を開き，心理的距離を縮めるための重要な社交スキルです。本セクションでは，挨拶，話しかけ，共通の知人や話題，ゴシップ，ユーモアを交えた愚痴といったさまざまなスモールトークの場面を通じて，人間関係の土台を作るタクティクスと，その使い方に焦点を当てます。

初対面の挨拶—さりげないトピック

1A 😣 改善の余地あり！

Yoshiaki がサンノゼの Quadram Solutions 社に赴任してまだ2，3日。オフィスで初対面の現地社員と言葉を交わしますが，どこかぎくしゃくしています。どこが問題なのでしょうか。

Steve	Hi! You're new here right?	こんにちは。新しくいらした方ですよね？
Yoshiaki	Yes.	はい。
Steve	You are from ...	あなたの出身は ...。
Yoshiaki	I'm from Japan.	日本から来ました。
Steve	Where in Japan?	日本はどちらですか？
Yoshiaki	Tokyo.	東京です。
Steve	So how does San Jose compare with Tokyo?	では，サンノゼは東京と比べてどうですか？
Yoshiaki	Hmmm ... The weather is good.	うーん ... 天気はよいですね。
Steve	Are you settling in OK?	慣れましたか？
Yoshiaki	What do you mean?	どういう意味ですか？

□ settle in「（新しい環境に）慣れる」settle in OK で「（その環境に）問題なく慣れる」という意味。

Review 振り返ってみよう

　日本はよく外国と比べて社交辞令が多いと言われますが（実は社交辞令は世界中どこにでもあります），実際のところ初対面の人との社交辞令が苦手な人は少なくありません。英語のスモールトークも一種の社交辞令で，実際には，答える内容自体はそれほど重要ではなく言葉を交わすことに意義があるのです。ちょうど年始に「あけましておめでとうございます。今年もよろしくお願いします」という言葉をやり取りするのにも近い感覚です。

　上記の **1A** の問題は，真剣に相手の質問に答えようとしているうちに時間が経ったり後手後手に回ってしまい，ぎこちない会話のループに陥っていることです（網掛け部分）。日本語にはこうしたスモールトークの習慣がないので，いくつかのテンプレートを練習しておくとよいでしょう。ポイントは，さりげない話題（天気，週末の予定，休み中の出来事，趣味，スポーツなど）について，**内容には深入りしない程度で，間髪入れずに答える**ことです。週末の話なら下記のテンプレートが単純で便利です。

A: How was your weekend? 週末はどうだった？
B: Pretty good. How was yours? 楽しかったよ。そっちは？

1B　😊 これならスムーズ！

同じ挨拶の場面でもっとテンポよく話が展開している例を見てみましょう。

♪S1_1B

Yoshiaki	Hi, how are you? I'm new here.	こんにちは。私はここに来たばかり なんです。
Steve	Welcome aboard. Where are you from?	ようこそ。どちらからいらっしゃい ましたか？
Yoshiaki	I'm from Tokyo. I'll be here for a couple of years.	東京から来ました。2，3年ここに いる予定です。
Steve	How do you like it so far?	こちらの暮らしは今のところどうで すか？
Yoshiaki	It's still too early to tell. Do you have any advice about San Jose?	まだ早すぎてなんとも言えませんね え。サンノゼについて何かアドバイ スはありますか？
Steve	I'm the right person. I'm from here. Let me explain.	いい人に聞きましたね。私はここの 出身なんです。説明させてください。

☐ Welcome aboard.「ようこそ。」入社やチームなどに加わった時に言う。aboard（乗船して）という 語からも分かるように本来は船や飛行機などに乗った人を歓迎する言葉から来ている。
☐ the right person「適任者」

Review　振り返ってみよう

　こうした会話においてもっともよいのは**話を切り出す側に立つ**ことです。これによって**会話 の流れをコントロール**できるようになります。初対面の場合のように何を聞かれるか不安な状 況では心理的に緊張してしまい，言いたいことも言えなくなります。初対面でない場合でも **Hi Steve! How was your weekend?** のような簡単なフレーズを，相手と顔が合ったら ぱっと繰り出せるように練習しておきたいものです。普通の挨拶なら《口語》**What's up, Steve?**（どうだい，Steve ？）のように先手を取ればよいでしょう。答える場合は **(I'm) great〔good；OK〕.**（まあまあだね。）や **The same as usual.**／《口語》**Same-old same-old.**（いつもと同じさ。）を使い回しながら別の言い方も覚えていくとよいでしょう。

🌐 Communication Tactics　話を切り出す側に立ってペースをつかむ

Case 2 初対面の挨拶—転居先でのスモールトーク

2A 😖 改善の余地あり！

Yoshiaki の妻 Misaki は引っ越し先のマンションのエレベーターホールでそこに住んでいると思われる女性 Jennifer と目が合いました。Misaki は初対面の隣人に何を話したらよいか迷っているようです。

Misaki	Excuse me. Do you live here? I am Yamazaki, just moved into 209.	すみません。こちらにお住まいですか？ 209 に引っ越してきたばかりの Yamazaki です。
Jennifer	Hi, nice to meet you. I'm Jennifer. I live here, too.	こんにちは，はじめまして。Jennifer です。私もここに住んでいます。
Misaki	I'm from Tokyo. My husband's been assigned here. I'll take this opportunity to attend a college.	私は東京から来ました。主人がこっちに配属になって。私もこの機会に大学に通うことにしました。
Jennifer	How long will you be here?	どのくらいこちらにいらっしゃるんですか？
Misaki	At least two years. But we will have to think about my son's schooling in a couple of years.	少なくとも 2 年です。でも，2，3 年後には息子の進学のことも考えないといけませんね。
Jennifer	Oh, you have a son?	あら，息子さんがいらっしゃるんですね？
Misaki	Yes, he is three years old.	はい，3 歳です。

□ attend (a) college「大学に通う」go to college だと初めて進学するイメージだが，attend は大学に通うのが 2 回目のニュアンスがある。

Review 振り返ってみよう

2A では Misaki は初対面の人に，自分の部屋番号，夫のこと，そして息子がいることまでを突然開示しています。これはセキュリティー上も安全とは言えません。しかもはなから「すみません，ここにお住まいですか？」という聞き方で会話を始めていますが，見ず知らずの人に個人情報を確認するのは尋問のように聞こえるため避けたほうがよいでしょう。**1B** では「話を切り出す側に立つ」というタクティクスを紹介しましたが，それはここでの Misaki のようにプライベートな話題の押し付けとは異なります。

また初対面の Jennifer にとって Misaki のプライバシーは興味ある話題ではないため，無理やり話題に付き合わせている感じになります。欧米人（特にアメリカ人）は，選択権に敏感なため，一方的な話題の押し付けにはいら立ちを感じる人もいるので要注意です。詮索好き（prying）な人だと誤解される危険もあります。

結局のところ Misaki はフレンドリーさを示そうとしたにもかかわらず，そうした努力がここではむしろ逆効果になってしまいました。ここでの会話の流れとしては「挨拶→引っ越してきた→出身国→近所のトピック」といった筋書きあたりが無難と思われます。

2B 😊 これならスムーズ！

同じ場面でテンポよく会話が続いている例を見てみましょう。

♪S1_2B

Misaki	Hi.	こんにちは。
Jennifer	Hi, are you new here?	こんにちは，あなたはここが初めてですか？
Misaki	I just moved here from Japan with my family.	日本から家族で引っ越してきたばかりです。
Jennifer	Oh, welcome to San Jose. Are you getting used to it?	あら，サンノゼへようこそ。慣れてきましたか？
Misaki	No big problem so far. But I just don't know where the best stores are.	今のところ大きな問題はありません。ただ，どこのお店がいいのかわからないんです。
Jennifer	I could recommend some supermarkets and specialty shops if you like. Maybe a big box store.	よかったら，おすすめのスーパーや専門店をお教えしますよ。大型店とかね。
Misaki	Yes, please. It's really kind of you.	はい，お願いします。本当にご親切にありがとうございます。

□ big box store 「（郊外にある）大規模小売店」

Review 振り返ってみよう

　　初対面の会話では，話題はごく一般的（general）なトピックにとどめておく必要があります。 **2A** では Misaki は一般的な話題ではなく，彼女の住まいや家族といった個別詳細的（specific）なトピックを押し付ける結果となっていました。初対面の礼儀として，相手に興味がない話題は，相手との関係が縮まり，相手がこちらに興味を持つような関係になるまで控える必要があります。

　　ではこの状況で，何が共通のトピックとして適切でしょうか？ 2人が同じ建物に入居しているような微妙な状況では，セキュリティー，プライバシー，相手との社交的関係の3条件を満たす必要があります。多くの国では，挨拶しない人間が不審者扱いされるので，まずは挨拶が必要です。その上で互いの specific な情報（プライバシー）に踏み込まずにフレンドリーな関係を築くことが目標となります。このような場合，建物・施設関連の話題（駐車場）や近隣情報（スーパー，バス停，駅などの位置）などが無難な話題と言えるでしょう。

🌐 Communication Tactics　初対面では一般的な共通トピックにとどめる

Plus+ もっと知りたい！　　話を展開させるトピック

　オフィスで初対面の挨拶が終わり，赴任期間などについてもやり取りをしたあと，そこからどう話を新展開させたらよいだろうか？　いいきっかけとなるトピックはないものか？そんな時は「現地でのアドバイスを求める」とよい。会話が自然な流れになる。

A: How long are you here for?

　　どれくらいの赴任期間ですか？

B : I'm here for two years. Is there any advice for a new kid?

　　2年います。新人の私に何かアドバイスはありますか？

　　＊a new kid は 30 代前半までなら使える。

Plus+ もっと知りたい！　　きっかけ作りの表現

　近所や社内で何度か顔を合わせているものの，直接話したことはない相手に話しかける表現としては次のようなものを覚えておくと便利。

□ I've seen you around, but we haven't spoken.

　　お見かけしたことはありますが，まだお話していませんでしたね。

□ We haven't had a chance to speak yet.　まだお話したことがありませんでしたね。

　　＊主語が We になっている点が重要。I haven't had a chance to talk with you. のように I を主語にして言うと上から目線に立っているようなニュアンスが出るので注意。

結局日本人って世界からどう見られているの？

　日本人，中国人や韓国人など東アジアの人々は全体として，他者からどう見られているかを気にするという文化を共有していますが（中韓ではこうした意識はむしろ面子や体面として認識されています），特に日本人は外からの目が気になるようです。

　ではどのように見られているのでしょうか？　こうしたイメージや印象は，各個人の振る舞いや属性に大きく左右されるため，客観的な答えは出せないでしょう。とはいえ，発表されている調査や，自分の経験，および自ら行った聴き取り調査を基に敢えて筆者の主観を述べるならば，結論としては「まずまずの評判を得ている」というのが率直な感想です。洋の東西を問わず「礼儀正しい」「真面目」と言う声はよく聞かれます。

　ただ地域によっては評価の傾向が多少異なるようです。例えば，欧米圏では特に強い個人主義と自己主張をよしとする国が多いため，日本人の控え目さが裏目に出て「何を考えているか分からない」「主張があいまい」のような誤解を受けることが多いようです（また，面白みやユーモアに欠けるという意見もあります）。興味深いのは，彼らもいざ来日してみると，こうした控え目さを「相手をリスペクトする」美徳であるとして評価することも多いということです。

　一方，東アジアや東南アジアでは，日本人の控え目さは好ましいものとして映るようです。また「責任感が強い」「時間に正確」などの点も高評価されています。東南アジアでは，日本は技術の国というイメージが残っているようで先進国として評価する声はそこそこあるのですが，何事にも慎重すぎて熱量やチャレンジ精神が少ないという点は，欧米圏と同様に，しばしば指摘されています。

　興味深いのはアラブ圏からの評価で，日本（人）の評価はかなり高いようです。中東での存在感はすでに中国の影に隠れていますが，依然として日本は友好的国家としての評価 No.1 であり，「勤勉，まじめ，規律正しい，文化・伝統を守る」人々として見なされているそうです。

Case 3 ▶ 初対面の挨拶—出身地のトピックから話をつなげる

3A 😣 改善の余地あり！

Yoshiaki が初対面の Jeremy と話をしています。Jeremy は Yoshiaki が東京出身であるということを知っており，東京の話題から会話を切り出しました。

Jeremy	You're from Tokyo, right?	東京出身なんですよね？
Yoshiaki	Yes.	そうです。
Jeremy	Where in Tokyo?	東京都のどこですか？
Yoshiaki	Hachioji. It's difficult to explain.	八王子です。説明するのが難しいんですが。
Jeremy	OK, it doesn't matter.	大丈夫，問題ないです。
Yoshiaki	By the way, where are you from?	ところであなたはどこの出身ですか？
Jeremy	I'm from Washington.	ワシントン州です。
Yoshiaki	Really. I went there and saw the White House.	本当ですか。私もワシントンに行ってホワイトハウスを見ましたよ。
Jeremy	Oh, that's D.C. My city is Tacoma.	ああ，それはワシントン D.C. のほうですね。私の街はタコマです。

☐ D.C. Washington D.C の略。よくカリフォルニアの北にあるワシントン州と間違えられる。
☐ Tacoma 「タコマ」ワシントン州の港湾都市名。

Review 振り返ってみよう

　このダイアログでは Yoshiaki が東京のどこ出身か聞かれた時に Hachioji と答えています。これは東京の地理を知らない人にとってはディテール情報になるため話が手詰まりになりやすくなります。実際 OK, It doesn't matter. あたりで会話の勢いが落ち始めています。「東京の郊外です。ダウンタウンから電車で 50 分くらいです（I lived in a Tokyo suburb. About 50 minutes by train from downtown.）」のように言えば，東京の満員電車の話題（「過労死」と同じく世界的にもかなり有名）など，相手も話をつなげやすくなるでしょう。

　また，最初の Yoshiaki の発話は Yes. だけで終わっていますが，そのあとに何か質問（例えば次のページのように「東京に行ったことがありますか？」など）を加えて相手が話をつなげやすくするのも配慮の 1 つです。

3B 😊 これならスムーズ！

Yoshiaki と Jeremy の会話がどのように発展しているのか，その流れに注意してください。

♪S1_3B

Jeremy	You're from Tokyo, right?	東京出身なんですよね？
Yoshiaki	Yes. Have you been there?	そうです。行ったことありますか？
Jeremy	No, but my sister has visited there. I hear the trains are so crowded.	いいえ，でも妹が行ったことがありますよ。電車がすごく混んでいるそうですね。
Yoshiaki	That's true. Why was she there?	そうなんですよ。妹さんはどうして東京にいらっしゃったんですか？
Jeremy	She's a big anime fan. She wanted to see .... Uh..Aka..habra. Am I correct?	彼女は大のアニメファンなんです。彼女は ... あー ... アカ ... ハブラを見たいと言ってました。合ってるかな。
Yoshiaki	Pretty close. Akihabara. Actually you might like Akihabara for all the electronic shops.	かなり近いですね。秋葉原です。秋葉原は電気屋が多いからあなたも気に入るかもしれませんね。

□ a big 〜 fan「大の〜ファン」
□ Actually you might like 〜「〜が気に入るかもしれませんよ」という定型フレーズ。

Review 振り返ってみよう

　ここでは＜東京（トピックテーマ）⇒妹が訪問＋混んでいる（具体情報）＞，＜妹の訪日（トピックテーマ）⇒妹の趣味（具体情報）＞，＜妹の趣味（トピックテーマ）⇒秋葉原（具体情報）＞，＜秋葉原（トピックテーマ）⇒電気屋が多い（具体情報）＞のように，各箇所で話がトピックテーマからより具体情報へとスムーズに展開しています。ある場所の話が出たら，自分には直接的な体験がなくても，親族や友人などが訪問した時の話，またその場所についてよく知られている話題，名産，気候などの話題につなげることでスムーズに心理的距離を縮めるのに役立ちます。この＜トピックテーマ（または全体概要）⇒具体情報＞という流れは，よく使うテンプレートとして覚えておくとよいでしょう。

　また，Yes. Have you been there? と That's true. Why was she there? のところで，それぞれ Yes. や That's true. のように反応を示すことで一度相手の意見を受け止めてから，自分の質問に話を持っていくスキルが使われている点にも注目してください。

🌐 **Communication Tactics**　トピックテーマから具体情報へ継ぎ目なく話を展開させる

Case 4 ▷ エレベーターでの会話

4 ☺ *これならスムーズ！*

Kenta はシンガポールでビジネスショーを訪れました。自分のホテルのエレベーターでビジネスショーでプレゼンテーションを行った発表者と偶然一緒になりました。

♪S1_4

Kenta	Hi, I liked your presentation.	こんにちは。プレゼンテーションよかったですよ。
Speaker	Thank you.	ありがとうございます。
Kenta	You're from Virtual Vision, right?	Virtual Vision の方ですよね？
Speaker	Yes.	はい，そうです。
Kenta	I had some questions about your speech.	講演について質問があったのですが。
Speaker	OK. This is my business card. Please email me.	わかりました。私の名刺です。こちらにメールしてください。
Kenta	OK, thanks.	承知しました。ありがとうございます。

Review 振り返ってみよう

4のような状況では時間が限られているため，わずかな時間でさっと相手の注意を引いてポイントを伝える必要があります。発表者に話しかけるなら I liked your presentation〔speech〕. などが無難かつ効果的な表現です。Kenta はそのあとすぐさま I had some questions about your speech. と言って要件を伝えています。自己紹介は会話が始まってから適宜名刺を渡してさらっとすませれば OK です。実際エレベーターで名刺を渡す場合，名刺入れをいちいち出している余裕はないので，ポケットにバラで入れておくと便利です。

Kenta の 3 つ目の発言は I had some questions about your speech. となっています。もちろん文法的には have を使うことも可能ですが，その場合には「今すぐ答えてほしい」というニュアンスが出ます。had の場合は，「プレゼンテーションを聞いている時に疑問に思ったことがあった」が今すぐ答えを求めているわけではない，というニュアンスになります。

🌐 **Communication Tactics** 短い時間で相手の注意を引いてポイントを伝える

5 ☺ これならスムーズ！

4 と同じシチュエーションで，別のスムーズな例を見てみましょう。

♪S1_5

Kenta	Hi, I liked your presentation.	こんにちは。プレゼンテーションよかったですよ。
Speaker	Thank you. I'm not sure how well it was received.	ありがとうございます。気に入ってもらえたかどうか自信はありませんが。
Kenta	Great presentation. You're from Virtual Vision, right?	素晴らしいプレゼンテーションでしたよ。Virtual Vision の方ですよね？
Speaker	Yes.	そうです。
Kenta	I had some questions about your speech.	講演についていくつか質問があったのですが。
Speaker	I'm happy to talk about it. I'm free after 5:00 o'clock. We could meet someplace.	はい，ぜひ。5時以降なら空いていますが。どこかでお会いしましょうか。
Kenta	Sounds great. How about the hotel bar at 7:00?	いいですね。7時からホテルのバーでどうでしょう。
Speaker	Sure, that sounds fine. See you then.	はい，結構です。ではまた。

□ someplace 《米》「どこかで，どこかに」

Review　振り返ってみよう

5 でも **4** と同じタクティクスが使われています。ここでは Hi, I liked ... で始まり，Great presentation. You're from ...? でさらに一歩会話を進めたあとに，「質問がある」という要件を伝えています。「質問がある」とは「相手に興味を持っている」ということなので，特別に忙しい場合を除けば，メールか口頭での説明など，何らかの返答はくれるはずです。カンファレンスや国際イベントはしばしば大きなホテルなどで開かれるので，ホテルのラウンジやバーで待ち合わせれば相手にも負担になりません。

4, **5** と同じシチュエーションですが，話しかけ方を変えています。

♪S1_6

Kenta	That was a great presentation.	素晴らしいプレゼンでしたね。
Speaker	Thank you. So are you in the same field?	ありがとうございます。で，同じ分野の方なのですか？
Kenta	Yes, I am from Heuristics in Tokyo. Here's my card. If you're free, could we talk later?	そうです。はい，私は東京のHeuristics 社の者です。これが私の名刺です。もしお時間があれば，後ほどお話を伺えないでしょうか。
Speaker	No problem. Are you coming to the reception?	大丈夫ですよ。レセプションにいらっしゃいますか。
Kenta	Yes. Let's talk then.	はい。ではその時にお話しましょう。

Review 振り返ってみよう

　ここでは That was a great presentation. で話を切り出し，名刺を渡しながらさっと自己紹介を済ませ，If you're free, could we talk later? でアポを取り付けています。日本語では「もしお時間があれば，あとでお話（をお伺い）したいのですが…」という言い方をしますが，英語にする場合は I would like to talk to you ... よりも，主語を we にして仮定法による疑問文形式 Could we ...? にするのが丁寧です。I would like to ... の形は I が命令系統の川上側に，you が川下側に立つため，自分を中心としたニュアンスが出てしまいますが，we であればどちらか一方が上位に立つニュアンスを避けることができます。

Plus+ もっと知りたい！　　相手と会う約束を取り付けるその他の表現

　質問があり，「どこかでもっと話せるかどうか」をこちらから率先して尋ねるのであれば I had some questions about your speech. Are you free later? （スピーチについていくつか質問があったのですが。このあとお時間ありますか？）と切り出すのがもっともシンプル。ビジネスショーや学会ではよくレセプションが開かれるので下記の表現でアポを取り付けてもよいだろう。

☐ Are you going to the reception?　レセプションに参加されますか？
☐ How about talking more at the reception?
　レセプションでもっとお話しするのはいかがですか？

Tips For Better Communication　アイコンタクト

　仕草や表情は非言語コミュニケーション（non-verbal communication）と呼ばれ，コミュニケーションの中でかなり大きな役割を持つものと見なされています。特に欧米文化圏ではアイコンタクトは非常に重要な意味を持ちます。

　そのためアイコンタクトはコミュニケーションのレベルを深化させる機能を持ちます。話し手がアイコンタクトによって誠実さや敬意を払っているというメッセージを伝えることができれば，その話し手は相手からも同様に誠意や敬意を受けやすくなるのです。

　また，アイコンタクトは話し手の表情や笑顔を魅力的に見せる効果があるとする研究もあります。

　アイコンタクトを取る時間は会話時間の 50% から 70% を基準とするとよいと言われます。これは 50/70 ルールと呼ばれています。また 1 回の時間についてですが，ある研究によれば 3.3 秒がちょうどよいとされています。

　相手の顔をずっと注視する必要はありません。時々ボディーランゲージを入れながら目を横方向にゆっくりずらすとよいでしょう。急に目をそらしたり下にそらしたりするとネガティブなイメージを与える可能性があります。アイコンタクトを外す（または下に目をそらす）ことは自信のなさを表すメッセージになるのです。よく映画などで，嘘をついている相手に「私の目を見て話せ」というフレーズが出てくるのはこのためです。

Case 5 ▶ 共通の知人や背景から話を発展させる

7A 😖 改善の余地あり！

シンガポールに長期出張している Saori が現地法人の社員 Stephan と話しています。Stephan は東京本社のマーケティング部にいる Mark を知っているようです。

Stephan	You worked in the Tokyo office. Do you know Mark?	あなたは東京オフィスで仕事をしていましたよね。Mark はご存知ですか？
Saori	Yes. I know him, but in a different department.	はい。彼のことは知っていますが、違う部署です。
Stephan	How's he doing?	彼はどうしているんですか？
Saori	Maybe he is OK. I don't talk to him much.	たぶん元気にしていると思います。あまり話したことがないんです。
Stephan	That's too bad. We were good friends here.	それは残念ですねえ。こちらでは私たちは仲がよかったんですよ。

Review 振り返ってみよう

　Saori の I don't talk to him much. は会話を殺す決定打になっています。**スモールトークは相手にとっても心地よく興味の持てる話題である必要があります。** そのためネガティブな内容で話を結ぶのはまずいやり方です。そのため「疲れた，大変，つらい，できない，悲しい，興味がない」といった雰囲気をイメージさせる物言いは避けるべきでしょう。Saori の I don't talk to him much. は，「あまり話したことがない」のが事実だとしても「Stephan の友人には興味がない」という風にも取れるため，Stephan も二の句が継ぎにくくなってしまっています。

7B　😊 これならスムーズ！

同じシチュエーションでのスムーズな例です。

♪S1_7B

Stephan	You worked in the Tokyo office. Do you know Mark?	あなたは東京オフィスで仕事をしていましたよね。Mark はご存知ですか？
Saori	Yes. Are you friends? He's a cool guy.	はい。友達なんですか？ 彼はいい人ですね。
Stephan	How's he doing?	彼はどうしてますか？
Saori	I don't see him so often because he's in a different department. He seems to be doing well.	彼は違う部署にいるから，あまり会わないのですが。彼は元気そうですよ。
Stephan	I'm glad to hear that.	それはよかった。
Saori	I'll tell him I saw you when I see him next.	今度彼に会ったら，あなたに会ったって言いますね。

□ cool guy ここでは「クールな〔冷静な〕奴」という意味ではなく「魅力的，おしゃれ，面白い」など人を魅了する特徴を持つ人（男女ともに可）を指すため，「いい人」あたりが適当な和訳と言える。great guy とも言い換えることができる。

Review　振り返ってみよう

　このダイアログでは Saori と Stephan が Mark という共通トピックについて話しています。Saori は I don't see him so often because he's in a different department. のように「彼とはあまり会わない」ことを言っていますが，次の He seems to be doing well. が流れをポジティブにしているため，会話がスムーズにつながっています。さらに Saori は最後に「今度彼に会ったらあなたに会ったと言いますね」と述べることで Mark を介して Stephan との距離を効果的に縮めています。よく「英語はストレートな言語で日本人のような細やかな感情表現をしない」というような物言いを聞きますが，英語にもこうしたさりげない気遣いのタクティクスが存在します。

Communication Tactics　ネガティブな表現で共通トピックの腰を折らない

他のスムーズな例を見てみましょう。

♪S1_8

Saori	Stephan, I hear about you from Mark.	Stephan，Mark からあなたのことを聞いていますよ。
Stephan	Ah, you know Mark? How's he doing?	ああ，Mark を知ってるんですか？彼はどうしてますか？
Saori	He's doing OK as far as I know. He's in a different department. But he seems happy. He's a great guy.	私の知る限りでは問題なくやっていますよ。彼とは違う部署にいるんですけど。でも楽しくやっているようです。彼はいい人ですね。
Stephan	That's good to hear.	それはよかった。
Saori	He asked me to say hi when I see you.	あなたに会ったら挨拶してほしいって言われていたんです。

☐ He's doing OK as far as I know.　正確な情報が分からず，またウソも言いたくない場合は as far as I know（私の知る限り）を付けるとよい。

Review 振り返ってみよう

. ここでも **7B** と同じタクティクスが用いられています。Saori は Mark の近況について十分な情報を持っているわけではありません。前の **7B** では seem to が使われていましたが，今回は as far as I know（私の知る限り）を用いることで断言を避けています。そして次にすかさず Mark を great guy であると褒めています。**Stephan の友人を褒めることは Stephan 本人を間接的に褒めることにつながります。**そして最後に「彼から挨拶するように言われた」というフレーズを使って Saori と Stephan の距離を効果的に縮めることができています。

　一方 Stephan は **7B**，**8** で「それはよかった。」(I'm glad to hear that. ／ That's good to hear.)と答えています。日本語だと「そうですか。」に相当するのでつい Really?(イントネーションによっては英語では「ウッソお，本当に？」のように聞こえるので注意)などと言いたくなるかもしれませんが，これも１つのタクティクスで，相手の言ったポジティブなニュースをフレンドリーに受け止める表現なので覚えておきましょう。

　ちなみに Saori の１つ目の発言は I hear about you from Mark. となっていますが，これは話を聞いたのが最近のことで，しかも何回か聞いているというニュアンスになります。「ずっと以前に聞いた」のであれば I heard ... と過去形になります。

Tips For Better Communication　ボディーランゲージ

　国際的なビジネス現場，特に交渉のような場ではボディーランゲージが信頼関係の構築に大きく影響する可能性があります。表情やしぐさが持つ意味は国や文化圏によって異なることもありますが，ここでは欧米文化圏を対象に話をすすめます。

　交渉のような場面ではポジティブな印象を相手に持たせたいものですが，ポイントを押さえておかないとうっかり否定的なイメージを与えてしまう可能性があります。

　まずは笑顔です。日本では古い友人に見せるような笑顔を，初対面の相手に対面した瞬間から見せることは少ないと思います。おそらく失礼のないようにという配慮から緊張した表情になるのだと思いますが，欧米ではここで笑顔を見せることが好印象につながります。笑顔は強い影響力を持つのです。

　次は握手です。握手は必ず笑顔でしっかりと（ただし強すぎてもいけない）握るようにしてください。弱い握手は「死んだ魚を握っている」ようで信頼できる相手としての印象に欠けます。

　会議テーブルに着いたあと，緊張した表情をしたまま，腕を前で組み，目線を伏せがちにしている日本人を時々見かけます。これも緊張感の表れだと思いますが，欧米圏ではこれは無関心のサインに受け取られる場合があるので注意が必要です。

　会議中は頭を水平にし，体をまっすぐにして座るようにしてください。体をリラックスさせ，手足をそわそわ動かさず，落ち着いた雰囲気を出すことが重要です。ふんぞり返る，ぐったり座る，座ったまま天井を見上げている，などは傲慢，退屈，無関心のサインになります。

　また人前を通る際に，背中を丸めて小股でちょこちょこ歩きをする人がいますが，これも信頼感を低下させるので注意が必要です。

　何かを発表する際には，細かい動き（ポインターをいじくる，体を揺らす）は相手の集中力を弱めるので避けるべきでしょう。鼻や髪に頻繁に触れるのは誠実な印象を低下させる可能性があります。両手の手の平を相手に向けて開いたジェスチャーは，相手と気持ちを共有したいというメッセージになります。

Case 6 ▶ 相手を褒める

9A ☺ 改善の余地あり！

Yoshiaki が部下のパフォーマンスについて褒めています。

Hassan	Did you see my report?	私のレポートを見てくださいましたか？
Yoshiaki	Yes. It was good.	うん。よかったよ。
Hassan	Do you have any comments?	何かコメントはありますか？
Yoshiaki	Oh not especially. But why?	ああ，特にないかな。でも，どうして？
Hassan	I was wondering why you said it was good. But never mind.	なぜあなたが「よかった」と言ったのかが気になりました。でも気にしないでください。
Yoshiaki	No problem.	問題なかったよ。
Hassan	...	...

Review 振り返ってみよう

　ここでの問題は Yoshiaki の It was good. のあとに具体的な情報が欠けていることです。具体的な点について褒めるか，または質問することで興味があることを示す必要があります。英語の言語文化では「言わなかったこと」＝「なかったこと」なので good の意味がまったくのお世辞と受け取られている可能性があります。しかも good 自身には「よい」という意味もなく，まあ「そんなもんだろうねえ」程度，つまり 100 点中 50-60 点くらいの意味合いしかないことも誤解を広げています。

Plus+ もっと知りたい！　**相手を褒める表現**

はっきりと褒める表現としては次のようなものもある。

□ Thanks for a great job. I'm really impressed by your report. I'm sure my boss will be too.
よい仕事をしてくれてありがとう。あなたの報告書は素晴らしいね。私の上司も感銘を受けると思うよ。

□ That was a clever solution〔approach〕.
賢いソリューション〔アプローチ〕だったね。

□ That's the best presentation I've seen in a long time.
今まで長い間に見た中で最高のプレゼンだったよ。

9B　😊 これならスムーズ！

同じシチュエーションでのスムーズな例を見てみましょう。

♪S1_9B

Yoshiaki	Hi Hassan, can I talk to you now?	やあ，ハッサン。今少し話せるかな。
Hassan	Sure, but why?	もちろんです。どうしてですか。
Yoshiaki	I like your report. But I have a couple of things to ask.	あなたのレポート，よかったですよ。ただいくつか質問があるのですが。
Hassan	Is there a problem?	何か問題があったでしょうか。
Yoshiaki	No, much the opposite. It was very good actually.	いや，その反対ですよ。本当にとてもよかったです。
Hassan	Oh, that's a relief.	ああ，よかったです。

☐ much the opposite「ほぼその反対」
☐ Oh, that's a relief.「(安心して) ああ，よかった。」

Review　振り返ってみよう

　日本では会議などで意見を発表した人に質問をすると，時として「敵対的な態度を取っている」とか「難癖を付けている」といった誤解を受ける場合も少なくありません。特に「なぜ」という質問は相手を責めている言葉として受け取られる場合があります。英語の question はラテン語の quaerere（＝ask, seek）が語源で，質問や対話を通じて真理を求める西欧的な伝統に由来しています。そのため質問は真理追求や問題解決における重要なプロセスの 1 つと考えられているのです。**英語圏では質問をするということは相手の主張に興味があるということであり，ディスカッションの場に命を与える大切な行為でもあります。**余談ですがドラゴンクエストのクエストも同語源に由来します。

　Yoshiaki の 2 つ目の発言は I like your report. と現在形になっています。この発言からは「一応満足しているが，これから多少相談したい」というニュアンスが感じられます。I liked ～ のように過去形で言うと，すべて解決済というニュアンスになります。

🌐 Communication Tactics　質問は自分の興味や熱意を効果的に伝え，対話に命を与える

相手を褒める─他者から聞いたよい評判を伝える

10 ☺ これならスムーズ！

Yoshiaki が Jeremy の全般的な評判について褒めています。

♪S1_10

Yoshiaki	I'm glad to meet you after hearing so many good things about you, Jeremy.	ジェレミー，あなたについていろいろとよい話を聞いていたので，お会いできて嬉しいです。
Jeremy	Really? Who's been talking about me?	本当ですか？ 誰が僕のことを話していたんですか？
Yoshiaki	John speaks highly of you. We used to work together in Tokyo.	John があなたのことを高く評価しています。東京で一緒に働いていたことがあるんです。
Jeremy	Oh, John! How's he doing?	ああ，John ですね！彼はどうしているのですか？
Yoshiaki	He got promoted to Director of the Osaka office.	彼は大阪支社の Director に昇進しました。
Jeremy	It's well-deserved. He's such a hard worker.	当然の結果ですね。彼は本当によく働きますから。
Yoshiaki	That's exactly what he said about you.	それはまさに彼があなたについて言っていたことですよ。
Jeremy	I have to live up to it.	期待に応えないといけませんね。

□ get promoted「昇進する」反義語は get demoted。　　□ such「まさに，本当に」
□ well-deserved「十分ふさわしい」　　□ live up to ~「~に対して期待に応える」

Review 振り返ってみよう

　相手を褒めたりポジティブなコメントを言いたいと思っても，当の相手が自分にとって初対面ならば，持ち物など目で見てわかること以外に話題にできそうな点はないのが普通です。そんな場合，「共通の友人からポジティブな評判を聞きましたよ」と伝えることが互いの距離を縮めるのに役立ちます。これは決しておべっかを使って取り入ろうというような行為ではなく，フレンドリーなアプローチで互いの距離を縮めるという社交スキルです。ここでは speak highly of ~という表現が使われていますが，他に I often hear about you from ~という表現も使えます。

　褒められた Jeremy は最後の発言で I have to live up to it.（期待に応えないといけませんね。）と前向きな発言で締めくくっています。ここでは That's good to hear.（それを聞いて嬉しいです。）といった答え方も可能です。褒められた際の答え方については p.45 の「もっと知りたい！　褒め言葉に対する謙遜表現」も参考にしてください。

🌐 **Communication Tactics** 共通の知り合いを介した褒め言葉を使う

11　😊 これならスムーズ！

シンガポールの Saori が Stephan のプレゼンテーションについて褒めています。

♪S1_11

Saori	Everybody was talking about how good your presentation was.	みんな，あなたのプレゼンがよかったって言ってましたよ。
Stephan	I'm glad my effort paid off.	努力が実を結んでよかったです。
Saori	I wish I'd been able to catch it myself.	私も見てみたかったなあ。
Stephan	I expect to do several more in the near future. You're always welcome.	近い将来何度かプレゼンをやることになると思います。いつでも歓迎しますよ。
Saori	I'd definitely attend. I can probably learn something from you.	ぜひ聞きに行きますね。私もきっとあなたから何か学べると思います。

☐ pay off「報われる，利益を生む，完済する」
☐ catch it myself「自分自身の目で見てみる」

Review　振り返ってみよう

　ここでも **10** と同じように褒め言葉で会話が始まりますが，今回は「周りの多数の人たちからよい評判を聞いた」というアプローチです。日本語だと「プレゼンお疲れさま」程度で終わってしまいそうですが，ワンフレーズで終わらせるのではなく，「あなたのプレゼンがとてもよかったとみんな言っていた」というように，**できるだけ具体的に述べるひと手間が相手の心に信頼感の種をまくことにつながります。**Stephan は褒め言葉に対して I'm glad my effort paid off.（努力が実を結んでよかったです。）のように答えています。日本語ではあまり言いませんが英語では「頑張りましたから」や「努力しましたから」という言い方も謙遜表現として使うことが可能です。

🌐 Communication Tactics　褒める場合も，ワンフレーズではなく，より具体的な言葉を使う

12 😖 改善の余地あり！

マーケティング部の Kazuhiro は先週 Quadram Solutions に長期出張でやってきました。現地社員の Nicole は東京でも有名であることを本人に告げたのですが Nicole は不愉快に感じています。
Nicole にはどう聞こえたのか，Nicole が同僚の Oliver に不満を言っている場面とあわせて見てみましょう。

Kazuhiro	Everybody comes back to Japan and talks about you.	みんな日本に帰ってくるとあなたの話をしていますよ。
Nicole	Why?	なぜですか？
Kazuhiro	They say you're the most beautiful manager in the company.	会社で一番の美人管理職という話ですよ。
Nicole	I'm flattered. But I hope to be remembered for ability.	ありがとうございます。でも実力で覚えてもらえると嬉しいですね。
Kazuhiro	I'm sure you have a lot of ability too.	当然実力も大いにあるはずですよ。
Nicole	I hope to show you if I stay around.	私がこの先も会社にいたらお見せしたいです。
Kazuhiro	Thank you.	ありがとう。
	—in the afternoon—	—午後になって—
Nicole	You won't believe what I heard this morning.	信じないと思うけど，私朝なんて言われたと思う？
Oliver	What happened, Nicole?	どうしたの，Nicole？
Nicole	Have you seen Kazuhiro? The guy who arrived last week.	Kazuhiro に会った？ 先週到着した人。
Oliver	Oh the guy always wearing a blue suit?	ああ，いつも青いスーツを着ている人？
Nicole	That's the one. He complimented my looks and thanked me for my sarcastic answer.	そう。容姿を褒められたんだけど，私が皮肉で返したらありがとうだって。
Oliver	It is not the first time, and it won't be the last time.	そうなんだ。まあ仕方がないね。

□ I'm flattered.「（お世辞を言ってもらって）ありがとうございます，嬉しいです。」の意味。この状況では「そんなことで喜ぶと思っているのか」という皮肉で使われている。
□ be remembered for ～「～で覚えられる」
□ stay around は「去らずにそこにいる」の意味。ここでは「この先も会社に残っている」の意味。
□ compliment「お世辞を言う」本来は，〈compliment 人 on 物事〉という構文を取るが，口語では物事も直接目的語になれる。
□ sarcastic「皮肉な」
□ It is not the first time, and it won't be the last time.「まあ仕方がないね（ずっとこんな調子だろうね）。」

Review　振り返ってみよう

　Kazuhiro は悪気なく褒めるつもりで Nicole（女性）の容姿について口にしましたが，意図とは反対に相手の気分を害してしまったようです。褒める相手が女性の場合，「髪型を変えた」とか「いいデザインのバッグだ」程度は OK ですが，容姿の美醜についてはタブーに近いので注意が必要です。
　容姿を褒められてカチンときた Nicole は，それをズバっと非難することもできないので皮肉を使って間接的に怒りを示しています。Kazuhiro はネイティブではないので，Nicole の皮肉がわからず，「ありがとう」と返してしまいました。やむをえないところもあったかもしれませんが，Kazuhiro の Thank you. は Nicole には逆に皮肉に聞こえてしまいました。褒め言葉や感謝の言葉は，ネガティブな状況で使うと皮肉に聞こえる場合があります。例えばクリスマスに上司に残業を命じられて，部下が，「素晴らしいクリスマスプレゼントをありがとうございます」と言ったなら，それは当然皮肉です。

Plus+ もっと知りたい！　「仕方がない」はどう言う？

　「仕方がない」を和英辞典で見ると It can't be helped. といった表現がよく出てくるが，実際には状況によってさまざまな表現が考えられる。
　「状況が変わりそうにないことへのあきらめ」なら，It's unlikely to change.（変わりそうにないよ。）や It's not going to change overnight.（すぐには変わらないね。）が，また他に選択肢がないという場合なら No choice. が使えます。あきらめ感をたっぷり出したければ That's the way the cookie crumbles.（悪いことはいつもこんな風に起こるもんさ。）がぴったり。さらにあきらめ度を強調して「人生はこんなもんさ」と言いたければ That's just the way it is. や This is life. をお試しあれ。

Tips For Better Communication　褒め言葉と文化

「中華文化は面子の文化であり，みな誉められるのが好き」とよく言われますが，異性が関連する場合はやはりそれなりの注意が必要です。特に欧米圏と同じように，女性の外見を褒めるのは「異性として意識している」と解釈されかねないため注意が必要です。女性を褒めるのであればその人の能力や行動を褒めるのが無難です。

またイスラム文化圏になるとさらに話が難しくなります。イスラム文化圏には邪視（Evil eye）信仰（羨望や妬みの目で見られると悪いことが身に起こる）があります。そのため迂闊に相手の持ち物，奥さん，子供などを褒めると感情を害する人がいます。相手を褒める時には一工夫必要で，「私はあなたに羨望を持っていない」ことを明示するためにアラビア語で「神がそう望んだ」という意味のMashallah（マシャ・アラー　Masha'Allahとも書く）を褒め言葉の前に加えるとよいと言われます。例えば，「いい家を持っていますねえ」と言いたければMashallah you have a nice house. となります。

Candid Opinion　外国人からの辛口コメント　ソフトすぎて分かりません

日本で修士号を取得したのちに日本のメーカーに入社した中国人女性の体験です。

日本では，言葉で説明されなくとも，その場にいる人が理解できていなければならないことが多い気がします。私の部署では毎週月曜日に朝礼があり，上司が社員の指導を行ったり，訓示したりしていました。上司の話が始まると他の日本人新入社員はみなメモ帳を出し，メモを取っていました。私は聞いて分かる話だと思ったのでメモを取ることはしませんでしたが，なぜか先輩たちが，「〇さん，メモを取ったほうがいいんじゃない？」と私に言ってくるのです。

当時私はまだ日本式のコミュニケーション文化に慣れていなかったので，「ありがとうございます。でも私は記憶力がいいのでメモは取りません。」と答えていました。しかしその後も多くの先輩がメモを取るよう親切にアドバイスしてくれたのです。そしてある日理由が理解できました。「…したほうがいいんじゃない？」という言葉はアドバイスの形を取っていますが，実は「…しなさいね」という意味で，「新入社員なのだからメモを取らないとまずいでしょ」という心配から来る注意だったのです。日本人からするとそんなことはすぐ分かると思うかもしれませんが，同じアジア人でも，基底文化を共有していない私にはあいまいで分かりにくいと感じられました。ただ中国語にも「聴話聴音」（言外の意味を汲み取る）という言葉があり，遠回しな話し方をする中国人もいるにはいます（私にはやはり言外の意味が汲み取れず中国人同士でも困るのですが）。

日本では命令や警告は強く聞こえるため，アドバイス形式でソフトに伝えるのが「当たり前」になっていますが，中国，特に北方では物事をはっきりと言う傾向があります。文化が異なるとこの「当たり前」のギャップが大きくなり，スムーズなコミュニケーションを阻害するので誤解や苛立ちの種となります（本人はその後日本文化にも慣れ，今から考えるとこちらも失礼な返事をしていたものだと苦笑していました）。

Voice　異文化最前線からの声　日本人としての強みをどう活かすか

　本書の監修者であり，ルクセンブルクを拠点に，コンサルティング業務，法人間での文書翻訳業務等を行い，グローバルビジネスコミュニケーションの経験が豊富な上田怜奈氏の声を紹介します。

　プレゼンテーション能力など，小さな頃から学校教育や生活の中で培ってきている欧米人に比べ，日本人が弱いと感じられる能力があります。そうした事情があるとはいえ，日本人はリーダーシップをとることはできないのか，ひっそりと，後方支援に回るしかないのでしょうか。

　私は，日本人としての特徴を活かしたリーダーシップの発揮の仕方があると考えます。オランダの文化人類学者ホフステッドによる，文化・国民性の違いを定量化したホフステッド指数によると，日本人は「不確実性回避」と「長期志向」の値が極めて高いようです。私は現在ルクセンブルクを中心に活動していますが，欧州などのプロジェクトを見ていても，日本人の用意周到さや，計画性には舌を巻くことがあります。失敗しないよう入念にリハーサルをしたり，あらかじめしっかりと細部を決めて最終的に間に合うように進行させたりというのは，得意分野であるように思います。自分と異なる文化の人々との間に立つ調整能力を身につけ，目指す方向性を明確に伝えられるのであれば，この堅牢なプロジェクトマネジメント能力はすばらしい宝となるはずです。

　また，最近は少し日本も変わってきましたが，まだまだ余暇や個人の生活を最大限に楽しむプライベート重視型というよりも，仕事を完遂させること，勤勉で，責任感が強く，仕事を人生の優先順位の上に置く職人的な部分がある人が多いように思います。少なくとも，そういった仕事に対する真面目さを持つ人の割合は日本ではかなり高いのではないでしょうか。そういった日々の心がけで得られた知識や経験をチームに役立つよう，うまくグローバル環境に導入できる形に練り直すことができれば，さらに周囲からの尊敬が得られるでしょう。

　日本は現在，国際経済競争で必ずしも優位な立場にあるわけではないので，安易な日本礼賛のスタンスを取ることはできませんが，悲観に終始することなく，コミュニケーション能力を磨くことを鍵として，個々の日本人や企業が，グローバル環境の中で積極的にリーダーシップを取りにいくことは十分可能だと思います。

Case 8　相手を褒める―昔の事柄について礼を言う

13A　😣 改善の余地あり！

Kenta はマーケットデータを収集してくれた Ashok にお礼を言っています。ただかなり以前のことだったので突然お礼を言われた Ashok はピンときていないようです。

Kenta	Ashok, thanks for your help the other day.	Ashok, この間は手伝ってくれてありがとう。
Ashok	The other day? Oh, you mean last month with the market data?	この間ですか？ ああ，先月のマーケットデータのことでしょうか？
Kenta	Yes. The data were very good. You did a good job.	そう。とてもよいデータだったよ。いい仕事をしたね。
Ashok	Thanks. That's good to hear.	ありがとうございます。そう言っていただけて嬉しいです。
Kenta	You are welcome.	どういたしまして。

□ That's good to hear. 「そう言っていただけて嬉しいです。」

Review　振り返ってみよう

　日本のコミュニケーション文化では聞き手が相手の言わんとすることを推し量ろうと努力します（聞き手責任言語）。実際日本語では「あっ，この間の件，よろしくね。」のように目一杯情報省略を効かせた言い方をすることがあります。しかし英語の場合，聞き手は省略された情報を日本語の場合ほど推し量ることはしません。それよりもむしろ話し手に対し，唐突さを避けるべく順序立てて話すことを求めます（話し手責任言語）。そのため日本語では「1 を聞いて 10 を知る」という機微を期待できますが，英語ではできるだけ具体的に話さないと通じない場合がよくあります。ここで Kenta が「先月マーケットデータの作成を手伝ってくれてありがとう」と言えば話はすんなり通じたでしょう。次の **13B** では Kenta は出だしでまず謝ってから具体的に順序立てて褒めています。

13B　☺ これならスムーズ！

同じシチュエーションでのスムーズな例を見てみましょう。

♪S1_13B

Kenta	Ashok, very sorry not to catch you earlier. But thanks a lot for last month's market data. You picked the right sectors and you did great analyses. I'm grateful.	Ashok，お礼を言うのが遅くなっちゃったけど，先月のマーケットデータありがとうね。選んだセクターは正解だったし，分析も素晴らしかった。感謝しているよ。
Ashok	Oh that's good to hear. Ask me anytime. I'm happy to try it again.	そうですか，それはよかったです。いつでも声をかけてください。また喜んでお手伝いしますよ。
Kenta	They were really useful. Sorry it took so long to say thank you.	本当に役立ったよ。お礼が遅くなって悪かったね。
Ashok	No problem.	どういたしまして。

☐ not to catch you earlier「早く礼を言えずに」catch は「時間を逸することなく人と話す」の意味。not … earlier〔sooner〕で「ずっと〔もっと早くに〕できずに」という意味で使う。I'm sorry I didn't write you sooner. で「連絡が遅くなりすみませんでした。」となる。

Review　振り返ってみよう

　以前のことであれば相手も忘れてしまっている可能性があるため，**13A** のように「この間はありがとう」で始めるのではなく，「お礼が遅れてすまなかった」と**何の件なのかをリマインドしてから，さらに具体的にお礼を述べる**のが普通です。それにより Ashok にもデータ収集の作業が満足行くものであったことが伝わり，それがさらに「またいつでもどうぞ」という返答につながっています。

　ちなみに日本ではごく自然に「前回はどうも」，「次回もよろしく」，「いつもお世話になります」，「お疲れ様でした」といった決まり文句が使われます。これはおそらく「私たちの人間関係に問題が発生していない，またはそれを大切にしたい」ことを確認する対人関係調整機能があるものと思われますが，欧米圏の言語にはこうした表現がないため最初はよく戸惑うという声が聞かれます。日本人もこれを英語に翻訳する際は苦労するはずです。

🌐 **Communication Tactics**　リマインドしてから具体的に礼を言う

Plus+ もっと知りたい！　　日本独自の表現はどう翻訳する？

　日本のオフィスでは「お疲れ様です」のようによく使われる独自のフレーズがあるが，これを英語で言うとはたしてどうなるのかと悩んだことのある人も多いことだろう。ここでそうしたフレーズについていくつか見ていきたい。

「お疲れ様でした。」
欧米では「相手が弱い立場にある」ような想定による同情表現はあまりよしとしないのでぴったりした表現はないが，仕事が終わって手伝ってくれた相手をねぎらうような意味であれば，Thanks for helping out today., また「そろそろ帰る時間になった」ならば That's enough for today. ／ It's time to go home. と言うことができる。

「いつもお世話になっております。」
日本ではメールの冒頭にも使う人が多いが，決まり文句としての英語表現はないようだ。ただし店舗がお得意様に対して Thank you for your patronage.（いつもご用命ありがとうございます。）と言うことはできる。企業間であれば Thank you for your business. という表現がある（ただし毎回言うものではない）。Thank you for always being there for me〔us〕.（いつもサポートしていただきありがとうございます。）は，弁護士，コンサルタント，また個人的な友人に対しても使える表現。

「お先に失礼します。」
「先に帰ってごめんなさい」というのは日本的な文化の反映なので，英語ではぴったりくる表現はなさそうだ。強いて言うなら I'm done for the day. I'm leaving. Don't work too hard. という言い方はある。また上司が部下を残して先に帰る場合には，Sorry, I'm going home. You guys hold the fort.（先に帰ってすまない。あとはよろしく。（直訳すると「みんなで砦を守ってくれ」の意味）と言う場合はあるようだ。

「前回はどうも。」
これは英語にもあり，Thanks for the other day. ／ Thanks for your help the other day. という表現が近い。ただし具体的な感謝の対象が頭の中にある場合に言うのが普通で，なんとなく言うと不誠実なノイズのように受け取られるので要注意。

「次回も〔今後も〕よろしく。」
I'm looking forward to the next time〔opportunity〕. という表現は，依頼した仕事が完成したあとに使える。この場合，依頼した側でも手伝った側でもともに OK。Let's do this again soon. は比較的平等な間柄で使える表現で，仕事でも飲み会でも使える。

40

Tips For Better Communication　　日本人が見せる不思議なジェスチャー

　英語においては，ジェスチャーは発話行為の一部，つまり言語の一部となっていますが，日本人が日本語で会話する際にはあまりジェスチャーが使われません。

　そんな日本人も，外国人に通じないジェスチャーをすることがあります。その代表格として，「ダ～メ，ダ～メ」または「違う，違う」を表すボディーランゲージとして，よく体や顔の前で腕を左右に揺らすように振ることがあります。しかしこれが「ダメ」「違う」のサインとして通じる外国文化圏は少ないようです。

　同じように分かりにくいと言われるのが，両腕を使って体の前でバッテン印を作って「全然だめ」を表すサインです。ちなみに×と〇の文化理解も文化圏によって違うようです。欧米ではチェックボックスに入れられた×印（check または tick）は Yes を表します。台湾でも採点では間違いに〇が付けられ，正解にはチェック印が付くと聞いたことがあります。また両手の人指し指を合わせて×を付けると 10 の意味になります（日本では「お勘定！」の意味ですね）。

　混んでいる場所を通る時，「ちょっとすみません」と言いながら手で心の字を切って通るのも不思議に映るようです。筆者も「なぜ空手チョップをやりながら人の中を通るのか」と聞かれたことがあります。

　また，ジェスチャーとはちょっと違いますが，会議中や考え事をする際，腕を組んで目をつぶったままになるのも不思議に見えるようです。通常は「あらまあ，会議なのに寝ている」（そういう場合もある）と受け止められますが，ある本で「上司が突然宗教儀式を始めてしまった」（おそらく座禅の瞑想）と勘違いした例について読んだことがあります。

　最後に，これはジェスチャーではありませんが，若い女性がよく見せるキャッキャッという笑い（chuckle）は日本文化の中では肯定的で可愛い行為ですが，海外から見ると非常に日本的で，非常に子供っぽく見えるようです（筆者の主観ではないことをお断りしておきます）。

Case 9 ▷ 相手を褒める―家に招待されて

14 😊 これならスムーズ！

Yoshiaki は郊外の一軒家に住む営業部長の Nathan のパーティーに招待されました。

♪S1_14

Nathan	Come in. I'm glad you could make it.	どうぞ。来てくれて嬉しいよ。
Yoshiaki	Thank you for inviting me today.	今日はお招きいただきありがとうございます。
	—Entering the house—	—家に入る—
Yoshiaki	Beautiful house. Well decorated. Is this photo your parents?	美しい家ですね。きれいに飾られていますね。この写真はご両親ですか？
Nathan	We took it when we were on vacation with them last year.	去年一緒に休暇を過ごした時に撮ったんだ。
Yoshiaki	This seems like a really nice neighborhood. And it's quiet with good views.	この辺りは本当にいいところのようですね。しかも静かで景色もいいし。
Nathan	We are happy to move to this area.	この地域に引っ越して来てよかったよ。
Yoshiaki	I envy you this space. I could put my entire apartment in your living room.	この広さがうらやましいですね。僕のアパートがこちらのリビングルームにすっぽり入りそうです。
Nathan	Maybe not quite.	それほどでもないだろう。

□ make it「（予定されているイベントや集まりに）参加する」　　□ entire「全体の，丸ごとの」

Review 振り返ってみよう

　家に招待された際，何かポジティブなコメントで話を切り出すのであれば，建物や環境についてのコメントが自然です。一軒家であれば，無難な褒め言葉として，家の美しさの他，自然の豊かさ（a lot of green）や静かさについて触れるのがよいでしょう。また，You have a beautiful lawn〔garden〕.（芝生〔庭〕がきれいですね。）のように，芝生や庭についての褒め言葉もよく使われます。また街中のアパートに招待された場合には，便利さ，景色，静かさなどが無難な誉め言葉の対象になります。**15** はその例です。

🌐 Communication Tactics 相手の家や環境についてのポジティブなコメントで話を切り出す

15 😊 *これならスムーズ！*

Yoshiaki は街中にある Jacob のアパートのパーティーに招待されました。Jacob は最近 Yoshiaki が入った地元のアマチュア野球チームのメンバーです。

♪S1_15

Yoshiaki	Hello.	こんにちは。
Jacob	Come in. Did you have any trouble finding us?	どうぞ。場所を見つけるのは大変でしたか？
Yoshiaki	Not really. It's a convenient neighborhood.	そうでもないです。この辺りは便利ですね。
Jacob	Everybody is in the next room. Can I take your coat and get you a drink?	みんな隣の部屋にいるよ。コートを預って，飲み物を持ってこようか？
Yoshiaki	Thanks for having me. You've got a nice view! It's like a movie.	お招きいただきありがとうございます。いい眺めですね。映画みたいですね。
Jacob	Not quite like a Hollywood budget, but we like it.	ハリウッド映画レベルじゃないけど，気に入ってるよ。
Yoshiaki	It's surprisingly quiet too.	しかも驚くほど静かですね。

□ have trouble *doing*「…するのに苦労する，なかなか…できない」
□ It's like a movie. は It's like something out of a movie. の省略。
□ Hollywood budget「ハリウッド映画予算レベルの素晴らしいもの」

Case 10 ▶ 褒められた時の返答

16 😊 これならスムーズ！

Saori は現地法人である Heuristics, Singapore での会議に出席しました。提案したアイデアがとても評価されたようです。

♪S1_16

Mei	I really liked your idea.	あなたのアイデア，とてもよかったわよ。
Saori	Oh thanks. The reaction at the meeting was rather quiet, I thought.	あら，ありがとうございます。会議の反応は割と静かだったような気がしましたが。
Mei	We didn't want to get side-tracked, but we are going to seriously consider your proposal.	横道にそれないほうがいいと思ったので。あなたの提案を真剣に検討しようと思っているわ。
Saori	I'm really happy to hear that. It gives me confidence.	そう言ってもらえると本当に嬉しいです。自信になります。

☐ get side-tracked「話がそれる」同義語は digress [daɪgrés]。

17 😊 これならスムーズ！

Yoshiaki は同じ営業部の Steve に声をかけられました。

♪S1_17

Steve	Hey, Yoshiaki, I heard you were No. 1 in sales for the third month running. That's amazing!	やあ，Yoshiaki，3カ月連続で売上No.1だそうだね。すごいなあ。
Yoshiaki	Thanks. I've been working hard, but I was lucky too.	ありがとう。頑張ってはいたけど，運もよかったんだよ。
Steve	Well, in sales we make our own luck much of the time.	まあ，営業は自力で運を決めることが多いからね。
Yoshiaki	I hope next month will be good too.	来月も成績がいいといいな。
Steve	Good luck, Yoshiaki.	頑張ってね，Yoshiaki。

☐ make one's own luck「自力で運を開く」
☐ much of the time「よく，多くの時間〔場合〕，大抵」

振り返ってみよう

　褒め言葉に対していつも「ありがとう」一辺倒で返すだけでなく，時には違う答え方も使ってみたいのではないでしょうか。例えばいいニュースを聞いた時には I'm really happy to hear that. がぴったりです。Saori はここでそのフレーズを使っており，さらに「自信を与えてくれる」というポジティブな表現を組み合わせた感謝表現で相手の言葉に答えています。

　17 のように「運のよさ」で褒め言葉に答えるやり方もあります。

Communication Tactics　褒め言葉に対してポジティブな返答で返す

Plus+ もっと知りたい！　褒め言葉に対する謙遜表現

　褒め言葉に対して謙虚さで返すのは洋の東西を問わず礼儀である。日本語では「私のような者が恐れ多い」「私にはそんな能力はないです」のように自分（または自分側の身内）を下げる自虐的（self-depreciating）な物言いが謙遜表現として使われることがある。

　一方英語では，こうした状況で自虐表現を使っても謙遜として通じない可能性大なので，むしろ前向きな表現がおすすめだ。こうした表現は **10** の会話で Jeremy の発話にも見られ，彼は I have to live up to it.（期待に応えないといけませんね。）というポジティブなフレーズで答えている。

　もっともスタンダードな謙遜方法として「運や周囲の人のおかげ」というアプローチがある。

☐ **Maybe I was lucky.**　たぶん私はラッキーだっただけです。

☐ **I had good support from my team.**　チームの人がよく支えてくれたんです。

　また相手の褒め言葉を「褒めすぎ」と言うなら

☐ **I'm glad you say so, but you are exaggerating.**

　そう言っていただけるのは嬉しいですが，褒めすぎですよ。

　自虐レベルまで行かないのであれば自分の能力やパフォーマンスを軽く否定する言い方もある。

☐ **Maybe not quite that good.**　それほど大したものではありませんよ。

☐ **I wish that were true.**　本当にそうだったらいいですね。

　次のように「成果を出すために頑張った」という表現も可能。

☐ **I did my best.**　頑張りましたから。

☐ **I'm glad the time I put into it paid off.**　努力した時間が報われて嬉しいです。

　＊pay off は「報われる，完済する」の意味。

Case 11　ユーモラスにちょっとした不満を言う

18　😊 これならスムーズ！

Quadram Solutions は政府に輸入ライセンスを申請しましたが，なかなか許可が下りないようです。

♪S1_18

Nathan	Did we get the import license for the new software yet?	新しいソフトの輸入ライセンスはもらえたかな？
Yoshiaki	It's taking forever. The government office moves at a glacial pace.	とても時間がかかっています。役所のスピードは氷河のようですよ。
Nathan	Some things never change, but I hope we can see the license before we both retire.	世の中には決して変わらないものもあるんだよ。でも，私たちが退職する前にライセンスが見られるといいねえ。
Yoshiaki	Well, they say you can't fight with city hall.	まあ，役所と戦うのは無理と言いますから。

□ at a glacial pace「氷河が進む速度で」
□ Some things never change.「（世の中には）決して変わらないものがある。」
□ You can't fight with city hall.「役所と戦うのは無理。」という慣用表現。

Review　振り返ってみよう

　人間なら不満の１つも言いたい時はありますが，行き過ぎるとネガティビズムとして人間関係に好ましくない影響が生じます。英語圏は全体として前向きな姿勢や言動（イギリスではひとひねり（またはふたひねり）した皮肉な表現をする人もいるそうですが），そして個人の挑戦や努力が好まれるので，**ユーモラスな表現を交えれば文句から毒気が抜けてむしろウィットな表現に変えることができます**。そんな場合はよく比喩，誇張，慣用表現などが用いられます。**18** にはそれらが含まれています。

　Yoshiaki の１つ目の発言 move at a glacial pace は，役所の対応が遅いのを「氷河」のようだと誇張して表現したもの，Nathan の I hope we can see the license before we both retire もこの先どれだけ時間がかかるかわからないのを「私たちが退職する前に」と誇張して表現したものです。Yoshiaki の２つ目の発言 you can't fight with city hall（役所と戦うことはできない）は慣用的な表現で，官僚主義やお役所仕事には個人の力では太刀打ちできないというニュアンスを含んでいます。

🌐 Communication Tactics　ユーモアを使って不満・文句のネガティブな毒気を抜く

19 😊 これならスムーズ！

Yoshiaki は朝の交通渋滞がひどかったことについて文句を言っています。

♪S1_19

Yoshiaki	Hey Jeremy, can you imagine how many hours it took to get here this morning?	ねえ，Jeremy，今朝ここに来るまでに何時間かかったと思う？
Jeremy	I heard they were going to resurface the freeway exit.	フリーウェイの出口を再舗装するらしいね。
Yoshiaki	It caused gridlock. The rush hour doesn't seem like the best time to fix the road.	おかげで身動きが取れなくなっちゃったよ。ラッシュアワーは道路を直すのに最適な時間とは思えないね。
Jeremy	I heard they do a lot at night in Japan. I wish they would do that here, but they don't want to pay overtime.	日本ではよく夜間にやるらしいね。こっちでもそうしてほしいけど，でも残業代は払いたくないだろうな。
Yoshiaki	I guess I'll have to get up earlier for a while.	しばらくは早起きしないといけなさそうだね。

□ gridlock　東西南北の格子状の道がすべて動けなくなる渋滞。「渋滞」を表す表現としては traffic jam, traffic congestion，他に long tailback《英》，bumper-to-bumper（形容詞）がある。

Review 振り返ってみよう

　冒頭の Can you imagine how ...? は快不快を含め，驚いた出来事を相手に伝える場合によく使われます。ここでの Yoshiaki の不満のネタは渋滞ですが，彼は「何を考えているんだ，ケシカラン！」のようにストレートに不満を表現することはなく，~ doesn't seem like the best time to do ...（…するにはベストな時間ではないよう思える）という控えめな言い方を使っています。これは understatement（控え目な表現）というユーモア表現の 1 つで，皮肉や不満を表現する際に使われる技法です（日本語では一般的ではないので日本人には真意が伝わらずそのままスルーされる可能性大です）。

　例えば We have a problem. を understatement で言うと We have a slight problem. や The situation is not exactly ideal. となるでしょう。really good を understatement で言うと not bad となります（イギリス人が好きそうなフレーズです）。この反対は incredibly great のような誇張表現になります。

　ダイアログ最後に使われている I guess I have to do ...（「まあ，…するしかないねえ」というあきらめ表現）も一種の understatement と言えるかもしれません。

🌐 Communication Tactics　控え目な表現でユーモアを表す

古今東西，ビジネスパーソンにはいろいろと不満のタネが尽きないものだ。例えば組織体制が硬直していることを比喩的に述べるなら次のような表現が使える。

☐ You would think that our department method is set in stone.
ウチの部のやり方は何も変わらないんだよねえ。

　＊set in stone は「石に刻まれている」　you would think は「もしあなたが見たら…と思うだろうね」→「…だろ，…だよね」くらいのニュアンス。

☐ Our department method hasn't changed since the Stone Age.
ウチの部のやり方は石器時代から変わっていない。

　相手が聞く耳を持たない場合なら，

☐ He's a hard case.　彼には言っても無駄。

　＊hard case は「頑固者」と「難しいケース」の二重の意味がある。

☐ It's like talking to a stone.　馬の耳に念仏。

☐ It's like punching Jell-O.　暖簾に腕押し。

がある。ちなみに Jell-O はゼリーの商品名。

　動かない相手のことを言う場合は次のような表現があるが，実際に使う場合には要注意。

☐ He couldn't study himself out of a paper bag.　彼はまったく学べない。

　＊動詞 + oneself out of a paper bag は「簡単なことですら…できない」という意味。

☐ Half of the Board of Directors are dinosaurs.　役員会の半分は恐竜（絶滅種）だ。

　その他，設備・道具が古い場合，次のような表現もある。

☐ This building was so old. It was built when the Dead Sea was still alive.
このビルは本当に古い。まだ死海が生きている時に建てられたんだもんな。

☐ Every time I use this slow old coffeemaker, I get irritated. It belongs in the museum.
この遅いコーヒーメーカーを使うたびにイライラする。博物館ものだよ。

☐ This car's engine is so irresponsive. Somebody forgot to feed the chipmunks in it.
この車のエンジンは本当に反応が悪い。誰か中にいるシマリスにエサをあげ忘れたんだ。

　＊回転車で回るシマリスが動力という意味。

☐ This copy machine is so slow. Sometimes I feel like kicking it.
このコピー機は本当に遅いな。蹴りを入れてやりたくなる。

自分に興味を持たせる

Attracting the listener

グローバルなビジネス環境では，タイムリーな話題やさまざまな分野のトピックに触れながら，相手の興味や関心をこちらに向けさせることもビジネス会話のスキルとなります。また，相手と会話のキャッチボールをしたり，新たな話題へとスムーズに展開することで相手を楽しませるという気遣いも大切です。本セクションでは各ダイアログを１つのテンプレート例として，話を提示する表現，つなげ方，受け答えなどの言い回しの他，会話をスムーズに展開させるコツを学びます。

Case 12 自分のプロジェクトに興味を持ってくれた人に応対する

20 ☺ これならスムーズ！

Quadram Solutions は米国最大の展示会 CES に出展しています。ソフトベンダー TexSoft の社員である Eric が Yoshiaki のブースにやってきました。Eric は Quadram Solutions が現在行っているプロジェクトに興味を持ったようです。

♪S2_20

Eric	You came all the way from Japan. I'm from Austin working with TexSoft.	日本からいらっしゃったんですね。私はオースティン出身で TexSoft で働いています。
Yoshiaki	Actually I moved from Tokyo, and I'll be in Silicon Valley for another two years at least. I hope to visit Texas very soon. You're doing interesting things with remote work solutions too.	実は東京から引っ越してきて，少なくともあと 2 年はシリコンバレーにいる予定です。近々テキサスを訪れてみたいですね。そちらはリモートワークのソリューションでも面白いことをされていますね。
Eric	It's a growing industry as you know. So did you go to the keynote speech?	ご存知のように成長産業ですからね。それでキーノートスピーチには行かれましたか？
Yoshiaki	The speaker is one of my colleagues.	スピーカーは私の同僚の 1 人なんです。
Eric	Oh really! I'm very impressed. The concepts he was talking about are what I'm involved in just now. Could you introduce him to me?	ああ，そうなんですか！非常に感銘を受けました。彼が話していたコンセプトは，私がちょうど今関係していることなんです。彼を紹介してもらえますか？
Yoshiaki	No problem. We may be able to help each other out.	いいですよ。お互いに協力し合えるかもしれませんね。

☐ help out「助ける」help とほぼ同義で口語的な表現。

Review　振り返ってみよう

　ビジネスシーンではどこにチャンスが隠れているかわかりません。特に展示会などは自社の宣伝をするばかりか，見込み顧客（prospect customer）や潜在顧客（potential customer）を見付けたり，また個人的なネットワークを一気に拡大できるよいチャンスでもあります。

　ここでの会話はまず Eric が口火を切りました。彼の会話の流れを振り返ってみましょう。
(1) できるだけ相手が答えやすい話題で口火を切る。（You came all the way form Japan.）
(2) 協調的なトーンのコメントで会話をつなげる。（It's a grwoing industry as you know.）
(3) 持っていきたい話に水を向ける。（So did you go to the keynote speech?）
(4) 相手や相手の話に興味があることを示す。（Oh, really! I'm very impressed.）

　これに対し Yoshiaki が次のようなテンプレートで応対しています。
(1) 相手の出したトピック（TexSoft）に協調的に対応する。（I hope to visit Texas very soon.）
(2) 相手や相手の話に興味があることを示す。（You're doing interesting things with remote work solutions too.）
(3) 相手の発言に対してポジティブな情報を提供する。（The speaker is one of my colleagues.）

　ダイアログでは Eric も Yoshiaki もともに「**相手が答えやすい話題や質問**」，「**協調的な姿勢**」，「**相手に興味があることを感じられる発言**」を組み合わせたテンプレートを用いて会話のキャッチボールを行っています。こうしたテンプレートでは「自分が何を言いたいか」よりも，むしろ「**相手が共感しやすい話題について，相手が答えやすい形でタイムリーに返答する**」という姿勢が基調となります。

　会話のキャッチボールを円滑に行うのに活用できる以下のような表現も参考にしてください。
☐ **We used to work with your company in UK some years ago.**
　何年か前，イギリスで御社と仕事をしたことがあります。
☐ **It looks like the European market is growing greatly recently.**
　ヨーロッパの市場は最近大きく伸びているようですね。
☐ **Are you also operating in the Asian region?**
　アジア地域でも事業を展開しているのですか？

Plus+ もっと語ろう！　IT 業界の変革スピード

次の日本文の内容を，自分なりに英語で表現してみよう。

「IT 業界の変革のスピードがますます加速している。日本の各産業界もこれから大きく変わらないと世界のビジネス標準についていけなくなる可能性が高い。」

➡解答例は p.94

Case 13 ▶ コーヒーを飲みながら気候変動を語る―環境について

コーヒー好きの Nicole が Oliver と雑談していて，Oliver がコーヒーと環境の話を取り上げました。

♪S2_21

Oliver	You really like coffee. That's your third cup since we got here.	本当にコーヒーが好きなんだね。ここに来てからもう３杯目だよ。
Nicole	I can't live without it.	コーヒーなしでは生きていけないわ。
Oliver	You may have to if climate change continues to affect the coffee crop.	なしで生きていかざるを得なくなるかもしれないよ。気候変動がコーヒーの収穫に影響を与え続ければね。
Nicole	You mean because of, for example, the high-land coffee disappearing?	つまり，例えば，高地栽培のコーヒーがなくなっちゃうことで？
Oliver	Yes, but not only that. The fair-trade concept is catching on. So prices are going way up. I also heard a coffee plant disease is spreading in South America.	そうだね。でもそれだけじゃないよ。フェアトレードという考え方が広がってきているからね。だから値段がかなり上がっているよ。それから南米ではコーヒー豆の病気が蔓延しているらしいね。
Nicole	I don't want to pay more for coffee, but I don't want to see workers unfairly exploited either. There's not much I can do about the weather change.	コーヒーに高いお金を払うのは嫌だけど，労働者が不当に搾取されるのも見たくないし。気候変動については自分ではほぼどうしようもないしね。
Oliver	There are lots of trade-offs involved.	いろいろなトレードオフがあるんだよねえ。

- ☐ That's your third cup　that には驚きのニュアンスが込められている。
- ☐ can't live without it「（それ）なしでは生きられない」という慣用句。
- ☐ high-land coffee「高地栽培のコーヒー」
- ☐ fair-trade concept「フェアトレードという概念〔考え〕」フェアトレードは，経済的社会的に弱い立場にある途上国の生産者と，強い立場にある先進国の消費者が，対等な立場で行う貿易のこと。貧困のない公正な社会の実現を目指している。
- ☐ catch on「人気が出る，流行る，広がる，浸透する」
- ☐ way「とても」距離，分量，程度を強調する口語表現。way ahead なら「ずっと先」，way above average なら「平均よりずっと上」になる。
- ☐ spread「（ニュース，うわさ，病気，火，社会運動などが）広まる」
- ☐ exploit「搾取する」
- ☐ There's not much I can do about ～.「～について自分ができることはあまりない〔たかが知れている〕」という慣用表現。
- ☐ trade-off「トレードオフ」何かをするためには X を選んで Y を捨てる，もしくはその逆をしなければならないという関係。
- ☐ involved　ここでは included（含まれている）と同義。

2

Review　振り返ってみよう

　気候変動をはじめとする環境問題は，世界中の人々が関心を持っているテーマであり，それだけに頻繁に会話の話題としても登場します。そのため日頃から新聞・ニュース・ネットでよく取り上げられるキーワードを押さえ，手持ちの話題のストックを増やしておくことが重要です。

- ☐ 温暖化　**global warming**
- ☐ 温室効果　**greenhouse effect**
- ☐ 異常気象　**extreme climate（weather）**
　　　　　　　abnormal climate（weather）
- ☐ 脱炭素　**zero carbonize（carbonization）**
- ☐ 脱原発　**phasing out nuclear power**
- ☐ ゼロ・エミッション　**zero emission**
- ☐ 持続可能な発展　**sustainable development**
- ☐ 循環型経済　**circular economy**
- ☐ 富栄養化　**eutrophication** [juːtròfɪkéɪʃən]
- ☐ サンゴの白化現象　**coral bleaching**

　環境問題には，このほか環境汚染（environmental pollution），森林破壊（deforestation），環境ホルモン（内分泌かく乱化学物質）（endocrine disruptors）といったトピックが含まれますが，これらはいずれも健康に関する話題の中で扱われる頻度が高いため，そうした語彙を整理しておくと表現力がさらに充実します。下記にその一部を挙げておきます。

- ☐ 公衆衛生問題　**public health problem**
- ☐ 衛生問題　**hygiene problem（issue）**
- ☐ 不衛生　**poor sanitation（hygiene）**
- ☐ 汚染物質　**pollutant**
- ☐ 有害物質　**hazardous substance**
- ☐ 有害化学薬品　**toxic chemical**

Plus+ もっと語ろう！　環境問題

次の日本文の内容を，自分なりに英語で表現してみよう。

「環境問題と資源問題とは表裏一体の関係だが，特に日本では高齢化が進んでおり，これに健康問題が関係してくるので非常に難しい。例えばエアコンを止めればエネルギー節約になるが，熱中症＊にかかる人も増えるかもしれない。」

　熱中症：heat stroke

➡解答例は p.94

異文化理解 *Column*

海外ゴミ収集事情

台湾
台湾でのゴミは一般ゴミ，台所残飯ゴミ，資源回収ゴミ，粗大ゴミに分けられ，有料の指定ゴミ袋に入れて出します。地域によってはこれまでコンビニ袋も使えたようですが，政府はすでに無料レジ袋禁止を打ち出し，範囲も拡大しています。一般ゴミの回収日は週5日あって便利ですが，捨て方は日本とはちょっと異なります。黄色い（または白い）回収車が「乙女の祈り」の音楽を大音量で流しながら地域ごとに巡回してくるので，車が来たらみなゴミ袋をもって車を追いかけて直接車に捨てに行くのです。巡回時間はある程度決まっていますが，通勤などでその時間に捨てられないと家がゴミだらけになる点が難ありです。

韓国
韓国では，一般ゴミ，飲食ゴミ（生ゴミ），再活用品（リサイクルゴミ）と分類されており，一般ゴミと飲食ゴミは異なる有料指定袋を使って捨てます。従量制で，容量によって袋の価格が異なります。ユニークなのは一般ゴミと飲食ゴミの分別で，韓国では飲食ゴミは動物の飼料として加工されるため，動物が食べられないものや栄養のない物は一般ゴミとして区別する必要があります。骨や殻などは一般ゴミになるらしく，日本人にとってこのへんの区別は難しいようです。回収は指定回収場，門前収集，集合住宅は住宅内の指定箇所など住居形態や地域によって異なります。

オーストラリア
オーストラリアのゴミは，基本的にリサイクル可能かどうかで分類されます。リサイクル可能（黄色），リサイクル不可能（赤），植物（緑）という3種類があり，紙類とビン類はともにリサイクル可能なので同じ分類になります。ゴミは色別のローラー付回収プラスチックボックスに入れ，指定日に家の前に置いておくと，回収車のアームが自動的に中身を回収します。粗大ゴミは基本的に業者に回収してもらいます（地域によっては年1回の無料回収サービスもあるようです）。

中国
中国のゴミ分別は，リサイクル資源，有害ゴミ，湿潤ゴミ，乾燥ゴミの4種類に，その他（ベッドなどの粗大ゴミ，家電ゴミ，がれきなど）が加わります。地区ごとに回収ステーションがあり，ボランティア分別監視員が立っています。特に上海は分別規則が厳しいようで，分別を義務化し違反者には罰金を科しています。また中国らしいのはITを活用したスマート回収ステーションで，スマホアプリで投入口が開くようになっています。最近ではゴミの分別判定をするスマホアプリもあるそうです。またオンラインで資源ゴミの回収予約ができる有料サービスも始まっており，通勤などでゴミ出しができない人に歓迎されています。

異文化理解 *Column*

非英語圏の音楽文化にも目を向けてみよう

　地域によっても多少の違いはありますが，食と娯楽の話は共通の話題として盛り上がるものです。食であれば，個別の料理やレストラン情報，さらに食習慣や食文化比較にまで発展できます。また娯楽も音楽，映画，スポーツ，旅行など，場が盛り上がる話題を豊富に見つけることができます。日本では英米圏の音楽がもっともポピュラーですが，音楽の場合，文化／言語圏ごとにそれぞれ独自の歴史や民族と深く結びついたジャンルを持っていることが多く，そのため今後関係するかもしれない文化／言語圏ごとに，話題になりそうなジャンルをチェックしておくとよいでしょう。

　フランス語圏（francophonie）は非常に多様な音楽文化を持っています。英語圏のロックやポップス，ジャズ，そしてブラジルのボサノバは人気の定番メニューですが，かつてフランスがアフリカを中心に広範囲にわたって植民地を持っていたという歴史的経緯から（現在も海外に領土があります），西アフリカ，インド洋，カリブ海地域，太平洋地域からレゲエやメレンゲをはじめ，さまざまなジャンルの音楽が入って来ています。そうしたさまざまなジャンルが，さらに互いに影響し合ってフランス語圏独自の音楽的多様性を形成しています。毎年フランスや各地で開かれる Music Day はこうした音楽文化の反映と言えます。

　またイスラエルも多様な音楽シーンを持つことで有名な国の１つです。イスラエルは世界中に散らばったユダヤ人が戻って建国した国なので，人々は世界各地の言語や音楽文化を持ち帰りました。イスラエルには，欧米のクラシック，ジャズ，ポップスの他，宗教音楽，民族音楽（伝統民謡，アシュケナージ系の音楽（東方に離散したユダヤ人の音楽），セファルディ音楽（南欧や北アフリカなどに離散したユダヤ人の音楽）），アラブ音楽，アフリカ音楽など多種多様で，これらに影響を受けた新たな民族音楽的なポップスも生まれています。

　最後は中国語圏ですが，ここではカラオケ文化が日本同様に盛んです。少しでも中国語ができる方なら，１曲くらい中国語で歌えるようにしておくと現地で受けること間違いなしです。古い曲もよく歌われるので，上の世代用に１曲，若者用に１曲練習しておくとよいかもしれません。

Case 14 ▶ パーティーで音楽の話で盛り上がる—音楽について

22 ☺ これならスムーズ！

Naoki はベルギーの友人 Fabien を訪ねました。その日 Fabien の家ではパーティーが開かれ，Naoki は Fabien のフランス人の友人である Alberic と音楽の話で盛り上がります。

♪S2_22

Naoki	Hi, I hear you're a friend of Fabien's.	こんにちは，Fabien のお友達だそうですね。
Alberic	Yes, I've known him for several years. He was introduced to me when I got here.	はい，彼とは数年来の知り合いです。私がこちらに引っ越してきた時に紹介してもらいました。
Naoki	I knew him when he was in Japan. We used to go to a lot of live performances together. What are you doing here?	私は彼が日本にいた時に知り合いになったんです。よく一緒にライブに行きました。こちらでは何をしてるんですか？
Alberic	I'm a cultural attaché from the French embassy. If you like music, maybe you'll be interested in Music Day this June.	私はフランス大使館の文化担当官です。もし音楽が好きなら，この6月の「音楽の祭典」が面白いかもしれませんね。
Naoki	Sounds interesting. What's that?	面白そうですね。何ですかそれは？
Alberic	It's a festival with musicians from all over the world. African music, Indian music, Brazilian music, and so on.	世界各国のミュージシャンが集まるお祭りです。アフリカの音楽，インドの音楽，ブラジルの音楽，などなど。
Naoki	Sounds great. Tell me more.	いいですね。もっと教えてください。

☐ cultural attaché「文化担当官」attaché [ətǽʃeɪ /ˌætəʃéɪ] とは特定の業務に携わる大使館員を指す。
☐ Music Day　フランス語では The Fête de la Musique と呼ばれ，国際的なミュージシャンを招いて毎年6月に行われるフランス発祥の音楽祭。ベルギー，ルクセンブルグ，東京など世界各地で同時開催される。

Review　振り返ってみよう

　Naoki は２番目の発言で，ライブの話を出しています。フランス人は文化的な話題に非常に関心を持つ人が多く，文化の比較，習慣の違い，そして音楽や絵画などのアートなどの話は，掴みのいい話題と言えるでしょう。

　このダイアログでは Alberic が２番目の発言でうまい具合に Music Day の話を出してくれました。相手が提示してくれた話題に対して興味があることを示すのに最も効果的なのは表情豊かに「それはどんなものですか」のように問いかける方法です。このあと Naoki の３番目の発言では，ポジティブなコメントを付けたあと，「もっと教えてほしい」と述べて相手の話をさらに引き出そうとしています。

　ただし注意点として，会話はキャッチボールなので相手も日本の音楽事情について聞いてくる可能性があります。そんな時のために，さっと話せるネタをジャンル別に一定数用意しておくのもよいでしょう。

Plus+ もっと知りたい！　　知っておくと便利な音楽の語彙

　音楽は世界共通の話題だ。しかしいざ英語で説明しようとするとかなりハードルが高くなる。「この曲知っている？」「その曲好き！」くらいなら簡単だが，「あの曲，耳について離れないんだよなあ」を英語で言おうとするとちょっと詰まってしまうだろう。以下に知っておくと便利な音楽関連（軽音楽）の表現をいくつか挙げておく。

【曲を表す語】
□ music　ジャンル全体（rock music など）を指すことが多く，「私の好きな曲」のように個別の曲を指す場合は my favorite piece of music となる。
□ song　ルーズに使われているが，本来は歌詞があるものを指す。かつて学者の間でクジラの歌をめぐり whale song と言うべきか whale music と言うべきか議論があったらしいが，最終的には whale song に落ち着いた。
□ tune　歌詞がある場合でもインストルメンタルでも使える。

【曲調を表す語】
□ catchy tune「楽しくて覚えやすい曲，ノリがいい曲」
□ driving〔upbeat〕music「テンポのいい音楽」

【その他】
□ earworm「頭から離れない曲」冒頭の「あの曲，耳について離れないんだよなあ」といった音楽のこと。stuck song syndrome という用語もある。フレーズで言うなら ～ get stuck in one's head（～が頭から離れない）となる。

Plus+ もっと語ろう！　　CD とストリーミング

次の日本文の内容を，自分なりに英語で表現してみよう。

「今は CD が売れない時代と言われている。音楽はストリーミングで入手するのがより一般的になっているが，多くのミュージシャンはストリーミングだけでは食べていけないと言われている。」

➡解答例は p.95

Case 15 ▷ フィレンツェの美術館で歴史的な話を聞く
―歴史・美術について

23 ☺ これならスムーズ！

Mia はヨーロッパに出張に行った際，空いている時間にフィレンツェのウフィツィ美術館を訪れました。そこでガイドから歴史的な話を聞きます。

♪S2_23

Mia	What's going on at the wing under construction?	建設中の棟では何が行われているんですか？
Guide	We are getting ready to display some art from the Louvre.	ルーブル美術館の美術品を展示する準備をしているのです。
Mia	Are you borrowing something?	何か借りているんですか？
Guide	Napoleon borrowed it and now we are getting it back.	ナポレオンが借りていって，それを今返してもらっているのです。
Mia	Two hundred years seems too long to borrow something.	何かを借りるのに 200 年なんてちょっと長すぎるんじゃないですか？
Guide	We think so too, but we're happy it's coming back at last.	我々もそう思うのですが，でもようやく帰って来たので嬉しいですよ。
Mia	That gives me another good reason to come back more often.	これでまた頻繁にここに来る理由ができました。
Guide	There are many things to see in Florence, particularly Renaissance art. But we are proud of our museum.	フィレンツェには見るものがたくさんありますからね，特にルネサンス美術ですね。でも我々はこの美術館に誇りを持っているのです。

☐ Florence「フィレンツェ」《伊》Firenze ☐ Renaissance [rènəsá:ns]「ルネサンス」

Plus+ もっと知りたい！ 　大げさに言う表現法，控えめに言う表現法

　英語では，ある意味を意図しながら，故意に程度のずれた言葉で言い表す表現法がある。意図より大げさに言うのを誇張法（hyperbole または exaggeration），意図より控えめに言うのを understatement（「控えめな表現」と言われており特別な訳語がないようだ）と言う。有名な understatement の例としては good と言うところにわざと not bad と言う場合がある。話し手の意図が言外の意味として感じられるため，1 つのユーモアのテクニックとしても用いられ，特にイギリス人はこうした表現を好むと言われている。これをユーモアに使ったのが，Napoleon borrowed it and now we are getting it back.。その意図は「ナポレオンが略奪していった」だが，それを紳士的な表現で控えめに言っているコントラストに面白味がある。

| Review | 振り返ってみよう |

23 は，ウフィツィ美術館のガイドに歴史経緯について説明してもらうシチュエーションになっています。ダイアログの内容自体は簡単なものにしてありますが，実際に美術館で作品の解説を十分理解するには，歴史，人物，地理に関する一般教養が重要になります。発音についても注意が必要です。実際，ナポレオン（Napoleon [nəpóuljən]）や『プリマヴェーラ』（Primavera [pri:mɑvérʌ]）くらいなら片仮名読みでも通じますが，ミラノ（Milan [mɪlǽn]），ベネチア（Venice [vénɪs]），トリノ（Turin [t(j)úərən]），ナポリ（Naples [néɪplz]）などの地名は日本語の片仮名読みとはかなり異なるので注意が必要です。イタリア人芸術家の名前の多くは片仮名読みでも通じますが，絵画のタイトルについてはダ・ヴィンチの『受胎告知』（the Annunciation）やミケランジェロの『聖家族』（the Holly Family）のようにそれぞれ日本語訳・英訳があるものは，会話になるととっさに出てこないかもしれません。

　以下に，世界の主要都市で片仮名読みと英語読みが異なるその他の例を記載しますので参考にしてください。
- □ ジュネーブ（スイス）　Geneva [dʒəníːvə]
- □ チューリヒ（スイス）　Zurich [zúrɪk]
- □ ミュンヘン（ドイツ）　Munich [mjúːnɪk]
- □ ケルン（ドイツ）　Cologne [kəlóʊn]
- □ ウィーン（オーストリア）　Vienna [viénə]
- □ プラハ（チェコ共和国）　Prague [prɑːg]
- □ ワルシャワ（ポーランド）　Warsaw [wɔːrsɔː]
- □ アテネ（ギリシャ）　Athens [ǽθnz]
- □ エルサレム（パレスチナ）　Jerusalem [dʒərúːs(ə)ləm]
- □ テヘラン（イラン）　Tehran [teərɑːn]

Plus+ もっと語ろう！　ゴッホの絵画

次の日本文の内容を，自分なりに英語で表現してみよう。

「日本ではゴッホ＊の人気が他の画家よりもひときわ高く，展覧会はいつでも大盛況だ。これには努力しても運に恵まれない人物をひいきする日本人の国民性が影響しているという人もいる。」

　ゴッホ：Van Gogh [væn gəʊ/gɔf]

➡解答例は p.95

24 😊 これならスムーズ！

Mia は友人のイギリス支社の Emma と一緒に休日パリに遊びに行きました。道を歩いているとオペラ座にあるバレエ団の広告が出ているのに気付きました。

♪S2_24

Mia	Hey Emma, what's that BBL?	ねえ，Emma，あそこの BBL って何？
Emma	It's Béjart Ballet Lausanne.	ベジャール・バレエ・ローザンヌよ。
Mia	What's that? Is it the name of a ballet company?	何それ？バレエ団の名前なの？
Emma	Maybe you've heard of Maurice Béjart. Remember the movie *Bolero*?	たぶんモーリス・ベジャールって聞いたことあるんじゃない。『ボレロ』っていう映画を覚えてる？
Mia	No, but I know Ravel's *Bolero*, not a movie.	いいえ，でもラヴェルの『ボレロ』は知っているわ，映画じゃないけどね。
Emma	It was a popular movie in the mid 80's. Maurice Béjart did the choreography with that music.	80 年代半ばに流行った映画よ。モーリス・ベジャールがあの音楽で振り付けをしたの。
Mia	I wasn't born yet then.	その頃私はまだ生まれてないけどね。
Emma	Anyway, his ballet company is quite famous and they're very good.	とにかく，彼のバレエ団はとても有名で，とてもいいのよ。
Mia	Maybe we can go see their performance.	一緒に彼らの公演を見に行ってもいいかもね。

☐ Béjart Ballet Lausanne [louzǽn] スイス・ローザヌにあるバレエ団で，1960 年にモーリス・ベジャールによって創立された。
☐ ballet company「バレエ団」company は仲間（bad company（悪い仲間），keep one's company（付き合う））や「団」（theater company（劇団））の意味がある。ちなみに school は芸術分野になると「派」の意味になる。the Impressionist school は「印象派」，the French Romantic school なら「フランス・ロマン派」となる。
☐ Maurice Béjart [mɔ́:rɪs beʒɑ́:r]「モーリス・ベジャール」マルセイユ出身のフランス人バレエ振り付け家。1981 年の『愛と哀しみのボレロ』（原題：Les Uns et les Autres）の振り付けが非常に有名。三島由紀夫をテーマにした東京バレエ団の作品『M』でも振り付けをしている。
☐ Bolero [bɔlé(ə)roʊ]『愛と哀しみのボレロ』は英語圏では Bolero というタイトルになっている。
☐ Ravel [rævél]「ラヴェル（Joseph Maurice Ravel)」19 世紀末から 20 世紀初頭のフランス人作曲家で『ボレロ』の他『スペイン狂詩曲』などを手掛けた。
☐ Maybe we can ...「…してもいいかもしれませんね」ソフトな提案表現。
☐ go see「見に行く」go や come の後ろに動詞がもう 1 つ重なる慣用表現。see の他，get や grab（買う，人を呼ぶ〔捕まえる〕）を続けた go〔come〕get, go〔come〕grab などがよく用いられる。

振り返ってみよう

24 では，関連ある複数の話題の間を会話がスムーズに行き交う例を扱っています。焦点は街角で見かけた広告⇒バレエ⇒映画⇒公演へと発展しています。

Emma は2番目の発言で「モーリス・ベジャールの名前を聞いたことがないか」と切り出し，さらに関連した映画作品名を挙げました。次の Mia は「知らない」で話を終えることなく，知っている範囲における「ボレロ」に言及することで会話をつなぐ努力をしています。このあと Emma は映画のボレロについて説明を続け，そこからバレエの話へと展開したあと，Mia が「バレエの公演を見に行ってもいいかも」というポジティブなコメントで締めくくる自然な流れになりました。

話題について自分が知らないトピックが出た場合，**22** のようにそれについて，どんなものなのかを興味を示す質問をする以外にも，Mia のように，**自分が知っている範囲で関連すると思われるものに言及する**というのも話をつなぐタクティクスになります。

🌐 Communication Tactics　自分が知っている範囲で関連するものに言及する

Plus+ もっと語ろう！　日本舞踊

次の日本文の内容を，自分なりに英語で表現してみよう。

「日本舞踊 * は歌舞伎から発展したもので，その魅力は動きの美しさにある。踊りの立ち居振る舞いは，礼節や謙虚さといった日本の伝統的美徳を表している。」
　日本舞踊：Japanese traditional dance

➡解答例は p.96

Ｔシャツをきっかけにアートの話で盛り上がる
　　　　　　　　　　　　　　　　　　　　　　―現代アートについて

25 😊 これならスムーズ！

アメリカに長期出張で来ている Kazuhiro は同僚 Jeremy に友人である George を紹介してもらいました。ある日 George の着ている Ｔシャツのことで話が盛り上がりました。

♪S2_25

Kazuhiro	Hey, George. Cool shirt. Kind of unusual.	やあ，George。かっこいいシャツだね。ちょっと珍しいね。
George	It's Andy Warhol's Campbell's soup can.	アンディ・ウォーホルのキャンベルのスープ缶だよ。
Kazuhiro	The guy who did the Marilyn Monroe picture.	マリリン・モンローの絵を描いた人だね。
George	Yeah. The picture broke the auction record lately. Sold for almost 200 million dollars!	そう。その絵は最近オークションの記録を更新したね。200万ドル近くで落札されたんだ。
Kazuhiro	I'll never understand pop art. Why is it so valuable?	僕にはポップアートが理解できそうにないな。どうしてそんなに価値があるんだい？
George	It's said Andy Warhol brought a revolution to the contemporary art scene.	アンディ・ウォーホルは現代美術に革命をもたらしたと言われているんだ。
Kazuhiro	With a picture of a soup can?	スープ缶の絵で？
George	That's right. He's the first guy to elevate everyday objects to art. He was part of a big pop art movement from the 50's. They rejected the idea of art being elite.	そうだよ。彼は日常的なものをアートに昇華させた最初の人なんだ。彼は50年間からの大きなポップアートのムーブメントの１人だったんだ。彼らは，芸術がエリートであるという考えを否定したんだよ。
Kazuhiro	OK. A can of soup cannot be very elite.	なるほど。スープの缶じゃそんなにエリートのはずないもんね。
George	Do you know his quote, "In the future, everyone will be world-famous for 15 minutes"?	彼の「将来，人は誰でもその生涯で15分間は有名になれる時がやって来るだろう」という言葉を知ってる？
Kazuhiro	That kind of fits YouTube and social media celebrities.	それって YouTube や SNS の有名人になんか当てはまるよね。

□ kind of「なんとなく，ちょっと」副詞的に用いられており a がない点に注意。
□ Andy Warhol「アンディ・ウォーホル」1950 年代から 80 年代に活躍したアーティスト。急進派フェミニズム活動家に暗殺されかかるも一命をとりとめる。TDK のテレビコマーシャルに出演したことでも有名。
□ Marilyn Monroe [məəlɪn mənróu]「マリリン・モンロー」
□ I'll never ...「どんなに頑張っても無理」というニュアンス。
□ fit「合う，該当する，合致する」

Review 振り返ってみよう

25 では，相手が着ている服のプリントからアートの話に発展した例を扱っています。Kazuhiro の 3 番目の発言で「なぜアートに大きな価値があるのか」と聞かれた George は，以降の発言でアートについての知識を披露しています。アートについては人によって興味の有無や程度が異なるので，相手があまり興味を示さなければ，あまり蘊蓄を述べない方が無難でしょう。何事も相手の顔色を読みながら話すことが重要です。ここぞとばかりに知識を披露して，Thanks for the lecture.（講義ありがとう。）（一方的な蘊蓄話に対する嫌み）と言われないようにくれぐれも注意を。ちなみに lecture を sermon（説教）にするともっと嫌みっぽく聞こえます。

George は最後の発言部分で，アンディ・ウォーホルの名言を引用しています。日本語ではよく漢語成句（例えば「巧言令色鮮し仁（こうげんれいしょくすくなしじん）」）やことわざがいわゆる教養の証とみなされます。英語でもことわざ（Don't count your chickens before they hatch.（取らぬ狸の皮算用）など）も日常会話ではよく使われますが，これはある状況を口語的に的確に表現するために使われるもので，特に教養の度合いを示すバロメーターとはみなされません。むしろ作家，芸術家，政治家などの偉大な人物が言った独創的な知見（famous quote）や名言が教養を測る物差しになる傾向があるようです。長い歴史のある漢語成句やことわざが重視される日本と異なり，英語圏では，独自の知見，深い見識，あふれるウィットが好まれます。

こうした英語の名言例を，p.64 の「Tips for Better Communication ことわざ，格言，名言」でいくつか紹介しています。

🌐 Communication Tactics　有名人の名言を知っておくと会話にウィットが加わる

ᴾˡᵘˢ⁺ もっと語ろう！　現代アート

次の日本文の内容を，自分なりに英語で表現してみよう。

「現代アートは，ファッションとも関係がある一方で，社会問題を提起したり，社会への批判を表現したりするものが多い。そのため背景知識を知らないと理解しにくい場合もある。」

➡解答例は p.96

日本語の「ことわざ」は proverb, saying，「格言」は maxim に相当しますが，それぞれニュアンスが多少異なります。proverb は世の中を生きる上でのアドバイス，saying は言い慣わされてきた人生の知恵や自明の真理を示す哲学的な言葉，maxim は一般真理もしくは分別ある生き方のための基準となる言葉です。ただ英語では（知的であるとして）これら以上に好まれるものに famous quote（名言）があります。以下に英語でよく使われる英米仏の名言を挙げておきます。こうした名言は，プレゼンテーションやスピーチ，またちょっとした会話の時に使うと，聞き手に「おっ ?!」と思わせることができるでしょう。

☐　**Art is never finished, only abandoned.** [Leonardo da Vinci]
　芸術に決して完成ということはない。途中で見切りをつけたものがあるだけだ。

☐　**If people knew how hard I worked to get my mastery, it would not seem so wonderful at all.** [Michelangelo]
　私がこの芸術における熟練域に達するのにどれほどの努力を重ねているかを知ったら，それほど素晴らしくは見えなくなるだろう。

☐　**Don't let schooling interfere with your education.** [Mark Twain]
　学校教育があなたの教育を妨げないようにしなさい。

☐　**Always dream and shoot higher than you know you can do. Don't bother just to be better than your contemporaries or predecessors. Try to be better than yourself.** [William Faulkner]
　常に夢を見て，自分ができると思える以上を目指せ。同時代の人間や先人たちを上回ろうとなどするな。自分自身を上回る努力をせよ。

☐　**Men can only be happy when they do not assume that the object of life is happiness.** [George Orwell]
　人は，人生の目的が幸福になることだ，などという思い込みをしさえしなければ幸せになれる。

☐　**Indecision is often worse than wrong action.** [Henry Ford]
　決断しないことは，時として間違った行動よりたちが悪い。

☐　**Love is like the wind, we never know where it will come from.**
[Honoré de Balzac]
　愛は風のようなものだ。我々はそれがどこから吹いてくるかも知らない。

Candid Opinion　外国人からの辛口コメント　言葉と文化の壁の克服が今後の課題

今回は中国にある欧米系コンサルティング会社に勤務する中国人からの意見です。

中国における日中の関係は大きく変化し，現在は中国人が日本人をリードするような時代を迎えつつあります。日本人の指揮する生産現場は品質・効率で定評がありますが，私は製造ではなく日系企業の現地販売をサポートしていますので，ここでは販売営業分野の話をします。中国の販売営業という領域において，赴任後なかなか思い通りにパフォーマンスを出せないで苦戦している日本人が多いという印象があります。赴任時には，十分やる気があったにもかかわらず，同じアジア文化でありながらも大きく異なる中国文化と日本文化の違いに戸惑っているというケースはよくあります。中にはモチベーションを失ってしまう人も残念ながらいるようです。最近では中国人の意識も変わり，「中国で働くなら中国語を少しくらいは話してほしい」という思いが生まれてきています。今後は日本人にも中国語によるコミュニケーション力が求められる時代がやってくるでしょう。

またオフィス内での文化融合も一筋縄ではいきません。日本人と中国人が同じプロジェクトに携わっている場合，両者が融合してアイデアを完成させるのが理想です。しかし現実には，日本人と中国人がそれぞれ国別に分かれ，独自にアイデアを作り，最終的に両者の案をすり合わせたり，折中させたりすることがよく見られます。皆が国に関係なく自由闊達に意見を交わせるようになれば，より創造的なアイデアが生まれると思います。

Candid Opinion　外国人からの辛口コメント　日本人からは見えにくいハンディ

製造技術者として来日し日系企業で勤務していたインド人の体験談です。

私は日本の大手メーカーに勤務していました。そこには私を含め複数の外国人技術者が勤めていたのですが，外国人にはいろいろハンディがありました。

例えば会議参加についてです。私はいいアイデアがあるとそれを会議の場で提案するのですが，上司はその場でそれを取り上げて議論することはなく，「まず報告書にして提出してほしい」と言います。日本人の場合はお互い話が通じやすいため，その場でなされた提案でも議論が進むのですが，いくら日本語ができると言ってもやはり私が外国人であることがハンディになることは否めません。

私の部署では，未来のビジョンに対して情熱と責任感でやる気を見せる人よりも，過去の履歴や記録に基づいた報告書をこまめに提出しつつこつこつと実績を作ることが昇進において重要でした。このキャリアパスにおいて外国人は不利になります。外国人は長期間勤務しないだろうという前提になっているので，長期的なプロジェクトにおける発言権が下がるのはやむを得ないようです。

また言語リソース環境も外国人にはハンディとなります。例えば特許関連の書類を提出する場合でも，英文書式や資料は少なく，新人の頃は日本の書式に不慣れなため，慣れるまでは苦労したものです。私の上司は「頑張って」と励ましてはくれましたが，こうしたハンディが重なり，残念ながら職場を去った外国人同僚も少なくありません。

日本という環境は，そこで暮らしている日本人にとっては当然のものなので，外国人が日々感じているハンディは見えにくくなっています。今後は外国人の率直な意見にも耳を傾け，協働しやすい環境作りができるかどうかが大きなポイントとなるでしょう。

ウォールストリートで財務省にまつわる歴史を語る
—経済について

26 ☺ これならスムーズ！

Yoshiaki と Hassan はニューヨークに出張しました。2人がウォールストリートの前を通った時，財務省の話が話題に上りました。

♪S2_26

Yoshiaki	I finally got to Wall Street. My guidebook says that there was a real fortress wall during the Dutch settlement in the 17th century.	ついにウォール街に来た。僕のガイドブックによると，17世紀のオランダの入植時代には本物の要塞の壁があったらしいよ。
Hassan	Hey Yoshiaki, look at the statue in front of the white building!	ねえ Yoshiaki，あの白い建物の前の銅像を見てくださいよ！
Yoshiaki	Yeah, who's that?	うん，あれは誰？
Hassan	Alexander Hamilton. You know the guy on the 10-dollar bill.	アレクサンダー・ハミルトン。10ドル札の人ですよ。
Yoshiaki	I've heard the name, but is he that famous?	名前は聞いたことあるけど，そんなに有名な人なの？
Hassan	He established the US Treasury. Then he became the first Secretary of the Treasury.	彼はアメリカの財務省を設立したんです。その後，初代財務長官になりました。
Yoshiaki	Wow, he was a big success!	へえ，それは立派だね。
Hassan	He had enemies though. He was killed in a duel.	でも彼には敵がいたんです。それで決闘で殺されたんです。
Yoshiaki	Why?	どうして？
Hassan	His rival was a better shot. Interestingly, he got away with it and he was chosen vice-President of America.	相手の方が射撃がうまかったのです。面白いことに，相手の男はそれでも罰を受けずアメリカ副大統領に選ばれました。
Yoshiaki	Oh, you don't hear many stories like that in Japanese politics.	へえ，日本の政治界じゃそんな話はあんまり聞かないよ。
Hassan	Things can be very different from country to country. For example, the Federal Reserve Bank is a private company. That surprises most Japanese.	国が変われば品も変わるものです。例えば連邦準備銀行は民間企業です。これにはほとんどの日本人が驚きますね。

□ settlement「植民地，入植，移住」
□ Alexander Hamilton「アレクサンダー・ハミルトン」アメリカ建国の父の1人でアメリカ合衆国憲法
　の実質的起草者。第3代副大統領アーロン・バーとの決闘により死去。
□ the US Treasury「アメリカ合衆国財務省」
□ better shot　good shot で「射撃がうまい人」
□ get away with ～「～をして罰を逃れる，～をしてただですむ〔逃げ切る〕」
□ you don't hear many ～「～なんてあんまり聞かないよ」

Review　振り返ってみよう

　ビジネスパーソンであれば，経済の話題にも一通り対応することが求められます。経済的な最新トピックは，CNN や BBC をはじめとする英語報道や記事から得ることができますが，経済（および政治）に関係する歴史的エピソードなども相手の興味を引くよいネタになります。**26** ではハミルトンの人生に関するエピソードが取り上げられています。

　ただし日本人が現地（ここではアメリカ）のエピソードを仕込むのは容易ではありません。そのためむしろ Yoshiaki の例のように，質問や自分のコメントで相手の話に応対するほうが無難と言えます。その代わり，日本経済が話題に挙がった場合には，それに関して相手が興味を持ちそうなエピソードを1つか2つ挙げられるように準備しておくとよいでしょう（「日本は高橋是清を通じてユダヤ系アメリカ人銀行家ジェイコブ・シフからの日露戦争資金を調達した」や「バブル時代は就職すれば自動車がもらえることもあった」など）。

　経済・ビジネス関連の表現として，以下のようなものも押さえておくとよいでしょう。

□ **bandwagon effect**「バンドワゴン効果」流行や大多数に乗る人が増えることでさらに人気や需要が増すこと。bandwagon は「音楽隊の馬車」の意味。この他，希少品や限定品の人気が高まる snob effect（スノッブ効果）や，見せびらかし願望によって高価なものほど需要が増す Veblen effect（ヴェブレン効果）という用語もある。

□ **prisoner's dilemma**「囚人のジレンマ」ゲーム理論の用語。利害が異なる人間関係において，各自が自分に最も利益があるような選択肢を選ぶことで，協力し合うよりも悪い結果になってしまうこと。ビジネスの利益を短期的視点と長期的視点のどちらに据えるのが合理的かを説明している。

□ **Pareto optimum**「パレート最適」資源がすでに最大限利用されており，誰かの状況を改善しようとすれば，他の誰かの状況を悪化させることになる状態。

□ **Nash equilibrium**「ナッシュ均衡」ゲームの参加者全員が，あるルールのもと，いずれも最適な選択による戦略を採っており，どの参加者も自分の戦略を変更する理由がない安定した状態。

Plus+ もっと語ろう！　バブル崩壊後の日本経済

次の日本文の内容を，自分なりに英語で表現してみよう。

「バブル崩壊以降，多くの日本企業は内部留保を増加させている。その目的の一部は，予測不可能で突発的な環境変化に対応すると同時に，倒産のリスクを減らし，投資をより迅速かつ自由に行えるようにすることである。」

➡解答例は p.97

27 😊 これならスムーズ！

Naoki は Fabien のパーティーで知り合ったオランダ人 Adriaan と安楽死と自由について話しています。

♪S2_27

Naoki	I heard mercy killing is legal in your country. It's surprising to many Japanese.	あなたの国では安楽死が合法だそうですね。多くの日本人にとっては驚きです。
Adriaan	In my country, some people think they have the right to control their own quality of life.	私の国では，自身の生活の質を自分でコントロールする権利があると思っている人もいます。
Naoki	Western countries seem to really value freedom.	欧米諸国はとても自由を大切にしているようですね。
Adriaan	That may be so, but it varies by country, and even within some countries like the US. California is very different from Texas.	そうかもしれません。でも国によって違うし，アメリカのように国内でさえ違う国もあります。カリフォルニアとテキサスではとても違いますよ。
Naoki	I often hear liberalism, neoliberalism, libertarianism, and so on. It's really confusing.	リベラリズム，ネオリベラリズム，リバタリアニズムなど，よく耳にしますが，本当に紛らわしいですよね。
Adriaan	Many people find it confusing even in the West. And the definitions are not really the same everywhere.	欧米でも混乱する人は多いですよ。定義もまちまちだし。
Naoki	Oh, that explains the intense political tension during elections.	うーん，道理で選挙で政治的な緊張が高まるわけですね。
Adriaan	Japan is a more conservative society generally. But for example, Dutch people find murder suicide bizarre.	日本は一般的に保守的な社会ですよね。でも，例えばオランダ人からすると無理心中は異様に思えます。

- ☐ mercy killing「安楽死」euthanasia [jùːθənéɪʒə/-ziə] とも言う。
- ☐ by country「国ごとに，国によって」
- ☐ not the same everywhere「どこでも同じわけではない」
- ☐ that explains ...「道理で…わけだ」
- ☐ murder suicide「無理心中」
- ☐ bizarre「異様な，奇怪な」

---

27 では「死をめぐる自由」という難しいトピックについて会話が進んでいます。こうしたトピックは，片や哲学，片や政治と関連しており，日本では「小難しく理屈っぽい話題」として敬遠されがちです。

しかし海外（特に欧米）では「自由」は哲学的な命題というよりも，社会と自分の在り方を決定する「権利の問題」としてよく話題に上ります。ただし注意しなければならないのは，ネット社会では，近年こうした「哲学的な考え」が政治的な色彩を帯び，特定の政治的立場をめぐる主張が社会的分断を広げているということです。そのため特定の立場を主張するような発言は控え，そうした微妙な問題について意見を求められた場合には，I think many Japanese people think of it as being an economic issue rather than a political issue.（日本ではこれは政治というよりもむしろ経済の問題のように捉えられている。）といった無難な比較論にとどめておくのがよいかもしれません。

参考までに，その他の社会的な問題について言及する表現をいくつか下記に挙げておきます。

☐ **Many Japanese view organ donation as an emotional issue for bereaved families rather than a personal problem.**

多くの日本人は，臓器提供を個人の問題よりも遺族の感情の問題として捉えている。

☐ **While male chauvinism still persists in some workplaces, more and more women are speaking out against this injustice.**

一部の職場では，まだ男尊女卑的な考え方が残っているが，こうした不公平に対して声を上げる女性が増えつつある。

☐ **In recent years, the problem of helicopter parents and Karen-type customers has become more serious.**

近年ではモンスターペアレントやモンスタークレイマーという問題が深刻化している。

＊モンスターペアレント〔クレイマー〕は unreasonable parent〔customer〕あたりが近いが，ここでは英語でよく使う helicopter parent という表現が使われている。これはどちらかというと過干渉（いつでも救出のために上から見張っているから）というニュアンスが強い。モンスタークレイマーだが北米ではこれを表現するのになぜか Karen という人名を使う。

Plus⁺ **もっと語ろう！** 　　**性善説と性悪説**

次の日本文の内容を，自分なりに英語で表現してみよう。

「東洋にも西洋にも，古代から人間は本来善であるか悪であるかという議論がある。例えばアリストテレス＊は，人は善の本当の意味を知っていれば悪は行わないはずだと主張している。孟子＊も人間が悪を行うのは社会の影響だと言っている。」

アリストテレス：Aristotle　　孟子：Mencius

➡解答例は p.97

西欧思想の代表とも言える「自由」の概念は，現実にはさまざまな思想に分化しており，その立場の違いによっては政治的にも先鋭に対立しうる概念となっているようだ。

　政治思想の代表として，ジョン・ロック（John Locke）は，キリスト教的思想に基づき，人間は創造主のもと平等かつ完全に自由な状態（in a state of perfect freedom）に生まれており，何人も生命，自由，財産を侵害することはできないと主張した。

　また経済思想としては，古典派経済学（Classical economics）においてアダム・スミス（Adam Smith）は，市場は個人の自由に任せ（laissez-faire），政府が余計な介入をすべきではないと述べ，市場は自由にしておけば神の見えざる手（the invisible hand of God）が介入して健全に機能するとしている。

　以下で主な「自由」の思想について簡単に紹介する。

新自由主義（Neo-liberalism）
政府による規制を最小化し，市場での自由競争（free competition）を重視する。福祉（welfare）や社会保障（social security）の肥大は自由な経済競争を妨げるとする。

リバタリアニズム（Libertarianism）
ハイエク（Friedrich Hayek）やフリードマン（Milton Friedman）に代表される経済思想。政治的には個人の自由（および LGBT や移民の権利）を重視し，経済的には個人や企業の活動を必要以上に制限するのに反対し，小さな政府（small/limited government）を主張する完全自由主義の立場。

ニュー・ライト（New Right conservatism）
経済的にはリバタリアン的な自由を主張する一方で，社会的には伝統を重視する立場。

リベラリズム（Liberalism）
政府の市場介入と富の再分配（redistribution of income and wealth）による個人の社会的平等（social equality）と高福祉（high social welfare）を支持する政治思想。特にリベラリズムに大きな影響を与えた人物にジョン・ロールズ（John Rawls, 1921-2002）がいる。彼の有名な著作には『正義論』と『政治的リベラリズム』がある。

コミュニタリアニズム（共同体主義）（Communitarianism）
共同体（community）の道徳や価値観を尊重し，個人は共同体特有の価値観を身に付けることではじめて社会の主体になると考える政治思想。そのため共同体で共有される共通善（common good）―美徳（virtue）―を中心に正義を考える。この立場は共同体の利益に個人の自由を隷属させるというものではなく，極端な個人主義やリベラリズムを批判し，共通善を中心とした民主的コミュニティを追求する立場といえる。こうした考え方に立つ，日本でもよく知られた哲学者・倫理学者にマイケル・サンデル（Michael Sandel）がいる。

Candid Opinion　外国人からの辛口コメント　「相手に気を配る」とは？

日本在住のイスラエル人からのコメントです。

　ナチスによるユダヤ人虐殺も含め，長い歴史で常に迫害を受けてきたユダヤ人が，世界を流浪しながら自分の知恵，機転そして人的ネットワークでこれまで生き延びてきました。異国の地ではコミュニケーション力を駆使して物事を柔軟に解決することが死活問題だったため，私たちの中では何カ国語も操れる人間は珍しくありません。

　コミュニケーションで重要なのは，自分が言いたい内容はもちろんですが，何よりも目的は何か，そして誰に話を聞いてもらうのかを考えるということです。しかし日本ではコミュニケーションを取る上で，その目的を考えながら柔軟に対処するのを苦手とする人が多いようです。

　例えば日本のホテルの中には，「おもてなし」と言いながらも，困ったお客様の手助けをすることこそサービスと考えているところは少ないように思います。私がしばしば体験したことですが，日本のホテルに滞在中，飛行機のリムジンが 6:30 に出発するので，6:30 からの朝食を 15 分だけ早くしてほしいとホテルに要望しても，「申し訳ありません。当ホテルでは朝食は 6:30 からとさせていただいております。」という丁寧な言葉と笑顔で断られます。1 分ですら時間をずらしたくないかのようです。しかし朝食が宿泊客のためのものであることを考えれば，運悪く早めに出発しなければならず困っている宿泊客に（出来あいのものを少し出すとか，何か融通を利かせるなど）手を差し伸べるのも大切なサービスなのではないでしょうか。

　私の目から見ると，日本人は常に型にはまって行動しなければならないという強迫観念に捕らわれているように見えます。そうした社会では，型にはまった振る舞いをする人間には非常に友好的ですが，ひとたびそこから外れた人間には厳しい対応がとられます。外国人とコミュニケーションする場合，行動の目的を考え，型を打ち破って柔軟に対処できるようになればさらに相手と深い関係を築けるようになると思います。

　ここからは筆者のコメントですが，ベンジャミン・ボアズ氏も自著『日本はクール!? 間違いだらけの日本の文化発信 From Cool Japan to Your Japan』の中でこうした「コミュニケーションの目的を考えず主張を押し付ける日本人の傾向」について述べています。クールジャパンが外国人に不評なのは，外国人が日本の何に興味があるかを無視して，日本人自身が「こう見てもらいたい」という姿を一律に押し付けているためであると指摘しています。我々は「相手に気を配る」という自己イメージを持っていますが，もしかすると，言葉は丁寧ながら実は無意識に相手を無視して自分の主張を押し付けているだけなのかもしれません。

28 ☺ これならスムーズ！

Saori はシンガポールでグローバルマネジャーセミナーの運営を行っています。セミナー参加者に食事を手配する上で，ハラール，ベジタリアン，コーシャなどの食事の手配について現地スタッフから説明を受けています。

♪S2_28

Saori	Hi Nikita. We are preparing for a seminar reception for our global managers. But dietary issues give me a headache. Can you give me some advice in choosing food for the reception menu?	こんにちは，Nikita。グローバルマネジャーを招いたセミナーのレセプションを準備しているんですが，食事の問題で頭を悩ませています。レセプションのメニューを選ぶ上でアドバイスを頂けますか？
Nikita	Sure. At least you have to consider halal, kosher, and vegetarian or vegan.	もちろんです。少なくとも，ハラール，コーシャ，ベジタリアンやヴィーガンを考慮する必要がありますね。
Saori	I get the feeling that just avoiding pork is not good enough.	豚肉を避ければいいというものでもないような気がしますね。
Nikita	You're right. It's definitely not that easy. Hindus don't eat beef. The combination of things can be a problem, too. Recently the process is coming under scrutiny. They say it is the issue of "From farm to fork." If you want to be reasonably safe, you should be thinking of high-quality vegetarian. Maybe with a couple of vegan dishes.	そうですね。まったくそんな簡単な話ではありませんね。ヒンドゥー教徒は牛肉を食べません。食べ物の組み合わせも問題になりますね。最近は中間のプロセスも注視されています。「農場から食卓まで」の問題と言うそうです。十分な安全性を求めるなら，質の高いベジタリアンを考えておいたほうがよいでしょう。ヴィーガン料理も2，3品あるといいかもしれませんね。
Saori	Studying it a little, I'm in over my head. Even things like soy sauce have issues.	ちょっと勉強しただけで，もうお手上げです。醤油のようなものでさえ問題があるんです。
Nikita	I really recommend consulting an expert. There are many around lately.	専門家に相談することをぜひおすすめします。最近は（専門家が）増えてきていますから。
Saori	I don't even know if there are such experts in Japan.	日本にはそんな専門家がいるのかどうかさえ分からないですねえ。
Nikita	I'm not sure about Japan, but they are definitely necessary in Japan too. So probably there is somebody.	日本については分かりませんが，日本でも必ず必要ですよ。だからきっと誰かいるはずです。

□ ～ give one a headache「～の問題で頭が痛い」
□ in choosing「選ぶ上で」in doing ... で「…する上で」の意味。
□ get the feeling that ...「…という感じがする」似ている表現として under the impression that ...（（てっ
　　きり）…と思いこむ）があり，I was under the impression that you didn't like your job.（てっきり
　　仕事が嫌いなんだと思ってたよ。）のように使う。
□ come under scrutiny「注視される，厳しい視線が注がれる」
□ be in over my head「お手上げ，手に負えない」

Review　振り返ってみよう

　Saori はレセプションのメニューを考えていますが，招待者がさまざまな国と地域にわたる
ため食事の選択が悩みとなっています。こうした場合，特に日本人にとって最も難しいのは，
どこまで相手の食文化に思いを至らすことができるかという点です。そのためここでは日本に
外国人を呼んだ場合，食事についてどんな点が盲点になるかを少し記します。
　日本には，豚や牛以外にも魚料理や鶏料理が豊富にあります。そのため，イスラム教徒やヒ
ンドゥー教徒でも，豚や牛を食べなければ特に問題はないだろうと多くの日本人は思いがちで
す。しかしここに私たちの想像力の限界があります。彼らは当然豚や牛は避けますが，「中に
どんな材料が含まれているか分からない場合，いっそのことその食品を取らない」という態度
をとる人が多いのです。日本で勤務する人は大変です。外食のランチでは，豚や牛ではない，
とは分かっていても，結局食べるものがなく，自宅で調理して持参するしかないという話をよ
く聞きます。最近では，社内食堂にフードコンシェルジェを置いたり，含有物を明示したりす
る企業も増えていますが，一般のレストランやケータリングではまだ道のりは遠いようです。

Plus+ もっと語ろう！　グルテンフリー

次の日本文の内容を，自分なりに英語で表現してみよう。

「最近ではグルテンフリーの問題が以前より注目を浴びているが，外食や加工食品におい
ては，まだ理解がそれほど進んでいない。外食する場合，多くの食材に小麦が入っている
ので，グルテンを避けたい人は非常に困る。」

➡解答例は p.98

異文化理解 *Column*

ベジタリアン

　ベジタリアンは菜食主義者の総称ですが，今日ではヴィーガン（vegan，完全菜食主義者）という言葉も市民権を得ています。ベジタリアンには乳製品と野菜のみを食べるラクト・ベジタリアン（lacto-vegetarian），卵と野菜のみを食べるオボ・ベジタリアン（ovo-vegetarian），卵と乳製品と野菜のみを食べるラクト・オボ・ベジタリアン，魚介類と野菜を食べるペスコ・ベジタリアン（pesco-vegetarian），時には肉・魚も食べるフレキシタリアン（flexitarian）があります。

　インド人はよく「牛を食べない」と言われますが，基本的には菜食主義が多く，豚も食べず，動物性たんぱく質は鶏，羊，魚が中心です（とはいえインドが世界屈指の牛肉輸出国であるのはちょっと皮肉ですが）。牛乳（水牛のほうが牛よりやや多い）は OK です。インドでもジャイナ教徒は，不殺生の考えから肉，魚，卵，根菜類，五葷（ニンニクなど）を食べませんが，シーク教徒は，豚肉は許されています。儀式で屠られた肉は禁じられているのでコーシャ（後述）やハラール（後述）は食べません。

　コーシャ（kosher）はユダヤ人の食禁忌で，かなり細かく決められています。敬虔なユダヤ教徒であれば，肉は豚，ウサギ，ライオンやワシなどの猛禽類が禁じられています。また魚はウロコとヒレがないものはダメなので貝，イカ・タコ・カニ・ウニ・クジラ・ウナギは食べられません（これらは日本人の好物が多い）。それから肉製品と乳製品を同時に食べてはいけない（胃の中で混じる時差制限も決まっている）ので，人によっては鍋ばかりでなく台所を別にする場合もあるそうです。

　ハラールは，イスラム教で「許される」という意味で，単に豚肉を避けるというだけでなく，動物を殺す時の方法，出荷，輸送，保存，調理まで非常に細かく取り決めがあり，それをクリアーしたものにハラール認証が与えられます。ハラールの認証基準はサウジアラビアが非常に厳しく，ついでマレーシアが厳しいと言われています。

ドイツ文化のソフトな面と硬い面

　ドイツ人はまじめで硬く，あまり冗談が通じないように思われがちですが，ビジネストークでも冗談（気の利いたジョークより小話的なものが受けるらしい）や脱線は歓迎されますし，相手に対する気遣いの言葉も喜ばれるといった人間味あふれる面があります。会議などではむしろ日本人のほうがすぐに本題に入りたがりますが，ドイツ人は会議に入る前にスモールトークを入れたり，会議の終わりは思いやりのある一言で締めくくる傾向があります。こうした気遣いはドイツで長くビジネス関係を続ける際には非常に重要になります。またユーモアのセンスの他にも会話のネタの豊富さもドイツ人とのコミュニケーションでは強いツールになります。

　ドイツ人は一般的にリラックスした場で話をするのが好きなので，会議などのあとにランチやディナーに誘われることもあります。そんな機会にはできるだけ参加するようにするとビジネス関係にもプラスになります。ドイツ人には情緒的な面があり，呑みながら一緒に肩を組んで歌うことができる人はドイツビジネスでは有利だと言われます。簡単な挨拶をドイツ語で言えれば喜ばれるので，手軽に距離を縮めることができます。夕食時にドイツの古い歌を歌いクライアントから強い信頼を勝ち取ったツワモノがいるという話も聞いたことがあります。

　会話の話題については，ドイツ人は文化や価値観の違いに興味を持つ傾向があり，宗教についても価値観の違いとしてオープンに話ができます。ただし歴史については日本の歴史について少なくとも英語で十分に説明できるレベルでなければ避けたほうがよいでしょう。

　また意外なようですが，ドイツ人の返答の遅さには定評があり，これにはイライラさせられる日本人は多いようです。ドイツ人は1つのタスクが終わるまで次のタスクを始めない傾向があるので，日程に期限がある場合は，あらかじめ時間的余裕を見ておくほうがよいでしょう。

　ドイツ人の特徴として，メンツへのこだわりと学歴階級意識があります。問題が生じた場合，まず責任の所在を明確にし，相手が納得するまで説明責任を果たすことが重要です。ここで相手に恥をかかせると怒らせることになります。

　また学歴階級意識は日本人の想像を超えたものがあると言われます。特に製造業では大卒以上と現場労働者の間の線引きはきわめて明確で，「叩き上げ」というものが存在しません。こうした「階級による違い」は多くの日本人を驚かせると言います。また上場企業の役員には博士号を持つ人も数多くおり，持ち出す話題も相手との関係や相手の教養水準を考慮すべきでしょう。

29 ☺ これならスムーズ！

Naoki と Fabien はドイツに観光に来ています。2人は東西冷戦終結の発端となったベルリンの壁崩壊を象徴するブランデンブルグ門の前で歴史と政治の話を始めました。

♪S2_29

Naoki	Visiting the Brandenburg Gate got me thinking about socialism and democracy and so on.	ブランデンブルク門に来てみて，社会主義や民主主義などについて考えるようになったよ。
Fabien	There's a lot "and so on"... Machiavellism, authoritarianism, and many more.	その「など」にもたくさんあるね...マキャベリズム，権威主義，その他たくさん。
Naoki	Yeah, that's not simply digital.	うん。それは単純に白黒で分かれるものじゃないね。
Fabien	It's not just the system, but how it is implemented too.	制度だけの話じゃなくて，それがどう実施されるかという話でもあるね。
Naoki	Right, the Japanese style democracy may be authoritarian to Europeans. But our health system is labeled socialistic by some Americans.	そうだね。日本式の民主主義は欧米人にとっては権威主義的かもしれない。でも日本の医療制度は，一部のアメリカ人から社会主義的だと言われているよ。
Fabien	In some cases, historical factors are involved. For example, Napoleon came right after the French Revolution. But complete equality didn't work out too well in France.	歴史的な要因が絡んでいる場合もあるね。例えば，ナポレオンはフランス革命直後に登場したけど，フランスでは完全な平等はというものはあまり機能しなかったな。
Naoki	You mean it was a political combination of democracy and authoritarianism?	つまり民主主義と権威主義を組み合わせた政治思想だったっていうこと？
Fabien	Ironically, yes, but it didn't last long either.	皮肉なことにそうなんけど，それも長くは続かなかったんだ。

☐ Machiavellism「マキャベリズム」政治的目的のためには手段を選ばない権謀術数主義。15世紀にマキャベリ (Machiavelli) が著わした『君主論』に由来。Machiavellian は権謀術数に長けた人間を表す形容詞。
☐ authoritarianism「権威主義」
☐ digital「白黒で分ける」black and white や one or the other でも言い換え可。

Review 振り返ってみよう

　歴史と政治の話題は，範囲も時代も膨大になるため，すべてをカバーすることなど不可能ですが，第二次世界大戦以来の政治的地殻変動が起こりつつある現在，1つの指針として第二次世界大戦から冷戦終結あたりまでの欧米現代史を簡単な流れとして知っておくと知識の整理棚になり，おすすめです。

　こうした内容はジャーナリズムとも深く関連しているので本ばかりでなく新聞やニュースでもよく取り上げられています。出てきた用語を逐一暗記するのは大変なので，日本語で聞いたことのあるキーワードと，それに対応する英訳と合わせて整理するのがよいでしょう。

　以下によく英字新聞で取り上げられるキーワードを挙げておきます。

☐　ヤルタ会談　**the Yalta Conference**
☐　鉄のカーテンで分断されたヨーロッパ　**Europe split by the iron curtain**
☐　冷戦の緊張緩和　**the Cold War Détante** [deɪtáːnt]
☐　キューバミサイル危機　**the Cuban Missile Crisis**
☐　戦車によって蹂躙されたプラハの春　**the Prague Spring crushed by tanks**
☐　ベトナム戦争の泥沼　**the quagmire of the Vietnam war**
☐　米ソ軍拡競争　**the arms race between the United States and the Soviet Union**
☐　ベルリンの壁崩壊　**the fall of the Berlin Wall**
☐　東西ドイツ統一　**the reunification of East and West Germany**

　ただ注意点として，ヨーロッパ，特にドイツではナチスはタブーになっているので，ヒトラーなどに関する話題は避けたほうが無難です（他の一般の政治トピックについては問題ありません）。こうしたタブーは他国にもあります。中国では台湾・チベット・ウイグル問題，政治体制批判，タイでは王室批判，ベトナムでは政治体制批判，イスラム圏ではLGBTの話題を控えたほうがよいでしょう。

Plus+ もっと語ろう！　**東西冷戦**

次の日本文の内容を，自分なりに英語で表現してみよう。

「現在民主主義体制の国と権威主義体制の国の対立が高まっている。それでもなお，ビジネスや貿易面ではどの国も互いに密接につながっている。そのため国際政治で問題が起こると，多くの国のビジネス＊が大きな影響を受ける。」
　ビジネス：commerce

➡解答例は p.98

映画の話から技術の進歩へと話が広がる
―テクノロジーについて

30 😊 これならスムーズ！

Yoshiaki は Oliver に自分の見た映画の話をしています。これはコンピューターの原型に関連したものだったことから，話題は AI の進化にまで発展しました。

♪S2_30

Yoshiaki	I saw a movie titled "The Imitation Game." It made me think about technology progress.	『イミテーション・ゲーム』という映画を観たよ。技術の進歩について考えさせられたね。
Oliver	The Alan Turing movie, right? He had a hard time but he had an amazing will.	アラン・チューリングの映画でしょ？彼は苦労したけれど，すごい意志を持っていたよね。
Yoshiaki	He left quite a legacy. It's a pity that so much technology is driven by nationalism and military motivation.	彼はかなりの遺産を残したね。多くのテクノロジーがナショナリズムや軍事的な動機で動いているのは残念だ。
Oliver	Right. The Manhattan Project, communication satellites, radar systems, Enigma and many others, but they made our life much easier.	そうだね。マンハッタン計画，通信衛星，レーダーシステム，エニグマとか他にもいろいろあるけど。(技術は) 僕らの生活をずっと便利にしてくれたからね。
Yoshiaki	Now I'm worried about how AI will be used. I sometimes think George Orwell's "1984" is coming true.	今は AI がどう使われるかが心配だな。たまにジョージ・オーウェルの『1984年』が現実になるんじゃないかって思うよ。
Oliver	In some places, many people are feeling safer because of more surveillance. It's often severely criticized, though.	監視が厳しくなって，多くの人が安全だと感じている場所もあるよ。強く批判されることも多いけど。
Yoshiaki	Applied to self-driving cars, it can improve safety too.	自動運転車に応用しても，安全性を向上させられるね。
Oliver	Much depends on how the technology is applied.	多くは技術がどう応用されるかによるね。

- ☐ The Imitation Game『イミテーション・ゲーム』（映画）アラン・チューリングがドイツの暗号機を解読する解読機開発をめぐる物語。
- ☐ Alan Turing「アラン・チューリング」ケンブリッジ大の数学者，計算機科学者で，暗号解読機を開発し，ドイツのエニグマ暗号機を解読した。
- ☐ It's a pity that ...「…なのは残念だ」
- ☐ the Manhattan Project「マンハッタン計画」
- ☐ Enigma「エニグマ」解読不可能と言われたドイツ軍の暗号機。
- ☐ ... and many others「…とか他にもいろいろある」
- ☐ George Orwell's "1984"「ジョージ・オーウェルの『1984』」1949 年に出版されたディストピア SF 小説で，世界が三分割統治され，そのうちの１つのオセアニアでは国民は一党独裁によって常に監視状態のもと統治されるというストーリー。
- ☐ surveillance「監視」
- ☐ self-driving cars「自動運転車」
- ☐ Much depends on how ～ ...「多くは～がどう…かによる」

Review　振り返ってみよう

　会話はまずアラン・チューリングの話からスタートしています。ドイツのエニグマを解読したアラン・チューリングが考案した自動計算のための数学モデルはチューリング・マシンと呼ばれており，コンピューター科学の発展史の原点としてよく言及されています。

　現実として，チューリング・マシンから生まれたコンピューター科学は今日 AI を生み，従来の社会構造を根本から変容させようとしています。Yoshiaki は会話文の中盤で『1984』のようなディストピアに言及しながらも，自動運転技術のもたらすメリットにも触れ，Oliver が「技術がどう応用されるか次第だ」と締めくくっています。

　一層加速するテクノロジー社会をめぐり World Economy Forum は The Future of Jobs Report 2020 を発表し，近未来の職業地図の変化を予測しています。同報告書は，労働のオートメーション化が 2020 年の 33% から 2025 年には 47% まで増えるとし，それに伴い 2025 年までに労働者の 40% がコアスキルの変化を経験し，従業員の 50% にリスキリングが要求されるようになると予想しています。

　業種別に見ると事務処理，単純作業，業務サービス管理などに関係する人員が減少する可能性がもっとも高く，反対にデータ分析，機械学習，ビッグデータ，デジタルマーケティング，プロセスオートメーション，DX，ビジネス開発，情報セキュリティ，ソフト開発などの専門家を求めるニーズが高まるだろうと指摘しています。

　さらに今後必要となることが予想されるスキルとして，同レポートでは，EQ（感情指数）や品質管理の他に，分析的思考とイノベーション，批判的思考，技術の活用，創造性，独創性，率先力，レジリエンス（ストレスに対する弾力・回復力），ストレス耐性，柔軟性，ユーザー経験，説得力，交渉力などが挙げられています。

Plus+　もっと語ろう！　AI 技術者争奪戦

次の日本文の内容を，自分なりに英語で表現してみよう。

「AI はすでに我々の社会に大きな変化をもたらしている。大手 IT 企業は AI に莫大な投資をしており，AI 技術者の争奪戦は激しさを増している。今後おそらく多くの仕事が AI に取って代わられるだろう。」

➡解答例は p.99

Case 23 ▶ 中国と日本をつなぐエピソードを語る
―中国の近現代史について

31 ☺ これならスムーズ！

Kenta と Patrick Chan が中国の近代史について話しています。Kenta は中国の革命家について読書を通じて多少知識があるようです。

♪S2_31

Kenta	Hi, Patrick. Do you have plans for Christmas?	やあ，Patrick。クリスマスに何か予定はある？
Patrick	Not Christmas, but I'm visiting my uncle in HK in February. We'll celebrate Chinese New Year. I haven't seen him for a long time.	クリスマスじゃないけれど，2月に香港の叔父さんのところに行くんだ。中国の新年を祝うんだ。叔父さんには長いこと会ってないからね。
Kenta	That's right. Your family name is Chan. So your family should be Cantonese.	そうだ。君の姓は「チャン（陳）」だよね。だから君の家族は広東出身だろ？
Patrick	You sound like you're familiar with China.	中国に詳しいみたいだね。
Kenta	Not really, but I read a lot. I hear Sun Yat-sen was from Canton, right? I read an interesting article about him.	そうでもないよ。でも本をたくさん読んでいるんだ。孫文は広東出身だってね。彼についての面白い記事を読んだよ。
Patrick	What about?	どんなことだい？
Kenta	When he was hiding in Tokyo, he went out for a walk and found a house with a "Nakayama" name plate in Hibiya. It's pronounced "Zhongshan" in Chinese. Then he liked it and used it as his name.	彼が東京に潜伏していた時，散歩に出かけて日比谷で「中山」という表札の家を見つけたんだ。中国語だと"Zhongshan" と発音される。それで彼はそれが気に入って自分の名前に使ったんだ。
Patrick	Sounds interesting. I didn't know that. Ah, that's why the Mao suit is also called Zhongshan suit.	面白いね。それは知らなかった。ああ，だから人民服は Zhongshan suit（中山装）とも呼ばれているんだね。
Kenta	I hear his descendants still live in Japan.	彼の子孫はまだ日本に住んでいるんだって。
Patrick	Is that right? I'll tell my uncle about the episode. He'll like it.	そうなの？ 叔父さんにもこのエピソードを教えてあげよう。気に入ってくれるよ。

□ Sun Yat-sen「孫文」英語では Sun Yat-sen（孫逸仙）と呼ばれる。清朝末の医者・革命家で日本や
アメリカに亡命後、中華民国臨時大統領に就任。
□ the Mao suit「人民服」中国語では「中山装」と呼ばれる。
□ descendant「子孫」

Review　振り返ってみよう

　中国近現代史は、戦後日本人の知識からごそっと欠落していることが多い一般教養分野です。
清朝末期の動乱、日清戦争と国家改革運動、日本留学ブームと日本とのかかわり、辛亥革命、
軍閥割拠時代、共産党との内戦、共産党の建国と国家発展、台湾との対立など、どれも重要な
歴史項目であり、中華圏を理解する上では欠かすことのできない知識です。
　また韓国についても、朝鮮王朝末期から日韓併合、敗戦、朝鮮戦争を経て日韓基本条約に至
る流れは押さえて覚えておきたい一般教養です。

Plus+ もっと知りたい！　　対日感情悪化の根源

　日中間には今なお複雑な政治問題が残っている。これは清国の冊封体制下にあった琉球
王国（日本と二重外交をしていた）を近代化した明治日本政府が併合したこと、同じく清
国の支配下にあった朝鮮の宗主権の宗主権問題で清国と対立したことに端を発する。これ
により日清戦争が起こり馬関（下関）条約で台湾を日本に割譲することになった。
　しかしその後変法自強運動（康有為・梁啓超らによる富国強兵の改革運動）の中、
1900 年前後には清国学生による日本留学ブームが起こり、嘉納治五郎の弘文学院、法政、
早稲田、明治、東京振武学校、実践女学校、東京同文書院などに後の中国を支えることに
なる多くの人物（陳独秀、李大釗（リ・ダイショウ）、汪兆銘、蒋介石、郭沫若、秋瑾（シュ
ウ・キン）、蒋介石、周恩来、魯迅など）が学んだ。また清国に追われた革命運動家（孫
文や宋教仁ら）も日本に亡命した。
　明治末期から大正期に来日した留学生たちの中には、社会主義思想や立憲思想に触れて
愛国心と革命的ナショナリズムを高揚させ、清国打倒・共和制実現への運動に参加してい
く者が増えていった。日本は中国革命（1911 年の中華民国成立と 1949 年の中華人民共
和国成立）に至る「革命の揺りかご」の役割を果たしたとも言える。にもかかわらず、第
一次大戦中列強のあとを追って中国権益を得ようとした日本（大隈重信首相、加藤高明外
相）は、1915 年、武力を背景に山東・満州・モンゴルの権益を求める対華 21 カ条要求
を発し、これを最後通牒の形で突きつけた結果、中国人の民族意識に火をつけ、学生デモ
を発端に各地でストライキが頻発、のちに反日運動と日本排斥感情の爆発へとつながる結
果となった。

Plus+ もっと語ろう！　　中国の経済成長

次の日本文の内容を、自分なりに英語で表現してみよう。

「中国は改革開放政策＊以降、外国からの投資を促進させ、わずか 30 年あまりで飛躍的に
発展した。今や『世界の工場』と呼ばれるだけでなく、IT 技術でも注目を浴びはじめている。」
　改革開放政策：the reform and opening-up policy

➡解答例は p.99

Case 24 ▶ ラーマーヤナと西遊記の類似点を語る
―インドの古代文学について

32 ☺ これならスムーズ！

Kenta と Ashok が街で見かけた神々の絵について話しています。Kenta はアジアの歴史や文学に興味があるようです。

♪S2_32

Kenta	Look at that poster! Is that guy between the two ladies Prince Rama?	ほらあそこのポスター！2人の女性の間にいるのはラーマ王子ですか？
Ashok	Where do you know Rama from?	どこでラーマを知ったんですか？
Kenta	My Indian friend explained it to me. Actually there was an animated movie titled "The Legend of Prince Rama" jointly made by India and Japan.	インド人の友達が教えてくれたんです。実は，インドと日本が共同制作した『ラーマーヤナ　ラーマ王子伝説』というアニメ映画があったんです。
Ashok	Have you seen it?	見たことありますか？
Kenta	Yes, but on the web. Hanuman reminded me of a popular Japanese character named "Son Goku." It's from a Chinese novel "The Journey to the West."	ええ，でもネットで。ハヌマーンを見て，日本の有名なキャラクター「孫悟空」を思い出しました。中国の小説『西遊記』に出てくるんです。
Ashok	Ah, you mean the Monkey King. The story is different from Ramayana, but the characters are similar.	ああ，モンキー・キングのことですね。ラーマーヤナとはストーリーが違うけど，キャラクターは似ていますね。
Kenta	Hanuman and Rama travel to save the kidnapped princess. But in the Chinese version, the Monkey King travels to India with a Buddhist priest.	ハヌマーンとラーマは，さらわれた王女を救うために旅に出るんです。でも中国版では，モンキー・キングは僧侶と一緒にインドまで旅するんですよね。
Ashok	I'm not sure they are from the same origin, but the countries are close, and sharing the same story is not surprising.	起源が同じかは分からないけど，両国とも近いし，ストーリーが共通していてもおかしくはないですよね。
Kenta	It's the same way between Japan and China.	日本と中国の場合もそうですね。

□ animated movie「アニメ映画」
□ The Legend of Prince Rama『ラーマーヤナ ラーマ王子伝説』(1992)
□ Hanuman 古代インドの叙事詩『ラーマーヤナ』に出てくる猿神。
□ The Journey to the West『西遊記』
□ Monkey King「孫悟空」
□ Ramayana [rəmáːjənə]「ラーマーヤナ」古代インドの大長編叙事詩。

Review　振り返ってみよう

　インドを旅行すると至るところで神を描いた絵やポスターを目にすることができます。Kenta もラーマ王子のポスターを見付けましたが，平均的な日本人はヒンドゥー教についてあまり詳しくないため，Ashok はどこで知ったのかと尋ねています。Kenta はラーマ王子についてアニメで知ったと答えています。この映画は映画プロデューサー酒向雄豪氏によって制作されたもので，インドではアニメとしてばかりでなく，氏のラーマに対する深い畏敬に基づいた素晴らしいストーリーや，自然や動植物の賛美と繊細な描写など，その高い芸術性から，また日印友好のシンボルとして，今なお多くの人に愛されているということです。インド2大叙事詩『ラーマーヤナ』に興味を抱いた酒向氏は 10 数種類の翻訳本を読み，アニメ映画制作の構想を抱いたそうです。そしてムンバイの伝説的アニメーター Ram Mohan 氏のもとに450 人以上のアーティストを集め，インドの専門家と相談しながら作業を行ったということです。

　ヒンドゥー教にはさまざまな神や神話があり，奇想天外な能力を持ったキャラクターが数多く登場するので，特定の話に的を絞って調べてみると将来思わぬところでインド人との会話が弾むかもしれません。もう1つの有名な叙事詩には『マハーバーラタ』(Mahabharata [məhàːbáːrətə]) があり，パーンドゥ王の息子である5兄弟と，その従兄弟のクル国王子百兄弟の戦いをめぐる話でアニメにもなっています。

Plus+　もっと語ろう！　マハトマ・ガンジーとインド独立運動

次の日本文の内容を，自分なりに英語で表現してみよう。

「知らない人も多いが，マハトマ・ガンジー * はロンドンでロースクールに通い，その後南アフリカに渡って弁護士として働いた。だがそこでは人種差別を体験し，インドに帰国後，インド独立運動 * を指揮し始めた。」
　マハトマ・ガンジー：Mahatma Gandhi
　インド独立運動：the Indian independence movement

➡解答例は p.99

—日本について（神社と寺院）

33 　😊 これならスムーズ！

東京に赴任したばかりの Robert が京都に遊びに行きました。その時に見た神社仏閣について Rie に質問しています。

♪S2_33

Robert	Last week, my friend took me to Kyoto. There were so many shrines and temples.	先週，友人に連れられて京都に行ったんだ。神社やお寺がたくさんあってねえ。
Rie	Did you like them?	気に入りましたか？
Robert	Mmmm, some were beautiful, and some were mysterious. The difference confuses me though.	うーん，美しいのもあったし，神秘的なのもあった。でもその違いが分からなくて混乱するんだ。
Rie	You mean the difference between shrines and temples? They are two different religions.	神社とお寺の違いですか？2つは宗教が異なるんですよ。
Robert	Those with red gates are shrines, and the temples have bells, right?	赤い門があるのが神社で，お寺には鐘があるんだよね？
Rie	Pretty much. Sometimes they overlap a little. Shrines are the traditional animistic Shinto religion, and Buddhism came later.	だいたいそうですね。両者がちょっと重なっていることもありますね。神社は神道という伝統的なアニミズム宗教で，仏教はあとから入ってきたものです。
Robert	I see. Some people believe both?	なるほど。両方信じている人もいるの？
Rie	It's commonly said that weddings are in shrines and funerals in temples. People commonly visit both without thinking much about it. And some couples have their wedding at a Christian church!	結婚式は神社で，お葬式はお寺で，とよく言われています。人々はあまり深く考えずに両方を訪れていますね。そして，結婚式をキリスト教会で挙げるカップルもいるんですよ。
Robert	I kind of like that attitude, but it's very different from where I'm from.	そういうやり方も悪くないですが，私の出身地とはずいぶん違うね。

2

- [ ] animistic「アニミズム（自然・精霊崇拝）の」
- [ ] It's commonly said that ...「…と一般的に言われている」
- [ ] funeral「葬式」
- [ ] without thinking much about it「あまり深く考えずに」
- [ ] I kind of like「なんかそんなやり方も悪くない」くらいのニュアンス。kind of（無冠詞。もっとくだけると kinda のようになる）は「なんか…」や「…てな感じ」のように意見をソフト化する。
- [ ] where I'm from「出身地」

Review　振り返ってみよう

　Robert は 2 つ目の発言で神社とお寺の違いが分からないと言っています。神社と寺の違いは外国人から聞かれる質問の定番ですが、さらには「榊（さかき）とは何か？」、「天照やイザナギとは誰か？」、「浄土宗と臨済宗は何が違うのか？」などと聞いてくる通も少なくありません。

　また最近では禅が人気で（「**Case 28**」p.92 参照）禅の体験修行に参加している人も増えていますが、日本ではこれまで宗教についての教育があまり重視されてこなかったためか、日本人側の理解や知識が足りないということもままあります。有名な神社仏閣については、由来や縁起、ご神体、本尊、しきたり、宗派の違い、祭りなどを押さえておくとよいでしょう。

　Rie は 4 つ目の発言で、結婚式と葬式のスタイルについて説明しています。一般的にモダンな結婚式はキリスト教式のウェディングスタイルで、伝統的な結婚式は神前式と思われています。しかし実は本来の伝統結婚式は、皆を家に集めて祝言という形で行われていたもので、神前結婚は大正天皇の御婚礼式（明治 33 年）をきっかけに広まったようです。

Plus+　もっと語ろう！　神社仏閣

次の日本文の内容を、自分なりに英語で表現してみよう。

「日本では神道と仏教は古くは奈良時代から互いに交じりあっており、日本人もそれを当たり前のように思っている。神社仏閣がこれほど多いのに、安息日がなく、特別な日を除けば規則的に礼拝に行かないことに驚く外国人も多い。」

➡解答例は p.100

34 ☺ これならスムーズ！

Yoshiaki は日本から来たということで現地ローカルから日本について質問されています。Steve が天皇について聞いてきました。

♪S2_34

Steve	Yoshiaki, you are from Japan, right? You have an emperor. How's he different from a king? Especially since you don't have an empire.	Yoshiaki は日本から来たんですよね？日本には天皇がいますよね。国王とどう違うんですか？特に日本は帝国ではないので。
Yoshiaki	Mmm, that's a tough question. I think they originally copied the Chinese system. Personally I think the "priest king" might be a better description of the role he plays now.	うーん，難しい質問だね。もともと中国の制度を真似たんだと思うんだけど。個人的には「司祭王」というのが今の役割をよりよく表していると思うな。
Steve	What do you mean by "priest king"? Doesn't he have political power?	「司祭王」というのはどういう意味ですか？彼は政治的な力を持っていないんですか？
Yoshiaki	No. He's supposed to be a symbol of the nation and he has religious duties of Shintoism. It's a Japanese traditional animistic religion. Historically, the shogunate assumed the secular power.	そうなんだ。天皇は国家の象徴とされていて，神道の宗教的な義務を負っているんだ。日本の伝統的なアニミズム宗教なんだけど。歴史的には，将軍が世俗的な権力を持っていたんだよ。
Steve	I see. That's sounds like some European feudal kings. How's the emperor chosen? You have an election?	なるほど。それだとヨーロッパの封建国王のようですね。天皇はどうやって選ぶんですか？選挙があるんですか？
Yoshiaki	No, no. His succession is through male heirs. The family is supposedly more than 1000 years old.	いや，いや。後継者は男性の子孫なんだ。皇室は1000年以上の歴史があると言われている。
Steve	That should be a Guinness record.	まったくギネスブック級の記録ですね。
Yoshiaki	Yes, it is.	うん，実際そのように載っているよ。

2

□ tough question「難しい質問」
□ priest「僧侶，司祭」
□ religious「宗教的な」
□ male heir「男性の継承者」「男系で」は by patrilineal birth と言う。
□ shogunate「将軍（の職）」
□ assume「（責任や権力を）持つ，担う」
□ secular「現生的な；この世に関する」
□ feudal「封建主義の；封建制度の」

Review　振り返ってみよう

　日本にいるとあまり意識しませんが，外国に住むと意外に質問を受ける話題の１つが「天皇とは何か？」です。日本はかつてはハイテクの国（アジアの一部にはまだ多少そのイメージが残っている）でしたが，欧米に行くと日本はむしろ「伝統と美しい自然の国」という見方をされることが多いようです。実際天皇家は世界最古の王室としてギネスに登録されています（2位はデンマーク王室，3位は英国王室です）。

　34 では天皇家の役割，政治的意義，歴史，継承について言及されています。これらの項目について押さえておくだけでも十分な受け答えが成立します。また日本の歴史に詳しい人は徳川将軍家について知っている場合があるので，これについても質問を受ける可能性は十分あります。ちなみに徳川将軍の呼称 tycoon [taɪkúːn]（大君に由来）は現在英語で「大物」の意味として使われています。

Plus+ もっと語ろう！　女人禁制

次の日本文の内容を，自分なりに英語で表現してみよう。

「皇位継承が男性のみに限定されていることはよく知られている。しかし日本にはその他にも女性が排除されている行事や場所が存在する。例えば九州の沖ノ島は宗教的な理由によって女性は上陸することができない。また相撲の土俵も女性は禁じられている。富士山も 1872 年まで女性は入山できなかった。」

➡解答例は p.100

Case 27 ▶ 日本語の特徴について説明する—日本語について

35 ☺ これならスムーズ！

Yoshiaki は今度は別の現地ローカルから質問されています。Jeremy は日本語について興味を持っているようです。しかし Jeremy は Yoshiaki の説明を聞いているうちに興味をなくしてきたようです。

♪S2_35

Jeremy	My sister taught me a couple of Japanese phrases.	妹が日本語のフレーズをいくつか教えてくれたんです。
Yoshiaki	Oh really? What are they?	そうなんだ？ どんなの？
Jeremy	"Kawaii" and ah "oshii." Am I correct?	"Kawaii" と "oshii" です。合ってますか？
Yoshiaki	Mmm, that's really "oshii." Maybe she meant "oishii" as in delicious. "Oshii" means "not quite" or "near miss."	うーん，それは実に "oshii" ね。たぶん「美味しい」という意味の "oishii" なんだろうけど。"oshii" は "not quite " とか "near miss" という意味なんだ。
Jeremy	OK. So what characters do you use? I heard there are several.	なるほど，では，どんな文字を使うのですか？ いくつかあるそうですが。
Yoshiaki	That's right. We use Chinese characters, katakana, hiragana, plus the Roman alphabet.	その通り。漢字，片仮名，ひらがな，それにローマ字を使うよ。
Jeremy	What? So do you really need all of them?	え？ で，本当に全部必要なんですか？
Yoshiaki	If you want to be literate, yes.	文字を読めるようになりたければそうだね。
Jeremy	How long does it take for kids to learn them all? It seems like a lot to study. So is Japanese similar to Chinese?	子供たちが全部覚えるのにはどのくらい時間がかかるんですか？ 勉強が大変そうですね。それで，日本語は中国語と似ているのですか？
Yoshiaki	Not really. For example, the word order is different. In English and Chinese, the verb comes before the object, but in Japanese the verb comes at the end of the sentence.	そうでもないねえ。例えば，語順が違う。英語と中国語では動詞が目的語の前に来るけど，日本語では動詞が文末に来るんだ。

2

Jeremy	I think I'm already getting a headache. How can you guys communicate when the word order is opposite?	もう頭が痛くなってきました。語順が逆なのに，みんなどうやってコミュニケーションできるんです？
Yoshiaki	We think the same about you. Many Japanese are struggling with English grammar, and vocabulary too. One more surprising thing about Japanese grammar. We don't really distinguish singular and plural.	それは私たちがあなたたちについて思っていることだよ。多くの日本人が英語の文法，それから語彙で苦労しているよ。もう1つ，日本語の文法でびっくりすることがあるよ。単数形と複数形の区別がほぼないんだ。
Jeremy	You don't say! I find that hard to imagine. Pronunciation seems difficult too.	まさか！ちょっと想像しずらいですね。発音も難しそうですね。
Yoshiaki	We don't think pronunciation is that difficult to learn, but there are on-reading and kun-reading.	私たちは発音はそんなに難しいとは思っていないけど，でも音読みと訓読みがあるよ。
Jeremy	Say what?	何ですって？！
Yoshiaki	When you read a Chinese character, you have basically two ways of readings: the original Chinese reading and a Japanese reading.	漢字を読む時，基本的に2つの読み方があって，中国語の原音読みと日本式の読みがあるんだ。
Jeremy	There goes my motivation. I'll just tell my sister to continue studying hard.	もうやる気がなくなっちゃいました。とりえず妹に勉強を頑張るようにと言っておきます。

□ not quite「いまいち，ちょっと…ない」という意味で「惜しい」という訳になっている。near miss でも言い換え可能。他に Close, but no cigar. で「惜しいねえ。」というイディオムもある。
□ literate「読み書きができる」
□ word order「語順」
□ I'm already getting a headache「もう頭が痛くなってきた」
□ struggle「もがく，苦労する」
□ singular and plural「単数と複数」
□ You don't say!「まさか！」
□ reading「読み」
□ Say what?「何ですって？！」
□ There goes my motivation.「もうやる気がなくなってしまった。」
□ I'll just ...「とりあえずは…しよう」

日本語に興味を持つ外国人は少なくありません。面白いことに一般的傾向として，欧米人は漢字に対する興味が高く，自分の名前や印鑑名を漢字で表記している人もいます。また漢字のタトゥーも一部の国や地域では流行っているようです。

　中華系の人は漢字は問題ないのですが，片仮名語（特に長音）が苦手なようです。また，特に日本語を愛している欧米系学習者の中には，日本語に氾濫する片仮名語が嫌いだと言う人がかなりいますが，これは分かる気がします。

　日本語文法に関する質問にさっと答え，簡単に説明できると洋の東西を問わず素直に尊敬されることが多いです（個人的実感）。外国に行く場合には，日本語文法について軽く勉強していくのも1つのネタ作りとしてよいかもしれません。

^{Plus+} **もっと知りたい！** 　　**外国人にとって日本語は難しい言語か？**

　巷ではよく「日本語は外国人にとって難しい」と言われる。しかし近年では日本語に堪能な日本在住の外国人を目にすることも増えたため，「はて，どうして外国人なのにあんなに日本語が上手になれるのだろう？」と思う人も多いのではないだろうか。

　日本語は難しいか？ この疑問に対する著者の知る限りの回答は Yes & No である。まず発音の点からすると簡単な言語と言える。基本母音は5つで子音も少なく（流暢に話すならそれなりに複雑な音韻変化があるが），アクセントは高低アクセント，音節リズムは1文字1拍という単純なもので，間違えても通じるという点では初心者には易しい言語と言える（中国語系諸語の場合，発音が悪ければ「もう一度言ってください」すら通じない可能性がある）。

　次に文法は，動詞や形容（動）詞の活用が面倒だが，語順は口語の場合非常に自由で，助詞の省略も許される。ロシア語やアラビア語に比べればものの数ではないだろう。

　日本語学習で最大の問題は文字表記と混在する語彙種である。平仮名と片仮名はよいとして，漢字の音訓読みは難しい。同じ漢字「生」に呉音「ショウ，ジョウ」，漢音「セイ」があり，訓読みには「うむ，はえる，なま，いきる」などの上に人名読み「（たけ）お」など，全部で百数十種類以上あると言う。

　その上送り仮名には揺れがある（「変わる」と「変る」）。表記上揺れのある外来語が氾濫し（コンピュータ（ー）），お盆とトレーとプレートで使い分けがある。おまけに外来語は輸入時の違いで意味が変わる。同じ truck でも，トラックは車，トロッコは鉄道である。

　また「ラーメン」「拉麺」「らーめん」「らあめん」など表記によるニュアンスの書き分けも可能だ。漢字の部首，書き順，画数に至ってはもはや試練でしかないかもしれない。

^{Plus+} **もっと語ろう！** 　　**日本語の方言**

次の日本文の内容を，自分なりに英語で表現してみよう。

「日本は国土が大きくないが方言が豊富で地域性もさまざまである。特に東京と関西では言葉だけでなく，いろいろな文化面で対照的と言われる。関西人の中には，東京人の話し方が冷たく気取っていると言う人もいる。また東京人の中には，関西弁がやかましくてなれなれしいという人もいる。」

➡解答例は p.101

異文化理解 *Column*

効率性，人間関係，フェアさ

　多くの日本人がアジアの製造拠点に赴任したり出張したりして，技術指導に当たっていますが，中国や東南アジアの現地社員や労働者からの意見として，「日本人は頑固で人の意見を聞かない」という声がよく聞かれます。日本人にはソフトな人が多く，また欧米のような押しの強さもないので意外に感じられる人も多いと思います。現地スタッフや赴任経験者からのさまざまな声をまとめると，どうやら日本人は人に何かを教える時には独特の傾向を見せるようです。物事を実行したり解決したりする時，日本人は「必ずそれに対する正解の方法論があり」，それを「現地人に最速かつ正確に実行させ，几帳面に管理する」ことが正しいと感じているようです。もちろん日本国内ならこうしたアプローチは問題ないのですが，現地スタッフからすると，「自分たちのフィードバックや意見を聞くことさえせずに，細かく一方的に日本のアプローチを押し付けてくる」ように感じられたり，「現地では通用しないアプローチをかたくなに実行しろと強要してくる」ように感じられるようです。

　特にアジア地域では人間関係の構築も現地における重要な業務能力の一部になります。現地スタッフからの意見にもよく耳を傾けてみると，的を射た知見が得られることも多い，という赴任者からの報告があります。また現地スタッフがミスをした場合にも，それを一度寛容に受け止めてから，「なぜ間違えたのか，どうしたやり方ならうまくいくのか」をあきらめず丁寧に指導するという姿勢を日本側が示せるかどうかが見られています。多くのアジア諸国では，こうした姿勢を信頼ある人間関係とみる傾向があります。「成功が証明されたアプローチなら文句なく実行すべき」という考え方は，「効率性最優先」という日本独特の文化と言えるでしょう。

　ちなみにアメリカでは，工場ラインで問題があった時，日本で実行していた解決法をすぐ実行させるのではなく，ラインを一時止めて各箇所の担当工員を集め，各人に問題の原因を考えさせ，それぞれに解決方法を言わせるようにした途端，現場の士気があがり，歩留まりが上がったという報告があります。この方針の変化について，現地の工員は「全員に意見を言うチャンスを与えるというフェアな姿勢が素晴らしい」と述べています。

　日本人は長年効率性を徹底的に追求してきたために，その裏に求められるフェアさや人間関係に対する配慮が欠落していたのかもしれず，それが今上記のような海外での反応という形でツケが回って来ているのかもしません。

Case 28 ▷ 座禅体験をした上司と禅について語り合う
—日本について（禅）

36 😊 これならスムーズ！

以前から日本文化に興味があった新任の部長 Robert は，早速鎌倉に行って禅の入門体験をし，その話を Daisuke にしています。

♪S2_36

Robert	The other day, I went to Kamakura and experienced an introduction to Zen. It was very interesting and unusual.	先日鎌倉に行って禅を入門体験してきたんだけど，とても面白くて，普段とは違った体験だったよ。
Daisuke	Why are you interested in Zen? There are not many Japanese studying Zen.	どうして禅に興味があるんですか？日本人で禅を学んでいる人はあまりいませんよ。
Robert	Really? I thought it is popular. So you guys don't study it at school?	そうなのかい？禅は人気があるものと思っていたよ。じゃあみんな学校では勉強しないの？
Daisuke	Hardly ever. There are some Buddhist schools. Even there they don't study Zen much. I don't know much about it myself. I know a beautiful Zen temple in Kamakura. Did you go there? I think it's Engakuji temple.	ほとんどしないですね。仏教系の学校もいくつかはあるんですが。そこでも禅の勉強はあまりしませんね。私自身も禅のことはあまり知りません。鎌倉にある美しい禅寺は知っていますよ。行ったことがありますか？円覚寺だったと思います。
Robert	Oh, that's the place I went. You should try it. Meditation is good stress relief.	ああ，私が行ったのはそこだよ。君も試してみるといいよ。瞑想はいいストレス解消法だよ。
Daisuke	I've heard "Clear your mind and feel the void," but I really don't understand it. It's easier to do that in a Zen temple than in Akihabara.	「雑念を払い，無の境地になれ」というのは聞いたことがありますが，よく分かりませんね。それをやるなら秋葉原よりは禅寺の方が簡単でしょうね。
Robert	The fewer distractions the better, I guess. But it's definitely worthwhile.	雑念が少なければ少ないほどいいからね。でも，確かにやってみる価値はあるよ。

☐ hardly ever「ほとんど…しない」
☐ meditation「瞑想」
☐ good stress relief「よいストレス解消法」
☐ void「無」
☐ really don't understand は「よく分からない」，don't really understand は「あまり分からない」というニュアンス。really が否定語の前にくると否定の意味が強調され，否定語のあとにくると否定の意味が弱められる。

□ distraction「気を散らさせるもの」
□ definitely「確かに，必ず，まったく，もちろん」
□ worthwhile「する価値がある」

2

Review　振り返ってみよう

　Robert は鎌倉で禅の入門体験をしてきたと言っていますが，日本人の Daisuke は禅には
あまり興味がないようです。西洋では禅は大乗仏教の修行法というよりも，1 つの精神哲学と
して捉えられており，特に若い欧米人を中心に禅は Zen としてブームになっており，京都や
鎌倉では体験座禅が人気です。

　アメリカでは，南北戦争終結（1865）以降，資本主義が西部開拓と合わせ急速に発展（「金
箔時代」），1893 年の恐慌までには資本の独占化が急進し，世界最大の工業大国へと成長しま
した。アメリカは帝国として海外植民地獲得に奔走し始めましたが，一方で進化論によるキリ
スト教の弱体化や物質主義や社会矛盾に対する批判が起こっていました。

　こうした世相の中，臨済宗円覚寺の禅僧釈宗演は，1893 年のシカゴ万国宗教会議で初めて
禅を世界に発表しました。この会議は「物ではなくて人間，物質ではなくて心」をテーマとし，
キリスト教の威信回復の好機とも考えられていましたが，釈宗演の公演は真理を体現できる近
代仏教の可能性を提示したという意義がありました。これを機に，釈宗演は 1906 年に再渡
米，米国で働いていた弟子の鈴木大拙を伴い欧米で禅布教を積極的に展開することとなったの
です。

　一方鈴木大拙は東洋学者ポール・ケーラスのもと，禅に関する著作を英文で著し，戦後
も欧米の大学で禅の講義を行いました。鈴木大拙の代表著作には『禅と日本文化』("*Zen
Buddhism and Its Influence on Japanese Culture*")，『禅 に よ る 生 活』("*Living by
Zen*") があります。

　その後 1960 年代に入るとヒッピー文化
が生まれ，彼らの間に東洋思想や禅のブー
ムが起こりました。スティーブ・ジョブズ
もこのうちの 1 人で，戦前東北大で講義を
したドイツ人オイゲン・ヘリゲルによる『弓
と禅』を愛読していたという話があります。

Plus+　もっと語ろう！　　盆栽

次の日本文の内容を，自分なりに英語で表現してみよう。

「日本ではかつて盆栽は高齢者の趣味と言われていたが，最近欧米では禅ブームの影響も
あって盆栽が流行している。盆栽は単なる植木ではなく，自然の力と美を小さな木に閉じ
込めたものである。」

➡解答例は p.101

ここでは「もっと語ろう！」で示した日本語の内容を英語で表す場合の表現例を掲載しています。表現例は，基本的に口語的な訳とフォーマルな訳の２つのスタイルを用意しています。省略可能な箇所は（　）で，言い換えが可能な語句や表現は〔　〕で示してあります。

　以下で示したのは，ここまで言えたら十二分に OK という一例ですので，必ずしもこの通りでなくても心配することはありません。例を参考に自分で表現する練習を重ねましょう。

Case 12　IT 業界の変革スピード

例1 （口語版）

The IT industry is changing faster and faster. Japanese industries may not be able to keep up with global business standards unless they make major changes in the future.

例2 （フォーマル版）

The pace at which the IT industry changes is accelerating dramatically. It is entirely possible that Japanese industries may find themselves unable to keep up with global business standards without making major changes in the future.

【語句と解説】

○ 「ますます」比較級 and 比較級の形が使える。increasingly も「ますます」の意味があるが形容詞の原級または副詞の比較級が後続する場合に使う。
　□ Korean pop music is increasingly popular 〔accepted〕.
　　K -POP はますます人気が高くなっている〔受け入れられてきている〕。
　□ Land prices are going increasingly higher.
　　土地の値段がますます高くなっている。
○ 「加速している」The pace of ～ is accelerating もスピーチでは可能だが口語では使わないほうが自然。
○ 「大きく変わらないと；大きく変わらなければ」unless they make major changes ... も OK だが without making ～ のほうが義務感が強い。
○ 「可能性が高い」entirely possible, totally possible（口語）　It is highly 〔very；undoubtedly〕likely that ... も可能だが，likely に副詞を付けると，やや学者っぽく聞こえる。

Case 13　環境問題

例1 （口語版）

Environmental issues and resource issues are the two sides of the same coin, but they are particularly big problems in Japan because the population is aging, leading to 〔causing〕 health issues. For example, turning off the air conditioner will (help) save energy, but it may also expose people to heat stroke.

例2 （フォーマル版）

Environmental and resource issues are inextricably linked, but they are particularly problematic in Japan considering the fact that the population is aging and that health issues are related to this. For example, turning off the air conditioner will undoubtedly save energy, but it may very well also expose people to heat stroke.

【語句と解説】

- ○「表裏一体」the two sides of the same coin 「非常に複雑に絡んでいる」と考えると complicatedly entangled や inextricably linked が使える。inextricably は「切り離せないほどに，分離不可能なほどに」。
- ○「特に」particularly と especially が考えられるが，前者は「さまざまなものの中から1つ特徴的な例にフォーカスを当てて取り出す」というニュアンスで，後者は「あるものが他のものよりも特別な程度が高い」というニュアンスなので，ここでは前者のほうがベター。
- ○「高齢化が進んでいる」the population is aging
- ○「健康問題が関係してくる」は「健康問題につながる；健康問題を生じさせる」と考える。
- ○「難しい」problematic も可能。この語は「問題を生じさせる」という意味だが，その問題自体は簡単な場合も難しい場合もともに可能。
- ○「かかる」expose A to B（A を B（何か危険なもの）にさらす）がちょうどよい。

Case 14 CD とストリーミング

例1 （口語版）

These days, people say CDs are not selling well. Streaming has become more common for obtaining music, but many musicians are said to be unable to make a living solely from streaming.

例2 （フォーマル版）

It is said that these days CDs are not selling well. Streaming has become a more common means of obtaining [a more common way to obtain] music, but many musicians are allegedly unable to maintain their livelihood solely from streaming.

【語句と解説】

- ○「…と言われている」やや硬めの文なら allegedly（伝えられるところでは）が使える。
- ○「入手する」obtain　purchase も可能。
- ○「食べていく」「生計を立てる」という意味なので make a living がよい。

Case 15 ゴッホの絵画

例1 （口語版）

In Japan, Van Gogh's popularity is even greater than that of other painters, and his exhibitions are always very crowded with fans. Some people say it's because the Japanese national character favors those who are unlucky despite their efforts.

例2 （フォーマル版）

In Japan, Van Gogh's popularity is considerably greater than that of other painters, and his exhibitions are always very crowded with visitors. It has been said that this is due to the Japanese national character favoring those who are unsuccessful in life despite their efforts.

【語句と解説】

○「大盛況」be crowded with fans　口語なら fan がよい。もっとフォーマルに言うなら visitors を用いる。

○「ひいきする」favor　ちなみに「判官贔屓」(弱者や薄幸者に同情したり応援すること) は sympathy for a tragic hero がよい。

Case 16 日本舞踊

例1 （口語版）

Japanese traditional dance evolved 〔developed〕 from Kabuki, and its appeal lies in the beauty of its movements. The dancer's behavior represents the traditional Japanese virtues such as propriety and modesty.

例2 （フォーマル版）

Japanese traditional dance evolved from Kabuki, and its appeal lies in the graceful beauty of the movements. The understated behavior of the dancer represents the traditional Japanese virtues such as 〔of〕 propriety and modesty.

【語句と解説】

○「発展する」「～から発展して生じる」という意味なので evolve from ～ がよい。

○「魅力」appeal

○「美しさ」優雅な美しさなのでフォーマル版では graceful beauty と訳されている。

○「礼節」propriety

Case 17 現代アート

例1 （口語版）

Contemporary art is (often) related to fashion, but also (sometimes) raises social issues or criticism of (the) society. Therefore, it may be difficult to understand the message without background knowledge.

例2 （フォーマル版）

Contemporary art, while it is (sometimes) related to fashion, also commonly raises social issues or expresses criticism of (the) society. Therefore, background knowledge may be required to completely understand the artist's intended message.

【語句と解説】

○「関係がある」常に関係があるわけではないので sometimes や often を入れたほうが自然。

○ (the) society　the があると「この社会」，つまり日本で話しているなら日本の，フランスで話しているならフランスの社会というニュアンスになる。

○「理解しにくい」「(アート〔アーティスト〕が伝えようとしている) メッセージを理解しにくい」と補って考える。

Case 18　バブル崩壊後の日本経済

例1（口語版）

Since the bubble burst, many Japanese companies have increased their retained earnings. One reason is to be able to respond to unpredictable and sudden changes in the environment. Another is to reduce the risk of bankruptcy and allow quicker and freer investment.

例2（フォーマル版）

Since the bursting of the bubble economy, many Japanese companies have increased their retained earnings. The purpose of this, in part, is to be able to respond to unpredictable and sudden changes in the environment, while at the same time reducing the risk of bankruptcy and allowing them to invest more quickly and freely.

【語句と解説】
- ○「バブル崩壊」the bubble burst
- ○「内部留保」retained earnings

Case 19　性善説と性悪説

例1（口語版）

Both in the East and the West, people argued for a long time about whether humans are basically good or evil. For example, Aristotle said that if people knew the true meaning of good, they would not do evil. Mencius also said that society causes humans to do evil.

例2（フォーマル版）

In the East and in the West, there have been debates since ancient times about whether humans are inherently good or evil. For example, Aristotle argues that if people knew the true meaning of good, they would not do evil. Mencius also says that it is the influence of society that causes humans to do evil.

【語句と解説】
- ○「善」good
- ○「悪」evil
- ○「主張する，言う」口語版での時制は argued, said のように過去の事実としているが，「今でも文献を見ればそう書いてあることが分かる」というニュアンスを含めたいなら現在形で言うことも可能。

Case 20 グルテンフリー

例1 （口語版）

Lately, gluten-free food is receiving more attention than before, but the acceptance is still not so prevalent in food service and processed foods. When you eat out, you may have a hard time avoiding gluten because many ingredients contain wheat.

例2 （フォーマル版）

Recently, gluten-free issues have received more attention than ever before, but the acceptance is still not so prevalent in〔when it comes to〕food service and processed foods. Since many ingredients contain wheat, those who want to avoid gluten have a hard time when they eat out.

【語句と解説】

○「グルテンフリー」gluten-free (food)

○「以前より」than before と than ever before が使えるが後者のほうがフォーマル。

○「理解がそれほど進んでいない」understanding を使うと「事柄自体が理解できない」ニュアンスになるので「理解されているが，受け入れが普及していない」と考えて acceptance を使う。

Case 21 東西冷戦

例1 （口語版）

There are more conflicts between democratic and authoritarian countries. Still, all countries are closely connected in business and trade. So once an issue happens in international politics, many countries' commerce can be affected greatly.

例2 （フォーマル版）

The conflict between democratic nations and authoritarian nations is increasing now. On the other hand, all countries are closely〔inescapably〕related in〔through〕business and trade. So once an issue arises in international politics, the commerce of many countries can be affected dramatically.

【語句と解説】

○「権威主義の」authoritarian

○「それでもなお」still

○「密接に」closely「不可避的に，否応なく」と考えると inescapably が使える。

○見えないところで密接に結び付いている国際関係のように，物事が意外な結び付き方をしていることを「風が吹けば桶屋が儲かる」と言うが，これに対応する英語のことわざとして For want of a nail, the kingdom was lost.（蹄鉄用の釘がなかったために王国が滅びた。）がある。

○第3文の「ビジネス」は business and trade を包括した商業活動を意味する commerce を使っている。

Case 22　AI 技術者争奪戦

例1（口語版）

AI has already brought about great changes in our society. Major IT companies are investing heavily in AI, and the competition for AI engineers is intensifying. Many jobs probably will be replaced by AI in the future.

例2（フォーマル版）

AI has already accomplished wide-ranging changes across our society. Major IT companies have responded by investing heavily in AI, causing intensified competition for AI engineers. Job losses due to replacement by AI are already widely predicted.

【語句と解説】

○　「大きな」「広範な」と考えると wide-ranging が使える。

○　「激しさを増す」intensify

Case 23　中国の経済成長

例（口語版・フォーマル版共通）

Since its reform and opening-up policy, China has promoted foreign investment and developed dramatically in just over 30 years. It is now not only called the "factory of the world," but also has begun attracting attention for its IT technology.

【語句と解説】

○　「改革開放政策」the reform and opening-up policy　鄧小平によって 1978 年から行われた政策。ここでは「30 年あまり」とあるが，経済学的な分析に基づく数字ではなく単に例文として 1980 年代から 2010 年代を指すものとして示した。

○　「今や～と呼ばれるだけでなく」It is now not only called ～　フォーマルなら Not only is it now called ～ が使える。

○　「世界の工場」the factory of the world

Case 24　マハトマ・ガンジーとインド独立運動

例1（口語版）

Many people do not know this, but Mahatma Gandhi attended law school in London and then went to South Africa where he worked as a lawyer. But in that country, he experienced racial discrimination. After returning to India, he began leading the Indian independence movement.

例2（フォーマル版）

It's not so well known, but Mahatma Gandhi studied for the bar in London and then went to South Africa where he practiced law. But in that country, he encountered racial discrimination. After his return to India, he became engaged in leading the Indian independence movement.

【語句と解説】

○ 「弁護士業」the bar　ちなみに behind bars（牢獄の格子）だと「刑務所に入る」の意味になるのが面白い。「弁護士業を開業する」practice law
○ 「南アフリカに渡って働いた」の部分では，in the country とすると「田舎」の意味があり紛らわしいため，in that country としてある。

Case 25　神社仏閣

例1 （口語版）

In Japan, Shintoism and Buddhism haven't really been separated since the Nara period, and Japanese people don't think it's strange. Many foreigners are surprised to learn that there's no Sabbath and, even though there are many Shinto shrines and Buddhist temples, people do not regularly visit them except for special events.

例2 （フォーマル版）

In Japan, Shintoism and Buddhism have intermingled with each other since as far back as the Nara period, and the Japanese take this for granted. Many foreigners are astonished to learn that, despite the large number of Shinto shrines and Buddhist temples, there is no Sabbath and people do not regularly go to worship except on special occasions.

【語句と解説】

○ 「古くは」as far back as
○ 「〜を当たり前に思う，当然視する」take 〜 for granted
○ 「安息日」Sabbath

Case 26　女人禁制

例1 （口語版）

It is well known that the Emperor succession is exclusively male. However, there are other events and places in Japan where women are excluded. For example, women are not allowed to land on Okinoshima Island in Kyushu for religious reasons. The sumo ring is also forbidden to women. Women were also prohibited from entering Mt. Fuji until 1872.

例2 （フォーマル版）

It is well known that the Emperor succession is patrilineal. However, there are other events and places in Japan where women are excluded. For example, women are not allowed to disembark on Okinoshima Island, Kyushu for religious reasons. The sumo ring is also forbidden to women. Women were also prohibited from entering Mt. Fuji until 1872.

【語句と解説】
○ 「男性のみに限定されている」patrilineal は「男系の」の意味。
○ 「上陸する」disembark　直訳すると「下船する」。
○ 「土俵」sumo ring
○ 「禁じられている」be forbidden to 〜；be prohibited from *doing*

Case 27 日本語の方言

例1 （口語版）

Japan is not a large country, but it has many dialects and a variety of regional characteristics. In particular, there is said to be a sharp contrast between Tokyo and Kansai, not only in language, but also in various cultural aspects. Some Kansai people say that Tokyo people's speech is cold and pretentious, and some Tokyo people say that the Kansai dialect is loud and impolite.

例2 （フォーマル版）

Although it's not a large country, Japan is rich in dialects and has many regional characteristics. In particular, Tokyo and Kansai are said to be in stark contrast not only in language, but also in various cultural aspects. Some Kansai people say that Tokyo people's speech is cold and pretentious, and some Tokyo people say that the Kansai dialect is loud and brash.

【語句と解説】
○ 「対照的」stark contrast　直訳すると「まったくの対照性」。
○ 「気取っている」pretentious
○ 「なれなれしい，図々しい」brash　overfamiliar も「なれなれしい」の意味だが，多少強さが落ちる。

Case 28 盆栽

例1 （口語版）

In Japan, bonsai was once considered a hobby for the elderly, but recently bonsai has become popular in the West partly because of the Zen boom. Bonsai is not just potted trees, but rather the power and beauty of nature captured in small trees.

例2 （フォーマル版）

In Japan, bonsai was once regarded as a pastime for the elderly, but recently bonsai has become popular in the West partly due to the Zen boom. Bonsai is not merely potted trees, but rather the power and beauty of nature encapsulated in small living creatures.

【語句と解説】
○ 「趣味，余暇の娯楽」pastime
○ 「植木」potted tree
○ 「閉じ込める」encapsulate

Plus+ もっと知りたい！	ウフィツィ美術館豆知識

　ウフィツィ美術館は英語では the Uffizi Galleries，イタリア語では la Galleria degli Uffizi と言う。(uffizi は ufficio（役所）の複数形で英語で言う office と同じ語源 uffici に由来する。) メディチ家の血を引く初代トスカーナ大公コジモ1世の命で1560年に建築された。メディチ家歴代のコレクションの他，ルネッサンス有数のコレクションが展示されている。よく知られた作品には『ウルビーノ公夫妻の肖像』（ピエロ・デッラ・フランチェスカ），『ヴィーナスの誕生』・『プリマヴェーラ』（ボッティチェリ），『受胎告知』・『東方三博士の礼拝』（レオナルド・ダ・ヴィンチ），『ヒワの聖母』（ラファエロ），『聖家族』（ミケランジェロ）などがある。19世紀までこの美術館の目玉作品だったヴィーナス像『メディチのヴィーナス』はナポレオンによって占領時に一時持ち去られたが，現在は返却され当美術館で見ることができる。

　この美術館は，両側に絵画が並ぶヴァザーリ回廊を介してピッティ宮殿（トスカーナ大公の宮殿）につながっており，この回廊も見逃せない観光スポットとなっている。ヒトラーは1938年に当美術館と周辺施設を訪れたことがある。大戦末期撤退するドイツ軍はこの一帯を爆撃したが，この回廊だけはその文化的価値から爆撃しなかったとも言われるが真偽は不明。

3

信頼関係を構築する

Building trust

ビジネス会話において，情熱，自信，誤解を生まない明確な話し方，ロジカルな説得スキルは，信頼関係を築く上で重要な基礎となります。また力を合わせてソリューションを探る協力的な姿勢や，ネガティブな事態でも積極的かつ前向きに対処するアプローチは，パートナーとしてともに働く相手からしても，とても頼もしく感じられるでしょう。本セクションでは，こうした信頼関係を築く上で効果的なコミュニケーションタクティクスを学びます。

Case 29 ▶ 誤解を招く言い方を避ける

37A 😣 改善の余地あり！

現在 Heuristics では子会社である Quadram Solutions 社の開発した業務支援パッケージソフト Back Office を日本版にローカライズして販売する計画を進めていますが、なかなか進展がありません。そこで Quadram Solutions の営業部長 Nathan は Heuristics からの長期出張者である Kazuhiro になぜ話が進展しないのか説明を求めています。

Nathan	What's the hold-up with the localization of our *Back Office*? We've been looking forward to it, but I was hoping to see it happen while I am still young.	Back Office のローカライズの遅れはどういうことなのでしょう。楽しみにしていたのですが、私がまだ若いうちに実現したらいいなと思っているのですが。
Kazuhiro	I understand, (1) but it is difficult.	分かりますが、難しいんです。
Nathan	Do you mean it's simply difficult, or do you mean it's impossible?	それは単に難しいということですか、それとも不可能ということですか？
Kazuhiro	(2) It's not impossible, but we still have problems. We tested it with some customers, but they are not happy with the localized version.	不可能ということではありませんが、まだ問題があるのです。顧客数社とテストを行いましたが、ローカライズ版は先方には満足していただけていないようです。
Nathan	Why? What's wrong with it? There were no issues here.	なぜですか？ 何が問題なのでしょう？ こちらでは問題はありませんでしたが。
Kazuhiro	(3) Maybe you may not be able to understand, but Japanese customers are very sensitive about quality.	たぶんご理解いただけないかもしれませんが、日本の顧客は品質にとても敏感なんです。
Nathan	I understand Japanese sensitivity perfectly well. Are you telling me there are quality issues?	日本人の細かさはよく理解していますよ。品質に問題があるということですか？
Kazuhiro	(4) Not big problems, but we have to modify a little.	大きな問題ではありませんが、少し修正する必要があります。
Nathan	Well, what's your best guess about how long it will take?	では、どれくらいの時間がかかるとお考えですか？
Kazuhiro	I'm sorry, (5) but honestly speaking, (6) I don't know how much longer it will take. I'll get back to you as soon as possible.	申し訳ありませんが、正直なところ、どのくらい時間がかかるか分かりません。できるだけ早くお返事します。

☐ hold-up「遅れ」
☐ see it happen while I am still young「私が若いうちに実現するのを見たい」→「早くしろ」という意味。

Review 振り返ってみよう

37A の中には，日本語ではよくても英語にすると誤解されやすい箇所がいくつか見られます。各項目ごとに見ていきましょう。

(1) but it is difficult
具体的な説明を伴わない difficult は非常に曖昧に聞こえます。日本語の「難しい」は拒否の意味を持ちますが，英語にはその意味はありません。また difficult は challenging の意味でも使われるので要注意です。

(2) It's not impossible, but we still have problems.
のらりくらりとした感じで，不可能なのか可能なのかが分かりにくいです。「現実としてまだいくつかの問題を解決する必要があります」といった表現のほうがストレートで信頼感が感じられます。

(3) Maybe you may not be able to understand, but Japanese customers are very sensitive about quality.
この場合，「そちらのソフトの品質は日本人にとっては低すぎる」のようにやや傲慢に聞こえる可能性があります。また understand の使い方にも注意が必要です。交渉などで合意が得られない場合，「理解してもらえない」を They don't understand our ～ と訳す人がいます。しかし，実は先方は事情を完璧に understand できているが，そうした事情を理由にした説明を accept したくない，ということで相互に誤解したまま事態が紛糾する場合があります。

(4) Not big problems
big かどうかは主観的で誰の判断か分からないので具体的に言うべきでしょう。

(5) honestly speaking
この表現は「本心を言えば」というニュアンスです。多用すると（to tell the truth や actually も含め），今までの話は「上っ面だったの？」という疑いを招くことがあります。

(6) I don't know how much longer it will take.
I don't know は「さあねえ」のように突き放した無責任なニュアンスがあります。ビジネス会議や交渉では I'm not quite sure や I have no idea のほうが無難でしょう。
スムーズな例を **37B** に示します。

37B 😊 これならスムーズ！

Kazuhiro は今度はローカライズが遅れている理由と状況を丁寧に説明しています。

♪S3_37B

Nathan	What's the hold-up with the localization of our *Back Office*? We've been looking forward to it, but I was hoping to see it happen while I am still young.	Back Office のローカライズの遅れはどういうことなのでしょう。楽しみにしていたのですが，私がまだ若いうちに実現したらいいなと思っているんですが。
Kazuhiro	I understand, but we have to do unexpected modifications.	分かりますが，想定外の修正をしなければならないんです。
Nathan	Why? What's wrong with it?	なぜですか？何が問題なのでしょう？
Kazuhiro	We test-flew it with some customers, but they found Japan-specific issues. We use some different accounting practices. Also keep in mind that Japanese customers are very conscious about details.	顧客数社とテストを行いましたが，日本特有の問題が見つかったんです。日本では会計処理の仕方が異なることがあるんです。また，日本のお客さんは細かいことにこだわるということも心に留めておいてください。
Nathan	OK. How long do you think it will take?	そうですか。どれくらいの時間がかかると思いますか？
Kazuhiro	I can't be sure, but I'll keep on them and get back to you as soon as I know.	確信は持てませんが，調査を続けて，分かったらすぐに連絡します。

☐ test-fly「テスト運用する」
☐ Japan-specific「日本特有の」
☐ keep in mind「覚えておく」

Review 振り返ってみよう

　むやみに曖昧な表現を使ったり十把一絡げ的な言い方をすると不誠実に聞こえたり誤解を招く恐れがあります。誠実な印象を与えられるように理由や状況は率先して具体的に説明するよう心がけるべきです。Kazuhiro は **37A** では製品を日本市場向けにローカライズするのに伴う日本独自の要件を具体的に説明することなく「難しい」の一言で表現したため，不誠実な言い訳のように響きました。**37B** では２番目の発言で，日本の会計処理が異なること，そして日本の顧客がその点をサポートしているかどうかといった細かいことを気にする，という事情を明確に説明したため，Nathan はそれを受け入れて，完成までどれくらいかかるかという問題へと話を進めました。

🌐 **Communication Tactics** 誠実な印象を与えられるように理由や状況は率先して具体的に説明する

インドネシアの精神文化

　インドネシアには，300 以上の民族，700 以上の言語，6 つの宗教（イスラム教，プロテスタント，カトリック，ヒンドゥー教，仏教，儒教）があり，世界で最も多様性に富んだ国の 1 つです。そのため「寛容，適応，協力」の精神が非常に重視されて，下記の国是（Pancasila：5 つの法）が定められています。

　　1．唯一神への信仰（どの神かの指定はないが無神論は認められていない）
　　2．公正で文化的な人道主義
　　3．インドネシアの統一
　　4．合議制と代議制による英知に導かれた民主主義
　　5．全インドネシア国民に対する社会的公正

　宗教による文化的影響は大きく，性や身体接触については注意すべき点があります（女性と握手する場合は，女性から手を出さない限り握手しない，同棲や婚前交渉は NG，公共の場での異性間の接触は夫婦でもタブー，異性と密室で 2 人になる場合はドアを開けたままにする，同性でも裸を見せないなど）。
　また神様は労働者に味方しており，労働法も従業員に手厚い内容となっています（例えば，一度雇うと解雇が難しい，さまざまな労働者保護規定があるなど）。
　インドネシア人は，人にはやさしく，友人や家族と楽しく過ごし，よいことをすればよい人生が巡ってくるという精神文化を持っています。仕事はお金のためと割り切っている傾向があるものの，働く仲間とはおしゃべりをしたり，冗談を言いあったりしながら仕事をする人が多いようです。仕事上での関係（上司と部下など）とプライベートの関係は別と考えるので，プライベートでのインドネシア人の態度がなれなれしいように感じられても，相手は仲良くしているつもりなのであまり気にしないようにしてください。
　このように人に対してやさしく接するインドネシア人ですが，人前で面子を失わせるようなことをすると，危険な事態になる場合があるので注意が必要です。労働者を退職させる場合などは，当然本人の合意が必要ですが，この交渉時に本人の名誉に配慮するのを忘れた発言をしたりすると非常に紛糾します。人前で怒鳴ったり，怒りを見せたりすることは避けたほうがよいでしょう。

Case 30 ▶ 自信を感じさせる自己紹介

38A 😞 改善の余地あり！

シンガポールに赴任した Saori は，インドおよび東南アジアでのマーケティングを強化する計画について
プレゼンをするのに先立ち，メンバーたちに自己紹介をしています。

Nikita	Everyone, can I have your attention? We have a new member I'd like to introduce to you. This is Saori Ikeda from Tokyo, Japan. She'll be working in marketing. Saori, could you say a few words?	皆さん，ちょっと注目していただけますか。新メンバーを紹介します。日本の東京から来た Ikeda Saori さんです。マーケティングを担当します。Saori さん，一言お願いします。
Saori	OK, OK. Uh. I'm sorry I'm not so experienced at marketing and I don't know this area well. So I'm hoping you'll be able to help me in my work here from now on. That's all.	はい，はい，えーと，申し訳ないのですが，私はマーケティングの経験があまりなくて，この地域にはあまり詳しくないのです。なので今後いろいろ助けていただくこともあると思いますが，よろしくお願いします。以上です。

☐ be experienced at〔in〕分野・領域・道具等「～の経験がある」
☐ from now on「今後」

Review 振り返ってみよう

　まず OK, OK や Yes, yes のように同じ表現を繰り返すのは奇妙に聞こえます。日本では
堂々と話すよりもむしろ，おずおずと控えめに話すほうが好感が持たれる場合がありますが，
英語では，堂々とした話し方が信頼の基本となります。特に自分の経歴，技能，抱負，熱意に
ついては自信をもって話さなければ，その人の能力に疑問符が付きかねません。謙遜のつもり
で「私はまだ不慣れなのですがよろしく」と言った場合，「経験も技能も足りないのね」「なぜ
ここに来たの？」のような疑念を持たせることにもなります。

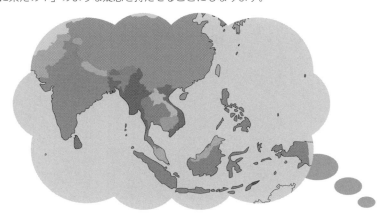

38B ☺ これならスムーズ！

同じ場面でメンバーたちからの信頼感を得るにはどのように挨拶すればよいか，次の例を見てみましょう。

♪S3_38B

Nikita	Everyone, can I have your attention? We have a new member I'd like to introduce to you. This is Saori Ikeda from Tokyo, Japan. She'll be working in marketing. Saori, could you say a few words?	皆さん，ちょっと注目していただけますか。新メンバーを紹介します。日本の東京から来た Ikeda Saori さんです。マーケティングを担当します。Saori さん，一言お願いします。
Saori	Sure. Thank you, Nikita. Good afternoon, everyone. I'm Saori Ikeda. I'm really excited to be able to work on marketing with you all. One of my biggest tasks is to consolidate Southeast and Southwest Asia business. I'll be starting with Singapore and India. Together I'm confident we can do great things. Thank you. I'm happy to answer any questions.	はい。Nikita さん，ありがとうございます。皆さん，こんにちは。Ikeda Saori です。皆さんと一緒にマーケティングを担当できることをとても嬉しく思っています。私の大きな仕事の1つは，東南アジアと西南アジアのビジネスを統合することです。まずはシンガポールとインドから始める予定です。一緒に素晴らしいことをやっていけると確信しています。ありがとうございました。質問があれば，何でもどうぞ。

□ consolidate「統合する，強化する」

Review 振り返ってみよう

　Saori は，まず「わくわく感を感じている」こと，そして「一緒に素晴らしいことをやっていけると確信している」と発言しています。つまり彼女のスピーチは＜自分の情熱→自分のチャレンジ→自分の確信＞という構成を持っています。赴任挨拶のスピーチではこれを1つのテンプレートとして応用するとよいでしょう。

　また当然ながら，原稿を読まずに話すこと，通る声で堂々と落ち着いて話すこと，体をゆすったり腕や手を細かく動かさないこと，聴衆にまんべんなくアイコンタクトを取ることも必須条件です。

🌐 **Communication Tactics**　自信ある話し方や堂々とした態度は信頼感を得るための重要なキー

Case 31 ▶ 熱意を感じさせる提案テンプレート（1）

Heuristics, UK ではこれまで現地駐在の日本人スタッフとイギリス人を含む欧州スタッフがそれぞれ別に計画を考え，最後に両者をすり合わせるというやり方が行われていました。現地に赴任した Naoki は両スタッフの融合を促進できるよう，できるだけコミュニケーションの機会を増やすため会議のやり方を変えることを会議冒頭で述べています。

♪S3_39

Naoki

Good afternoon, everyone. Thank you for making time for me today. Today's main topic is to propose a change in our meeting style. (1)I've been hoping to improve the interaction among all members of our team. (2a)It seems to me that until now Japanese and European members were not meshing as well as they could. (2b)Especially there's been a tendency in planning for the Japanese side to come up with their plan, and the European side to have theirs. (3)Then we try to merge them. (4)I think it would be more efficient for both sides to come up with a consolidated plan together from the beginning. For starters, let's devote the first 30 minutes to brainstorming from now on. Now let's hear all of your opinions.

皆さん，こんにちは。本日はお時間をいただきましてありがとうございます。今日の議題として，会議のスタイル変更について提案させていただきます。私は，チームメンバー全員の交流を改善したいと願っています。今までは，日本人メンバーと欧州メンバーが話を合わせるためにできるだけの努力をしていなかったように思います。特に，日本側が自分たちの企画を出し，また欧州側も自分たちの企画を出すという傾向がありました。そこでこれを一体化させるようにします。最初から両者が一体になって統一された計画を考えた方が効率的だと思います。まず手始めに，これから最初の 30 分をブレインストーミングに充てましょう。では，皆さんのご意見をお聞かせください。

☐ mesh「整合する，合う」（= dovetail（ぴったり一致する））
☐ integrate「統合する」
☐ there is a tendency in ～「～する傾向がある」
☐ for starters「手始めに」
☐ devote (time) to 名詞「(時間を) ～に割く」

Review　振り返ってみよう

39 は Naoki が会議で提案を行う場面になっています。Naoki はまず問題を提起し，解決のための提案と，その前段階のブレインストーミングを呼びかけています。ここでのスピーチスタイルは，ビジネス改善の提案を行う際によく用いられる As-Is/To-Be モデルを応用しています（プレゼンテーションなどで用いられる他のスピーチスタイルについては「**Case 40**」p.136 を参照）。このモデルは**まず As-Is（現状）を示し，それを解決するソリューションを提案し，それによる効果 To-Be（理想状態）を述べる**モデルです。

(1)　I've been hoping to improve ＿＿＿＿＿＿＿＿＿　　　提案の目的
(2a) It seems to me that until now ＿＿＿＿＿＿＿＿＿　　現状と問題
(2b) Especially there's been a tendency in ＿＿＿＿＿＿＿　その詳細
(3)　Then we try to ＿＿＿＿＿＿＿＿　　　　　　　　　アクションの提案
(4)　I think it would be more ＿＿＿＿＿＿＿＿＿　　　　効果

　上記テンプレートでは (1) の部分に提案の目的が加えられ，さらに (2) の部分が全体像と詳細に分かれています。この形式は，各状況に合わせて多少文言を加減することで，さまざまなアクションの提案に応用することできます。

Tips For Better Communication　　まだ足りない？ 日本人のコミュニケーション努力

　これまでに報告されている複数の異文化問題の研究調査では，海外に赴任した日本人スタッフと現地人スタッフとのコミュニケーションが不足しているという調査結果が報告されています。興味深いのは，特にアジア諸国では，日本人側がそれなりに適度なコミュニケーションを取っているという認識を持っているのに対して，現地人はまだそれでは不十分だと思っているという数字が出ている点です。

　アジアでは全般的に「一緒に働きたい」「尊敬できる」「学びになる」ような人が好まれますが，国・地域ごとに異なる文化があります。例えばベトナムでは家族の話がよく話題になりますが，飲み会では仕事の話はしないというような文化があります。またフィリピン人は包み隠さずなんでも話す傾向がある反面，礼儀や言葉遣いには敏感で丁寧なもの言いが重要になります。またインドネシアなどでは幸せの御裾分け文化があり，結婚式や誕生日では主役が招待客にごちそうをする側になりますが，これは単なる儀式ではなく，情報交換，転職，出会いの場という意味あるイベントとしても機能しています。

　このような多様性を持つアジア各国で共通して指摘されているのは，日本人には相手国の言語，宗教，歴史，文化を知ろうという努力が見られないということです。ほぼ単一言語国家環境で過ごしてきた日本人には実感しにくいのですが，赴任先の言語を少し話せることは，相手の心を開く上で予想以上の効果を発揮します。相手国の言葉で挨拶するだけで，コミュニケーションを取ろうと努力しているのだという熱意が伝わるのです。また中国のようにさまざまな方言がある国・地域ではご当地言葉を少し話せるだけでも食いつきが違ってきます。ぜひお試しあれ。

40 😊 これならスムーズ！

エンジニアの Takashi は Quadram Solutions の同僚に何か提案したいことがあるようです。彼は聞き手が頭を整理しやすいようにプレゼンテーションの前にまず概要を説明しています。概要説明がどのように構成されているかに注目してみましょう。

♪S3_40

Nathan	Today Takashi has a proposal to make for our consideration. OK, Takashi, it's all yours.	今日は Takashi が私たちに検討してほしい提案があるそうだ。では，Takashi，始めてくれ。
Takashi	Thank you Nathan. Hello, everybody. (1) You'll probably all agree that we could be better served by a lighter more nimble remote IT support system. (2a) I'd like to propose a much more usable and flexible alternative for a smaller business like us. (2b) We don't need a huge multifunction system. We do need an easily deployed and easily managed package providing PC data collection, remote trouble-shooting and diagnoses, and so on. (2c) The system I'm proposing can provide this and more. (3) Any questions before I get into the details?	ありがとうございます，Nathan。皆さん，こんにちは。もっと軽くて速いリモート IT サポートシステムがあれば便利だろうということには，おそらく皆さんにも同意していただけると思います。私は，うちの会社のような規模の小さい企業向けに，ずっと使い勝手がよく，柔軟性の高い代替品を提案したいと思います。私たちは巨大な多機能システムが必要なのではありません。私たちが必要なのは，PC のデータ収集，遠隔操作によるトラブルシューティングや診断など，簡単にデプロイ，管理できるパッケージなのです。詳細に入る前に何か質問はありますか？
Nicole	How long will it take and how much will it cost?	具体的にはどのくらいの期間と費用がかかるのでしょうか。
Takashi	Well, the written prognosis in the handout would tell you, but I can say it's cheaper than any other commercial solutions available now. The development time depends on which features we decide we need.	そうですね，配布資料にある予測の箇所に書いてある通りですが，現在市販されているどのソリューションよりも安くできると思います。開発期間は，私たちがどの機能を必要とするかによって異なります。
Nicole	I understand. Go ahead.	分かりました。続けてください。
Takashi	OK. (4) I'll continue, but please feel free to stop me anytime.	では続けますが，いつでも止めていただいて結構です。

□ It's all yours.「ではどうぞ。」ここでの it は「フロア，この場」の意味合い。Take it away. でも言い換え可。
□ be better served by ～「～からより多くの恩恵を受ける，便利になる」
□ nimble「素早い」nimble は指などの動きが速い（nimble fingers），類義の agile は体全体の動きが速い（agile animal）。
□ alternative「別のオプション〔選択肢〕」
□ deploy「デプロイ〔配備；配置〕する」
□ trouble-shooting「トラブルシューティング（問題発見と解決）」
□ diagnose「診断」
□ written prognosis「今後の予測を示した文面」本来は「今後の病状の予測」を指す。
□ commercial「市販の」

Review　振り返ってみよう

40 で Takashi が用いている提案テンプレートも 39 で見た As-Is/To-Be モデルの簡易変形版と言えるでしょう。ここでは (1) で As-Is を述べたあと，(2) の提案の中でソリューションの詳細とともに，それによる効果（To-Be）を合わせて述べています。そしてここで一度 (3) によってこれまでの質問を受け付け，(4) でさらに話を進行させるという形式をとっています。

(1) You'll probably all agree that _____　　　現状
(2a) I'd like to propose _____　　　提案
(2b) We don't need _____ We do need _____
　　　　　　　　　　　　　　　　　　　　　　　　　　　ソリューションの詳細
(2c) The system I'm proposing can provide _____

　　　　　　　　　　　　　　　　　　　　　　　　　　　ソリューションのメリット
(3) Any questions before I get into the details?　　　質問を求める
(4) I'll continue, but please feel free to stop me anytime.　　　さらに進行させる

　会議やプレゼンテーションでは (3) や (4) のようなキーフレーズ（「サインポスト」と呼ばれる。p.140 参照）を効果的に使い，確認しながら（または recap（まとめる）しながら）話を進めていくことが有意義なディスカッションの基盤となります。

Case 33 ▶ 説得型から相談型へ

41 😊 これならスムーズ！

以前，Quadram Solutions の依頼を受けて業務支援パッケージソフト Back Office を開発したフィリピ
ン現地法人の Quadram Solutions, Philippine では，これをマレーシア市場向けにローカライズして販売
する計画を立てています。そこで Quadram Solutions, Philippine に赴任している Kota は，販売を開始
する前の下準備について部下の Abdul と Anna に意見を聞いてみることにしました。

♪S3_41

Kota	Thank you for your time today. As you know we have almost completed the localization of our package *Back Office* for the Malaysian market. The US head office wants to get it released soon, but they have asked us to be sure it's really ready to be sold. Today I'd like to hear your thoughts about it.	今日は時間を割いてくれてありがとうございます。ご存知のように，マレーシア市場向けパッケージ Back Office のローカライズはほぼ完了しました。米国本社は早く発売したいようですが，本当に準備が十分なのか確認するようにと言われています。今日はそのあたりの意見を聞かせてほしいのですが。
Abdul	Well, maybe we could test-fly it in our Kuala Lumpur office, so that we can work out any last-minute bugs.	バグがあったら直前に解消できるよう，クアラルンプールオフィスでテスト運用を行うことができるんじゃないでしょうかね。
Anna	We did much the same in the Manila office when we localized to the Philippine market. It worked pretty well.	フィリピン国内向けにローカライズした時にも，マニラオフィスで同じようなことをやって，かなりうまくいきましたね。
Abdul	If it worked well, how about selecting a couple of our local Malaysian customers to try it out, and give us feedback. We can offer them a special discount on the finished product.	うまくいったのであれば，マレーシアの現地顧客企業を数社選んで，テスト運用してもらい，フィードバックをもらうというのはどうでしょう。完成品を特別価格で提供してもよいですし。
Anna	If we could do that before the main market campaign, we could eventually end up saving time and money.	本番の販売キャンペーンを行う前にそれができれば，結果的には時間とお金の節約になりますね。
Kota	Sound like great ideas. Let's put them together into a concrete written plan by next Thursday. Thanks for your valuable input.	よさそうなアイデアですね。来週の木曜日までに具体的な計画書にまとめましょう。貴重な意見をありがとうございました。

□ hear one's thoughts (about〔on〕 ～)「(～についての) 意見を聞く」
□ try out「試してみる」　□ end up …ing「結局…することになる」
□ written plan「計画書」

Review	振り返ってみよう

　上司が部下に働きかける時には上意下達を強調する「支配型」，上司が判断し，それを部下が理解してくれるまで説得する「説得型」，上司は判断を決める前に部下の意見を聞き，その上で一致点がなければ最終的に上司が決定する「相談型」があるという研究報告があります。特に東南アジア地域に赴任した日本人は説得型が多く，一方の現地人は相談型を上司に期待することが多いという調査結果になっています。

　41 では現地のタイプに合わせるため Kota は相談型のアプローチを採っており，まずこれまでの背景状況を説明したあと，Today I'd like to hear your thoughts about it.（今日はそのあたりの意見を聞かせてほしいのですが。）と言って部下からの意見を募っています。

　説得型リーダーとして会議を始めるなら次のような表現を使えばよいでしょう。

☐ **We decided to test out our newly localized *Back Office* in the Malaysia office. We'll be starting at the beginning of next month. Before that, does anybody have any comments or questions?**

　新しくローカライズした Back Office を，マレーシアのオフィスでテスト運用することにしました。来月初旬から開始する予定です。その前にどなたかコメントやご質問はありませんか？

Communication Tactics　説得型リーダーから相談型リーダーへ

Plus+ もっと知りたい！　経営管理に興味のある方へ

　本書は経営学の本ではないので詳細には触れないが，リーダーのモデルに関連する理論と提唱者について参考情報としてほんの一部を示しておく。

　リーダータイプ研究の古典的な研究に 1950 年代 MIT Sloan School of Management の経営学者・心理学者であるダグラス・マクレガー（Douglas McGregor）が提唱した X 理論と Y 理論がある（X は腕でバッテンを示した拒否ポーズ，Y は両手を挙げた万歳ポーズから来ているらしい）。X 理論は「人間は本来怠け者で強制されなければ働かない」という性悪説であり，Y 理論は「人間は本質的に働くのが好きであり直接的な見返りがなくとも熱心に働く」という性善説である。

　Xタイプの上司は，権威主義型の管理スタイル（高度な管理，マイクロマネジメント，介入，外側からの報酬と罰則）を特徴とし，Yタイプの上司は参加型の管理スタイル（より個人的なレベルにおける部下とのつながり，動機付け，仕事の喜び，疑似民主的な環境）を特徴とする。

　その他，「ホーソンの実験」を基に人間関係論を導き出した心理学者・組織理論研究者のジョージ・エルトン・メイヨー（George Elton Mayo），システムである組織が成立するための 3 要素（協働意欲，共通目標，コミュニケーション）を定めた経営学者チェスター・バーナード（Chester Barnard），欲求段階説を提唱したアブラハム・ハロルド・マズロー（Abraham Harold Maslow）などがいるので興味のある方は参照されたい。

Shohei は Heuristics Inc. の営業部長 Robert による採用面接を受けています。

♪S3_42

Robert	Why do you think you are a good fit for our company?	なぜ，あなたは自分が当社に向いていると思うのですか？
Shohei	As you can see from my resumé, I was successful in my previous company as a sales engineer. The position you're offering is (1) a step up that allows me to use even more of my abilities.	履歴書にも書いた通り，私は前職でセールスエンジニアとして成功しました。御社のポジションは私の能力をさらに発揮できるステップアップの場だと思います。
Robert	Spoken like a true salesperson, but specifically which ability do you mean?	営業マンらしいお言葉ですが，具体的にはどのような能力でしょうか。
Shohei	(2) I always keep on top of the latest developments and (3) I'm very persistent with a lot of attention to details.	私は常に最新の開発の情報を入手し，細部にまで気を配り，粘り強く行動しています。
Robert	I'm surprised your previous employer let you go. But you say in your resumé, you wanted a wider and more varied experience. We sell many different kinds of IT systems. Do you still feel confident handling that?	前職があなたを手放したのは驚きです。でも，履歴書には「もっと幅広く，いろいろな経験をしたい」と書いてありましたね。私たちは多様な種類の IT システムを販売しています。それでも対応する自信はありますか？
Shohei	(4) It's exactly what I've been looking for. (5) More varied experience. (6) I have confidence I can deal with it. (7) You'll be happy you hired me.	それこそまさに求めていたことです。もっといろいろなことを経験したいのです。対応できる自信はあります。私を雇ってよかったと思うはずです。
Robert	This is probably going to be a more international stage than you are accustomed to. Are you happy to work in a multicultural environment?	おそらく，あなたが慣れているよりも国際的な舞台になると思います。多文化な環境で働くことに抵抗はありませんか？
Shohei	(8) I'm looking forward to it, and before you ask, I know this is a high-pressure job sometimes. (9) I welcome the challenge.	楽しみです。聞かれる前に言っておきますと，時にはプレッシャーのかかる仕事であることは承知しています。チャレンジは大歓迎です。

□ be a good fit for ～「～に向いている，合っている」
□ Spoken like a true salesperson.「さすが本物のセールスパーソンのようですね。」Spoken like a true〔real〕～ で「さすが～のようだね」というパターンで，褒め言葉と皮肉の両方に使う。
□ keep on top of ～「常に～の最新情報を把握している」
□ be persistent with ～「(困難や警告にもめげず) ～をやり抜く」

Review　振り返ってみよう

　面接を受ける（または行う）技術の詳細については他の専門書に譲りますが，面接を受ける場合に最も重要になるのは，**自信をもって，かつ具体的に自分の能力を説明する**ことです。

　(2)(3)(6)(7) では自分の経験を自信を持って話し，(4)(8)(9) で積極性をアピールしています。途中 Robert が「前職があなたを手放したとは驚きだ」という不思議がる質問に対し，(5) のようにポジティブな答えをしています（伏線として (1) で「もっと自分の能力を生かせる」という理由をすでに挙げています）。こうした質問を受けて「前の会社の待遇が悪く…」のように前の職場を悪く言うのは（仮に事実としても）NG です。口の軽さを疑われます。

　(7) You'll be happy you hired me. のところで you hired me のように if を使っていませんが，これは自信を示すためです（こうした言い方を foregone conclusion mode（既定〔想定済み〕モード）と呼びます）。また if you hire me と言うと「自分が雇われるかどうかはまだ分からない」というニュアンスになり自信がなさそうに聞こえます。

　また採用する側も，最近は行動面接（Behavioral Interview）という面接アプローチを用いるところが増えています。これは「あなたが最も困難な状況の中で成し遂げた事例を教えてください」「具体的にどんな困難がありましたか」「上司からはどんなフィードバックがありましたか」「あなたはどんな役割を果たしましたか」「達成結果を具体的に教えてください」「それはどんな状況で行われましたか」のように STAR（Situation, Task, Action, Result の略）の流れに従って具体的に聞き出す方法で，話を盛ったり実績をでっち上げたりするのが難しくなっています。

Communication Tactics　自信を持って具体的に自分の能力を説明する

もっと知りたい！　「さまざまな」を表す語の使い分けとコロケーション

　varied と various はほぼ同義で，diverse もこれらの類義語となるがニュアンス的には少し異なる。文法的には various だけは名詞の前に置かれ，be 動詞などのあとで単独では使用できない。
□ varied：「いろいろな異なる種類の，多様な」のように豊かな多様さ・混在の多様さに視点がある。また varied life〔career〕（変化に富んだ人生〔キャリア〕）のように時間推移による変化も表す。よく用いられるコロケーションは varied topics〔needs〕（さまざまなトピック〔ニーズ〕）。
□ various：「多くの種類の」のように種類の数に視点がある。よく用いられるコロケーションは various reasons〔methods〕（様々な理由〔方法〕）。
□ diverse：日本語訳は「多様な」だが，「それぞれ大きく異なると同時にその数が多い」ことを表す。よく用いられるコロケーションは diverse cultures〔opinions〕（多様な文化〔意見〕）。

Case 35　判断を保留する際に誤解を受けるのを避ける

43A 😣 改善の余地あり！

Heuristics は Quadram Solutions に対し，カナダ市場の調査ができないかどうかを打診してきました。しかし Quadram Solutions 側は追加費用を要求し，その判断を Heuristics の代表として米国に長期出張している Kazuhiro に求めています。

Nathan	I'll be happy to research the Canadian market as you asked, but market research is not just Googling. We are going to need a serious research budget from Heuristics.	依頼いただいたカナダ市場の調査は喜んでお引き受けしますが，市場調査は Google で調べものをするのとは違います。Heuristics からの本格的な調査予算が必要です。
Kazuhiro	Yes, I understand.	ええ，分かります。
Nathan	We are going to need a third party or hire a specialist ourselves.	第三者に依頼するか，自分たちで専門家を雇うことになりますね。
Kazuhiro	Of course, it's very important.	もちろんとても重要なことですね。
Nathan	I'm glad you understand. The question is whether you agree and how you will act about it.	ご理解いただきありがとうございます。問題は，あなたがそれに同意するかどうか，そしてそれについてどう行動するかです。
Kazuhiro	Yes, I understand, but I cannot decide by myself. I don't have any authority to make a budget decision.	はい，分かります。ですが私自身では決められません。予算を決定する権限がないもので。
Nathan	Well, you had better find some authority to make a decision if you want the market research.	そうは言ってもねえ，市場調査をしたいのなら，誰か決定権を持った人を呼んできてくださいよ。

□ serious「かなりの」ここでは量が多いことを示す。例）serious money（たくさんのお金）
□ had better ...「（したいのなら）…しないとだめだよ」ここで Nathan は「調査してほしいならちゃんとしてくれよ」というニュアンスを込めて意図的に使っている。
□ some authority　ここでは somebody who has the authority の意味で使われている。

Plus+ もっと知りたい！　「したほうがよい」のバリエーション

「…したほうがよい」というアドバイスには should がもっとも適当。should にはそのほか義務（…すべき），期待（…するはず）の用法もあり，ought to と言い換えが可能だが，ought to はやや響きが強い。

had better は「さもなくばどうなっても知らないぞ」といった脅しのニュアンスがある。そのため I〔we〕had better ... と自分を主語にするのは OK だが，目上に対しては You had better ... は使わない。

ソフトなアドバイスには might want to do も使える。

□ **You might want to consider our Premium Service Package.**
弊社のプレミアムサービスパッケージをご検討されてはいかがでしょうか。

　「自分では決められないので上司に相談する」や「今すぐ答えられないのであとで連絡する」という返答は，日本の商談場面ではそれほど珍しくないかもしれません。日本では下の人間（事務方・連絡役）から上に向かって話が展開していくからです。しかしグローバルビジネスの場合はやや注意が必要になることがあります。

　問題になるのは，日本側担当者が「まったく権限を持っておらず，単に上司の御用聞きとして情報収集に来て，こちらの時間が無駄使いされた」と誤解される可能性がある場合です。特に，わざわざ訪問してきたのだからその日本人は意思決定のキーマンであると外国側が信じている場合（実際にそういう状況は多い），Kazuhiro の 3 番目の発言の，I cannot decide by myself. I don't have any authority to make a budget decision. という言い方は「なぜこんな奴を送って来たんだ」とイラッとさせる可能性大です。

　なお，この発言の冒頭の Yes, I understand は Kazuhiro の最初の返答にも出てきているので不要でしょう。ちなみに understand は相槌ではなく，十分に理解している時にだけ使うべきです。

　43A の答え方以外にも，下記のような返答もかなり高い確率で誤解されるでしょう。
Yes, I understand, but I'm sorry I cannot answer right now. I have to ask my boss. After I get back to my office, I'll email you.（ええ，分かります。ですがすぐには答えられません。上司に確認する必要がありますのでオフィスに戻ったあとメールするように致します。）

　I'm sorry I cannot answer ... のあとに I have to ask my boss と理由を述べていますが，この言い方だと自分に権限がないと思われてしまいます。せっかちな相手であれば「この交渉時間は無意味で，自分の時間が無駄使いされた」と感じるかもしれません。

　また最悪な組み合わせは I'm in charge of ～（私が～の担当者です）と自己紹介したしたあとに I have to ask my boss を使うというもので，矛盾したことを言っているとして不信感を招きます。

43B ☺ これならスムーズ！

同じ場面で相手側に納得してもらうにはどのような言い方をすればよいのか，次の例を見てみましょう。

♪S3_43B

Nathan	I'll be happy to research the Canadian market as you asked, but market research is not just Googling. We are going to need a serious research budget from Heuristics.	依頼いただいたカナダ市場の調査は喜んでお引き受けしますが，市場調査は Google で調べものをするのとは違います。Heuristics からの本格的な調査予算が必要です。
Kazuhiro	Yes, I understand.	ええ，分かります。
Nathan	We are going to need a third party or hire a specialist ourselves.	第三者に依頼するか，自分たちで専門家を雇うことになりますね。
Kazuhiro	Of course, it's very important.	もちろんとても重要なことですね。
Nathan	I'm glad you understand. The question is whether you agree and how you will act about it.	ご理解いただきありがとうございます。問題は，あなたがそれに同意するかどうか，そしてそれについてどう行動するかです。
Kazuhiro	Before I give you a definitive answer, I should doublecheck on the budget with my boss. I'll get back to you as soon as I hear from him.	最終的な答えを出す前に，予算について上司に再確認しておく必要があります。上司の確認がとれたら，すぐに連絡します。
Nathan	How long will it take?	どのくらい時間がかかりますか？
Kazuhiro	I'll contact him today. I really expect there will be an answer within a week at most.	今日中に上司に連絡します。遅くとも１週間以内には回答があると思います。
Nathan	Great. Thanks for the help.	いいですね。ありがとうございます。

☐ definitive「決定的な，最終的な」final と意味が同じだが，交渉で状況が変わった場合，final だと変更ができず都合が悪い。
☐ doublecheck with ～「～に再確認する」confirm with ～ なら「～に確認する」, clear with ～ なら「～に許可を求める」ニュアンスになる。

Review　振り返ってみよう

　商談で即断を求められそれを断る場合，曖昧・不明確・優柔不断な表現は避けるべきでしょう。日本語なら「できるかもしれないが，ちょっと難しいかも」は OK ですがこれを直訳して Maybe possible, but it could be a little difficult. というとやる気がないように聞こえます。**できるだけ明確な表現を使い，具体的な項目や理にかなった理由を示すことが重要で**す。こうした状況では，英語話者は，曖昧表現の後ろに何か悪い意図（例えば逃げようとしている）を疑う傾向があります（受け身表現を多用した場合も同様の意図を疑われる可能性があります）。

　Kazuhiro は 3 番目の発言で **43A** と同様「今は答えられない」と答えていますが，そのロジックが異なっています。**43A** では「自分に権限がない」という物言いをしたため相手の不信感を買いましたが，**43B** では「最終的な答えを出す前に」と言うことで基本的には自分が権限を持っているが，「念のため上司にも再確認（doublecheck）しておくほうがよい」と述べ，「確認がとれ次第返答する」と確約しているので，相手も不安感を感じていません。

🌐 Communication Tactics

求められた即断を断るには，合理的な理由があることを明確に示すのがベスト

Plus+ もっと知りたい！　　即断を保留する表現

　参考までに，「基本的に了承」または「考え中」というスタンスを相手に示しながら，自分の上司にも確認します，というメッセージを伝える例を示しておく。

基本的に了承のニュアンス

☐ I understand. But before I give you a definitive answer, I need to clear it with my boss. I'll get back to you as soon as I get his OK.

　分かりました。ただ最終的な返事をする前に，上司から許可をもらう必要があります。上司のOK が出たらすぐに連絡します。

　＊自分に決定権がない場合。

検討中のニュアンス

☐ It seems pretty good to me, but I really can't say for sure without further discussion on my side. I'll get back to you as soon as I can.

　私にはかなりよいように思えるのですが，こちら側でもさらに議論してみないとはっきりとしたことは言えません。できるだけ早くお返事します

　＊自分に決定権がある場合もない場合も可能。「個人的には前向きだが，まだ社内で議論が必要」という言い方であれば納得しやすい。特に予算や開発期間といった具体的な項目を挙げられると説得力が増す。

ともに解決案を探す

44A 😖 改善の余地あり！

Phillip が人事部の Kaoru のところに相談に来ています。Phillip は休暇を申請したいのですが，すでに年度内の有給休暇を消化しているので手続き上問題があるようです。

Phillip	I have a very important request. My boss said to ask you. I want to take paid leave for four days in February charged against next year's leave.	とても大事なお願いがあるんです。上司があなたにお願いするようにと。2月に4日間，有給休暇を取りたいのです。来年度分の休暇なのですが。
Kaoru	Do you have any paid leave left?	有給休暇は残っていますか？
Phillip	I used it all up.	全部使っちゃったんです。
Kaoru	That's against the company's policy.	それは会社の方針に反しますね。
Phillip	My father is not well, so I really need to go see him this year.	父の具合が悪いので，今年どうしても父に会いに行きたいんです。
Kaoru	It's difficult. Nobody else has done that, not even foreign employees.	難しいですね。外国人社員でもそんなことした人はいませんよ。
Phillip	I perfectly understand it's difficult. That's why I'm asking you.	難しいのはよく分かっています。だからここに来て相談しているんです。
Kaoru	If I let you do this, what would everybody else think?	もしそんなことを許したら，他の人はどう思うかしら？
Phillip	If I'm no longer here, I won't care what everybody thinks. You know, I was looking for a job when I found this one.	私がここからいなくなってしまえば，私としては皆がどう思おうが私には関係ないですよ。ここでの職も仕事探しをしていた時に（たまたま）見つけたものだし。

☐ I won't care what〔how, etc.〕... 「何が〔どう〕…と構わない」

3

Review 振り返ってみよう

44A では Kaoru はまずはルールに則っていないということで Phillip の要望を却下しました。「管理」という観点からは Kaoru の判断は正解と言えます。一方，特にアジア地域における非日本人従業員は，本人の悩み，キャリア，問題に対するサポーティブな姿勢を上司に求める傾向があり，結果は別にしても，「ケアしようとする姿勢や努力を見せてくれた」ということに対して「日本人は我々を理解しようとしているのだ」という評価をする傾向が高いという調査報告があります。

　そのため異文化・多文化が共生するビジネス環境では，部下か顧客かにかかわらず，**困難に直面している相手と協議や相談を行う場合，「相手の問題を解決する手伝いをしたい」という基本姿勢を示すことで相手の対応が大きく変わる**場合があります。実は，friendly という語にはこうした「相手の問題の解決に協力してくれる」という意味が含まれています。英語の表現で friendly business partner という表現がありますが，これはこうした相手の立場に立つ協力的なパートナーを指しており，決して「人懐っこい，ニコニコしている，友達感覚の」という意味ではないのでご注意を。

Tips For Better Communication　インドネシアにおける業務上のコミュニケーションの基本

　東南アジアのムスリム社会では，人が辞めていくのは上司に人徳がないため，と考える傾向にあります。現地人に仕事を指導する際には，まずは一緒にサポートしながらやってみて，その中で学ばせるという方式が有効です。

　インドネシアでは業務上の指示の出しっぱなしは，相手にすべてをゆだねたサインとして受け取られてしまうことがあります。具体的な指示は必須です。また仕事をもらうことを第一優先と考え，「できます」と言っている場合があるので，本当に「できている」かどうか進捗確認をしっかり行う必要があります。問題があればストレートに聞くのがよいでしょう。インドネシアでははっきりとした，正直な人が好まれます。

　日本人に対しては，信頼できる，時間に正確といったよい印象を持っている反面，建前と本音が違う，八方美人が多い，具体的な指示が少ない，ワーカホリック，細かい所にこだわる，チャレンジ精神に欠けるといった点も見逃してはいません。現地の人々と接する際には，そうしたことも頭に入れておくようにしたいものです。また，日本人にとってイスラム教はなじみが薄いのですが，宗教に関連した項目（ハラール，挨拶，休日，レバランボーナス（断食明け大祭の前に払う法定賞与で，宗教大祭手当（THR）とも呼ばれる）など）にも注意を払う必要があります。

　いずれにしても彼らは，お喋りと冗談が好きで楽天的な人懐っこい国民性を持っています。寛容の精神を忘れず，ランチや食事会などで信頼関係を作っておくのも重要です。

44B 😊 これならスムーズ！

Kaoru が相手に寄り添う姿勢を見せると Phillip の態度も変わってきました。

♪S3_44B

Phillip	I have a very important request. My boss said to ask you. I want to take paid leave for four days in February charged against next year's leave.	とても大事なお願いがあるんです。上司があなたにお願いするようにと。2月に4日間，有給休暇を取りたいのです。来年度分の休暇なのですが。
Kaoru	Do you have any paid leave left?	有給休暇は残っていますか？
Phillip	I used it all up.	全部使っちゃったんです。
Kaoru	That's against the company's policy.	それは会社の方針に反しますね。
Phillip	My father is not well, so I really need to go see him this year.	父の具合が悪いので，今年どうしても父に会いに行きたいんです。
Kaoru	You must be worried. How is he doing?	それは心配でしょう。お父様はどうされてるんですか？
Phillip	Thanks for asking. It's really serious. He's no longer young.	聞いてくださってありがとうございます。本当に深刻なんです。もう若くはないので。
Kaoru	If you feel that strongly about it, maybe we could let you take unpaid leave. How would that be?	そこまで困っているのなら，無給休暇を取ってもらってもいいかもしれませんね。それでどうでしょう？
Phillip	Sounds like a great idea. I'd be really grateful.	いい考えですね。ありがとうございます。
Kaoru	I'll arrange with Ryota.	Ryota と調整しておきます。
Phillip	I really appreciate it.	本当にありがとうございます。

☐ strongly「痛切に感じる」
☐ unpaid leave「無給休暇」

Review　振り返ってみよう

　グローバルビジネスシーンでは，ビジネスパートナーは困難をともに解決する相手と認識されているため，「**相手の問題解決に協力したい**」という基本姿勢が信頼の基盤を形成します。ともにビジネスを行う以上，問題があるのは想定済みであるため，「ルール上無理」，「そうした前例はないので無理」，「条件的に無理」という対応を端から示すのは，非協力的な態度ややる気の欠如として認識され，信用度が下がる可能性があります。

🌐 Communication Tactics　単なる上下関係ではなく，ともに問題を解決するという姿勢が大切

Candid Opinion　外国人からの辛口コメント　外国とビジネスを行うために不可欠な資質

　FinTech の分野で活躍する中国人女性ビジネスパーソンによる意見を紹介します。彼女は中国，米国，ドバイ，シンガポール，日本でビジネスを展開しており，日本の投資家，企業との折衝も数多くこなしてきました。そんな経験の中からの辛口コメントです。

　日本社会は全般的にサポートが非常に親切であり，制度も整っています。しかしそれに慣れすぎると，積極的な思考が失われ，上からの指導や指示に依存するようになり，その結果，柔軟性が失われます。外国とビジネスを行う上で，十分な柔軟性そして適応力・対応力は不可欠な能力ですが，日本人にはこうした資質が失われているように感じられます。
　具体例の1つとして，日本では判断を下したり，ビジネスを前進させる速度が遅いことが挙げられます。何かの決定がなされるまでに費やされる時間の50％は，アウトプットのクオリティーとは関係のない，社内手続きを行うためにかかる時間です。しかしビジネスにはパートナーが存在しており，ここに時間をかけるということはパートナーにも時間的コストを強いていることにもなります。日本人はパートナーに時間的コストを強いているという意識があまりないようです。
　また日本企業側の担当者が若者の場合，重要な案件に関するメールの返信を受け取るのに数日かかることが多いです。これら若い担当者が，自分のミスが責任問題に発展することを恐れて対応に躊躇し，スピード感をもってイノベーティブな対応を取ることを避けているからだと思われます。こうした若者の中には，自分の能力や創造性を生かす機会を与えられずモチベーションが下がっているように見える人も見受けられます。成果を出すことよりも，与えられた仕事を一生懸命やっているように見えることが重視され，結果や実績が大事にされないことが多いのではないでしょうか。

Case 37　外国人上司の無茶振りに対応する

45A 😟 改善の余地あり！

Robert は子会社の Quadram Solutions が発売した業務支援パッケージソフト Back Office が他のアジア諸国でも売れ始めていることを知り，日本でのローカライズを考え始めました。ただ彼はまだ日本市場の事情をよく理解していないため，その判断は日本人部下にとって無茶振りに見えてしまいます。

Robert	Rie, I've got a great idea. That *Back Office* sells really well in China too. Let's market it here in Japan. The sooner the better.	Rie，いいことを思いついたよ。あの Back Office は中国でもよく売れているんだ。日本で売り出そう。早ければ早いほどいい。
Rie	I haven't heard we have a Japanese version.	日本版があるなんて聞いてませんよ。
Robert	It shouldn't take long to localize. We did it for France in three weeks. We could put out a press release next week.	ローカライズに時間はかからないさ。フランス向けは 3 週間でできた。来週にはプレスリリースが出せるんじゃないか。
Rie	That is not going to work. In the first, we won't get it translated into Japanese in three weeks. For localization, we probably have to tweak some of the functions to match Japanese business practices.	それはうまくいきませんよ。そもそも，3 週間で日本語に訳すのは無理です。ローカライズするには，日本の商習慣に合うように一部の機能を調整しなければならないでしょうし。
Robert	It's already in Chinese characters. Shouldn't be hard to translate.	もう漢字に訳されているんだろう。翻訳するのは難しくないはずだ。
Rie	The Japanese market is unique and you have to understand we need special treatments.	日本市場は独自なので，特別な扱いが必要なことを理解してください。
Robert	I know every country's market is unique. I was hoping for more support from you.	どの国の市場も独自性があるのは分かっているさ。もっと協力的になってもらえると思っていたんだが。

- □ market「発売する」
- □ put out 〜「〜（広告，お知らせ，外注仕事，ゴミなど）を出す」
- □ in the first「第一，そもそも」
- □ tweak「微調整する」
- □ business practice「商習慣」

　振り返ってみよう

　　上司からの無茶振りに対し，できない理由を列挙したくなる気持ちは分かりますが，残念なことにこうした外国人上司は，いくつもの理由が列挙されるのを耳にすると，「解決策を考えるのがあなたの仕事でしょ？」と判断する傾向があります。そのため「あれも足りない，これも問題ある」といった形で説得を試みると「この人はやる気がないのだろう」と評価されてしまう可能性が高いです。「できない理由」は「できる理由」の裏返しとも言われます。日本市場に対する無理解に腹を立てていてもらちが明きません。問題解決のために建設的な議論を行うのが目的なので，こんな場合には，まず**成功を目指す態度を明確に示し，そのあとで問題をクリアーする条件を相手に投げかけるのが効果的**です。「成功するには A と B と C を効果的に実施する必要があるので，これを理解してサポートしてください。あなた次第ですよ」というように相手にボールを投げることでポジティブな議論にすることができます。ちなみに「あなた次第ですよ」を表す表現としては The ball is in your court.（動くのはそちら次第〔そちらの番〕だ。）という言い方があります。

　外国人からの辛口コメント　**殻を破る**

　　英語には think out of〔outside〕the box という表現があります。これは「自分たちの既成概念や習慣化してしまったコンフォートゾーンから一歩外に踏み出す」または「既成概念の殻にとらわれず柔軟に考える」という意味です。ここでは香港人ビジネスパーソンが語ってくれたある日系企業の「殻」についての話を紹介します。

　　商売は信用が大事です。信頼できる人がいれば，一緒に組んでビジネスを拡大したいと思うものです。日本人の多くも，当然そのように考えているでしょう。しかし，日本人は既成概念にとらわれない発想が苦手な人が多いのだと思います。例えば，私の企業が新製品を開発していた時のことです。私たちは，これまでの経験，顧客企業数，垂直産業の分析，競合分析から，より大きな規模で売り上げを達成できる可能性がありました。そのため日系代理店に年間 300 台まで売れると伝えたのですが，先方は非常に慎重な姿勢を取りました。彼らは年間最大 60 台しか販売できないと言い，どうあってもその見通しを変えるつもりはないと言うのです。
　　年間 60 台という見積もりは，科学的な分析手法によって得られたものではなく，自分たちの経験だけを頼りにしたものです。彼らはこれまでのビジネスのやり方を信じ切っていたために，常識の殻を打ち破ることができなかったのでしょう（ひょっとすると，積極的に販売することが業界内にある何らかの取り決めを破ることになり，他社の売り上げを奪うことで反感を買うことになるのを心配するというような裏事情があったのかもしれません）。結局，私はこの代理店に正直にこう伝えるしかありませんでした。「あなたのチームは管理，販売，技術サポートなど多くのスタッフを抱えているのに，年間 60 台の売り上げでは生き残れないと思いますよ。」

45B 😊 これならスムーズ！

Rie は今度は，できない理由ではなく解決策を提示して Robert に判断を委ねています。

♪S3_45B

Robert	Rie, I've got a great idea. That *Back Office* sells really well in China too. Let's market it here in Japan. The sooner the better.	Rie，いいことを思いついたよ。あの Back Office は中国でもよく売れているんだ。日本で売り出そう。早ければ早いほどいい。
Rie	I haven't heard we have a Japanese version.	日本版があるなんて聞いてませんよ。
Robert	It shouldn't take long to localize. We did it for France in three weeks. We could put out a press release next week.	ローカライズに時間はかからないさ。フランス向けは３週間でできた。来週にはプレスリリースが出せるんじゃないか。
Rie	Well, Japan is not China or France. But if we do it right, we can be successful.	そうですねえ，日本は中国やフランスとは違いますし。でも，ちゃんとやれば，成功できる可能性はあります。
Robert	What do you have in mind?	どんなアイデアがあるのかな？
Rie	We've got two hurdles to overcome: one is language and the other is Japanese accounting practices.	乗り越えなければならないハードルが２つあります。１つは言語，もう１つは日本の会計慣習です。
Robert	Are they really that different?	本当にそんなに違うのかい？
Rie	They are different enough to take several months to localize properly. I know of at least three major failures.	ちゃんとローカライズするなら数カ月かかるくらいの違いがありますね。少なくとも大きな失敗例を3件知っています。
Robert	I hope you know major successes we can emulate.	我々が手本にできるような大きな成功例があるといいね。
Rie	With our time and resources spent well, we can be a major success. Then we can put out a press release.	時間とリソースをうまく使えば，大成功を収めることができます。その次にプレスリリースを出せばいいですよ。

☐ hurdle to overcome「乗り越えるべきハードル」
☐ emulate「手本にする」

Review　振り返ってみよう

　たとえ事実でも，単にできない理由の列挙をするだけでは，やる気と態度を疑問視されます。可能性のある解決策を提示して，相手にはそれを解決することの必要性を説き，予算やリソース確保を確約してもらい，最終判断は相手にゆだねるのが効果的です。

　Rie は 2 番目の発言で「成功できる。ただしそれはしっかりやることが条件となる」という前向きながらも条件付きの発言をしています。そのあとクリアーすべき条件を挙げ，最後の発言で「私たちは成功するためにも時間とリソースをうまく使わなければならない」とチャレンジに向けての要件を再確認しました。その要件を受け入れるかどうかについて，ボールはRobert 側に移ったことになります。

Communication Tactics

不可能さの説得を試みるより，解決策を提示してボールを相手に投げるのが効果的

Case 38 ▶ フィードバックで建設的に問題点を指摘する

46 😊 これならスムーズ！

Quadram Solutions, Philippine の Kota は，開発中の業務支援パッケージソフト Back Office のテスト
運用と今後の課題についてエンジニアの Abdul に対してフィードバックを行っています。

♪S3_46

Kota	(1) Thanks to your hard work, our test-fly of *Back Office* worked very well. We found a couple of bugs, but we can patch them easily. I've been looking at your plan for follow-up with selected customers.	あなたの努力のおかげで，Back Office のテスト運用はとてもうまくいきました。いくつかのバグが見つかりましたが，簡単に直すことができます。選抜した顧客に対するフォローアップの計画には目を通しました。
Abdul	Great. What do you think about my plan?	それはどうも。私の計画についてどう思いますか？
Kota	Good choices of target users. The discount is attractive to them but not ruinous to us.	対象ユーザーの選定はよいです。割引も先方には魅力的ですし，こちらにとっても損になるほどではありません。
Abdul	I'm glad you like it. Is there anything I should add or change?	気に入っていただけて嬉しいです。何か追加や変更したほうがいいことはありますか？
Kota	(2) I think you need to emphasize the need for specific feedback from them. For example, a dedicated website for questionnaires and clarification of who exactly will do the feedback. Can you give that a little thought?	彼らから具体的なフィードバックをもらう必要があることを念押ししておかねばなりませんね。例えば，アンケートに用いる専用サイトや，厳密に誰がフィードバックを提供する人になるのかを明確にしておくことなどです。この点を少し考えてもらえますか？
Abdul	I got it all. I'll polish up the plan and get back to you in a couple of days.	よく分かりました。2，3日中に計画をさらに詰めて報告します。

☐ the discount　the discount of your plan の意味なので the が付いている。
☐ ruinous「破滅的な，損害を生み出す」ruinous pricing〔cost〕のように使う。
☐ Can you give that a little thought?「そこのところ少し考えてみてもらえますか？」
☐ polish up「磨き上げる」

Review　振り返ってみよう

　Kota はまず (1) の表現を使って Abdul の貢献に対して感謝を示し，ポジティブな評価を与えています。人間は問題点が見つかるとついそれに気を取られ，部下に対して「実は前回の件でちょっと問題があるんだけどねぇ」のようにネガティブな点から話を切り出し，**感謝と貢献に対する評価の言葉を忘れがちになりますが，文化が異なる人たちと働く場合，こうしたちょっとした気遣いも信頼感を醸成するキーポイント**になります。

　次に Abdul によるユーザー選定についても具体的な点を挙げて褒めています。このように具体的な例に言及するのも自分の発言の信憑性を担保する上で重要です。**＜評価や感想＞＋＜具体例と理由＞**が感想を述べるための 1 つのテンプレートを構成しています。

　そして最後に (2) で今後行うべきことについて命令ではなくアドバイスとして提示しています。ここでは I think you need to ...（…する必要があると思います）という表現が使われています。ビジネス英語では You have to do ... や You must do ...（いずれも主語が You だと余計に強く響く点に注意）は強い命令口調に聞こえるため多くの場合 You need to do ... に言い換えられます。ちなみに You had better do ... は脅迫のニュアンスがあるのでビジネスでは普通使いません（We had better do ...（私たち…しないとまずいよなあ）なら可）。

Tips For Better Communication　フィードバックスタイルの違い

　上司から部下へのフィードバックにはいくつかのスタイルが提唱されています。古典的なスタイルであるサンドイッチ型フィードバック（feedback sandwich）は，「ポジティブなコメント→本題（ネガティブな批判）→ポジティブな話（本人の強みなど）」のようにネガティブな内容をソフトな言葉で包むやり方です。その他，360 度フィードバック（360 Degree Feedback），SBI（Situation-Behavior-Impact）型，ペンドルトン型（Pendleton Model），アップワード型（Upward Feedback）などがあります。

　サンドイッチ型は，構造がシンプルなので相手に見透かされて，上司の口からいい話が出ると部下は「ありゃまたか」という反応になるなど，問題も指摘されています。Erin Meyer の *The Culture Map*（2014）（邦訳名『異文化理解力』）では，上司と部下の文化が違う場合，このモデルはフィードバックとして伝わりにくい（明確に問題の指摘として伝わらないなど）と指摘されています。

　Erin Meyer によれば，一般的にドイツ人，オランダ人，フランス人などはネガティブなフィードバックをストレートに伝える傾向があるのに対し，英米文化は批判をソフトな言葉で包む傾向があります。

　中国，韓国，インドネシア，ベトナムはさらに批判をソフトに伝えようとする傾向があります。そして日本とタイが最もソフト派に位置付けられます。日本人がフィードバックをストレートに伝える文化圏の上司の部下になると，初めはショックを受けるかもしれません。

　しかし日本人がこうした国の部下にフィードバックを行う場合は文化別に異なる点に注意する必要があります。日本が一番ソフトだから彼らには少し厳し目に伝えてもよいというわけにはいきません。例えば東南アジアおよび中華圏では人前での叱責は NG です。東南アジアでは「怒りの表出」は軽蔑・反感の対象となるのです。アジア諸国では個人的な信頼関係が物を言うため，事前にそうした信頼と友好の関係を築いておき，「根気強く，一つ一つ丁寧に指導していく」必要があると言えます。

Case 39　英語式根回し

47　☺ これならスムーズ！

Yoshiaki はメンテナンス費用を払うのを惜しむ Valuemart Net との交渉に向けて，念のため Nathan に
後支えを頼んでいます。

♪S3_47

Yoshiaki	Can I have a minute? We are having a meeting with Valuemart Net this afternoon.	ちょっといいですか？今日の午後，Valuemart Net との打ち合わせがあるんです。
Nathan	Yeah, I remember. I'll be there.	ああ，分かってるよ。僕も行くよ。
Yoshiaki	I'm pretty sure they are going to go for the standard maintenance plan. But even if they decide on the economy plan, that's OK. But if they don't take either, I'll let the business go. You'll back me up, right?	彼らはきっとスタンダードのメンテナンスプランにすると思うんです。だけどもし先方がエコノミープランに決めてもそれはそれでいいと思います。ただどちらも受けないのであれば今回の件はなしにするつもりです。バックアップしてもらえますよね？
Nathan	I'm not thrilled about losing business, but I agree we don't want to set a bad precedent.	案件が流れるのは嬉しくないけど，悪しき前例は作りたくないという点では同感だね。
Yoshiaki	I don't think it will come to that.	そこまでにはならないと思いますけどね。

□ back up「～をバックアップする，支える」
□ bad precedent「悪しき前例」

Review　振り返ってみよう

　47 と **48** では Yoshiaki も Saori も交渉やプレゼンの前に，後支えや質問役を頼んでいます。これらは事前の多数派工作のようなものではなく，ハシゴが外されないようにするためのちょっとした準備と言えるでしょう。

　日本的な会議では根回しは非常に重要な多数派工作であり，国会などでもこうしたことが今でも盛んに行われています。これは会議が議事決定の場だけではなく，さまざまな組織力学の調整ツールとして機能してきたことと関係があると言われています。日本における会議の機能としては，議事の決定以外にも事前アナウンス，インフォーマルな相談，情報共有，（プロジェクトのキックオフ会のような）団結強化，事後発表など，さまざまあります。欧米圏を含む多くの国では，**会議は純粋に物事を決定する場**として考えられており，そのため**議論と決定はその場で行われなければならないもの**として認識されています。

48 ☺ これならスムーズ！

Saori はプレゼンで万一質問者が出なかった場合に備えて Mei に質問をしてくれるよう頼んでいます。

♪S3_48

Saori	I've got an unusual favor to ask if you don't mind.	ちょっと変則的なお願いがあるんだけど，いいですか？
Mei	Well, that depends. What is it?	うーん，場合によりますが。何ですか？
Saori	You are coming to my presentation tomorrow, right?	明日私のプレゼンに来ますよね？
Mei	Sure, I remember.	もちろん覚えてますよ。
Saori	If nobody asks me, I'd like you to ask me about our supply record in the Southwest Asia.	もし誰からも質問がなかったら，西南アジアでの供給実績について質問してほしいんですけど。
Mei	OK, you want me to be a ringer. Sure, I can do that. I'll look over a couple of our past clients.	OK，サクラをやってほしいということですね。もちろん，いいですよ。過去の取引先に目を通しておきますね。
Saori	I appreciate it. I owe you one.	ありがとうございます。1つ借りができましたね。

□ ringer「サクラ」身内が何らかの役割を演じること。「にぎやかになるように頭数を増やす」という時のサクラは plant と言う。さらにヤラセは setup や rig（八百長や出来レースなど）と言う。「根回し」は backroom deal や behind-the-scenes maneuvering という訳語もあるがいずれも「裏工作」というネガティブな意味が強い。get one's ducks in a row「ビジネスプロセスで次の段階に進むために準備を整える」という表現もあるが，これだとインフォーマルなニュアンスが出ない。

Review 振り返ってみよう

　もちろん欧米圏でも会議の前にちょっとした事前準備として根回しをしないわけではありません。上の **48** で Saori が Mei に質問役を頼んでいるように，会議で気まずい状況にならないようにちょっと頼み事をする程度は可能ですが，事前に判断を決めておくよう頼むのは理解されないかもしれません。根回しをした段階で，意思決定を頼めた場合には，「もうこれで会議は不要だね」として会議がキャンセルされることもあり得るでしょう。

　なお，欧米圏の会議では，質問などはその場で行うべきものという考えが強いので，会議では質問せず，会議が終わったあと個人的に発表者に質問すると「なぜ会議で聞かなかったのか？」と思われるかもしれません。その際，「みんなの前で英語で話すのは恥ずかしいのでつい…」と言っても理解されない可能性が高いでしょう。

オフィスにはさまざまな政治があり，そこにはさまざまな「捨てる神」「拾う神」が存在しているようである。下記に捨てる系と拾う系の語彙を紹介しておく。

☐ **undercut** 「はしごを外す」本来は「安く売る」の意味。
My boss undercut me in our negotiation with our client.
私のボスは顧客との交渉中に私のはしごを外した。

☐ **contradict** 「対立する」
Concerning the design, the sales team contradicted the R&D's philosophy.
デザインについて，営業チームは研究開発部の考え方と対立した。

☐ **undermine** 「（権威・自信などを）傷付ける，貶める」
Every time I made a point, the legal section undermined my position.
私が主張するたびに，法務部が私の立場を貶めた。

☐ **frame** 「はめる」
While George was being framed, his colleagues all played dumbed.
George がはめられている時，同僚たちはみな頬かむりした。

☐ **scapegoat** 「スケープゴートにする」
The board tried to scapegoat a new president for embezzlement.
経営陣は新しい社長をスケープゴートとして横領の犯人に仕立てようとした。
＊ちなみに「～を実験台のモルモットとして使う」は use ～ as a guinea pig。

☐ **stab in the back** 「裏切る，裏で悪く言う」裏切り者は backstabber と言う。
My colleague stabbed me in the back to get a promotion.
私の同僚は昇進するために私を裏切った。
＊「裏切る」には betray もあるがより強い感情を表し，特に You betrayed me!（裏切り者！）
のように直接相手に言う場合によく使う。

　暗い語彙ばかりでは悲しいのでポジティブな拾う系の表現も挙げておく。

☐ **get〔have〕one's back** 「支える」
I was worried about my future if I didn't make my quota. But my boss said,
"Don't worry. I know your potential. I've got your back."
ノルマをこなせなかったらどうしようという不安もあったが，上司が「心配するな。君の可能性
は分かっている。応援しているよ」と言ってくれた。

☐ **stand by** 「味方をする，力になる」
He stood by his employees in the face of unreasonable customer complaints.
客からの理不尽なクレームをものともせず彼は従業員の味方をした。

異文化理解 *Column*

ベトナム文化と働き方

　　ベトナムは，人口の9割を占めるキン族（ベト族）と他の53の少数民族で構成される多民族国家で，国民は強い愛国心を持っています。国家を批判した場合，外国人であっても，国家転覆罪が適用される法律があります。

　　国民性としては穏やかで向上心があり教育熱心。器用で自分なりに工夫しようとします。生活面では，家族や友人を大切にします（特に母親を大事にします）。仕事は就業時間内に終わらせて，家に帰って家族と過ごすのが普通です。また客人に対しては，自ら作ったものを振る舞うもてなしの文化があります。また，中国文化の影響からか，先生を親と同じように敬う習慣（恩師を囲む会など）や，旧正月（テト）を祝う習慣もあります。タブーについては日本とあまり変わりませんが，食事の時に箸で何かを指したり，碗から直接飲んだりするのは避けたほうがよいでしょう。

　　ベトナム人はプライドが高く，また他人への配慮を気にするメンタリティーを持つので，人材の指導や管理の際には注意が必要です。人前で怒ったり叱咤するのはNGです（凹んだり退職したりしてしまいます）。部下がミスをしても恥をかかせないよう，個別に呼んで分からない所を確認します。

　　注意したいのは，プライドが邪魔するのか，日本語の指示が理解できなくても「分かりません」と言い出さない傾向があるということです。そんな場合「ちゃんと分かっているのか？」と問い詰めるのではなく「今の説明をもう1回繰り返してみてもらえるかな？」といった懇切丁寧な指導が必要です。彼らにとって仕事はお金を稼ぐ手段ではありますが，同時に人間関係の感情も非常に重視します。まずは丁寧なやりとりを通じて信頼関係を築き，一緒に働きたい相手と思われることが重要です。

　　またベトナム人は創意工夫するのが好きですが，その場合もしっかり締切と結果を管理することが重要です。まずやり方を教えて自分でやらせ，結果が悪かったらどこが問題なのかを指摘し，本人に改善させるといったステップを踏めるようなスケジュール設定をするのがよいでしょう。

　　ベトナム人と協働する上では，信頼関係を築く努力をする，まずは日本人が手伝いながら一緒にやってみる，チェック項目を見える化する，日本人側はリーダーとして判断をし，責任を取る，といったアプローチが効果的です。ちなみにベトナムにも飲みニケーション文化がありますが，その際には仕事の話はNGです（サッカーネタは盛り上がります）。

Case 40 ▶ ロジックの展開を助けるサインポスト

49 😊 これならスムーズ！

Saori はセールスプロモーションのプレゼンテーションを行い，インド市場における自社の持つ強みをアピールしています。

♪S3_49

Saori

(1)As you can see from the slide, there have been more Japanese manufacturers and associated Japanese companies engaged in India. They are invariably concerned about having reliable network systems.

(2)These lists show you that the network downtime in India in the last five years has been unacceptable by the Japanese standard. (3)Consequently there is a greater need for IT solutions that reliably support local network systems.

(4)There's no question that Heuristics has the advantages of familiarity with both the Japanese and local markets and proven reliability. We have experienced local engineers who can provide suitable solutions based on their sophisticated cultural knowledge. Even issues unique to the market and the business and legal environments can be handled with ease and professionalism.

(5)We hope each of you will agree that we are the best choice for all of your network needs.

スライドにもありますように，ますます多くの日系メーカーや関連企業がインドに進出するようになっています。こうした企業はどこも信頼性の高いネットワークシステムに関心を寄せています。

これらのリストは，過去5年間にインドで起こったネットワークの稼働停止時間が，日本の基準では受け入れがたいものであることを示しています。そのため，現地のネットワークシステムを確実にサポートするITソリューションの必要性が高まっています。

Heuristics が，日本と現地の両市場に精通し，定評ある信頼性を持っているという利点があることは疑う余地がありません。弊社には経験豊富な現地のエンジニアがおり，彼らの深い文化的知識をもとに，適切なソリューションを提供することができます。また，さらには現地の市場，ならびに現地のビジネスおよび法的環境に特有の問題についても，プロとして問題なく対応いたします。

私たちは，お客様のネットワークに関するあらゆるニーズに対して，皆さまにとって弊社が最良の選択肢であると納得していただけることを願っております。

□ downtime「稼働停止時間，ダウンタイム」
□ consequently「その結果，そのため」
□ proven「証明された，定評ある」
□ sophisticated「洗練された（人柄・スタイル），先進的な（機械），深い（知識）」

Review　振り返ってみよう

49 も「Case 31」(p.110) や「Case 32」(p.112) のようなスピーチテンプレート を示したものですが，ここではロジックの流れというよりも，各段落や文の冒頭で，**次に何を発言するのかを前もって示す表現**について見ていきます。これはサインポストと呼ばれるもので，典型的なのは「まずはじめに」「そして次に」「最後に」といったような表現です。特に，**データや研究の報告ではこのサインポストを効果的に使うことで，ロジックの流れが明確になります**。読者の皆さんも，適切なサインポストを組み合わせ，便利で使いやすい自分なりのテンプレートを作っておくことをおすすめします。

(1) As you can see from the slide, ＿＿＿＿＿＿＿＿＿＿
(2) These lists show you that ＿＿＿＿＿＿＿＿＿＿
　　サインポスト (1) と (2) はデータ資料を提示するものです。Here we can see … や In Table 1, you can see … のような人を主語にするものと This table〔diagram；schematic；chart；slide〕shows … のようなデータ資料を主語にするものがあります。

(3) Consequently, ＿＿＿＿＿＿＿＿＿＿
　　これは結果を示すサインポストで，多くの場合 therefore や as a result などと言い換えられます。詳しくは「もっと知りたい！ 理由・結果表現の使い分け」(p.138) を参照のこと。

(4) There's no question that ＿＿＿＿＿＿＿＿＿＿
　　製品の性能や自社の能力・定評について自信を持ってすすめる際の表現です。厳密に言えばサインポストとはやや異なりますが，自社の製品や能力の詳細や根拠を示すのに先立ち，サインポスト的に使用されています。

(5) We hope each of you will agree that we are the best choice for ＿＿＿＿＿＿
　　日本語だと「ひとつご検討をお願いします」「ぜひ弊社サービスをご利用ください」といった表現になると思いますが，英語では「弊社の製品やサービスは御社にとって非常に有益であり，大きなメリットをもたらす」といった言い方をしたほうが説得力が出ます（購入を乞うような姿勢は安っぽく見えるので避けたほうがよいでしょう）。

so, therefore, thus, accordingly, consequently, for this reason はいずれも理由・結果を示す接続表現だがそれぞれ微妙な使い分けがある。

therefore（したがって，そのため）は比較的フォーマルな場面で使われ，友人同士の会話では so が使われる。so は比較的インフォーマルな響きがあり，また「その結果どうなったのか」により焦点を当てたニュアンスになる。

☐ It was raining yesterday, so we decided to cancel the plan.

　昨日雨が降っていたので，その結果，計画をキャンセルすることにした。

therefore は so と近いが，よりフォーマルで，因果関係を強調したニュアンスになる。

☐ It was raining yesterday. Therefore we cancelled the plan.

　昨日は雨が降っていた。そのため計画を中止した。

thus は therefore とほぼ同じだがさらに硬く，やや学者的な響きがある。hence も therefore とほぼ同義だが，フォーマル度が高く，まじめな経済・ビジネス雑誌や弁護士のスピーチなどで用いられる。

accordingly と consequently はいずれも「その結果，そのため」と訳されるが，前者はある状況変化に対応して適切な措置を取るニュアンスがあるのに対し，後者はある状況変化によって，意図せずある結果が生じたというニュアンスで使われる。

☐ The import regulations were lifted. Accordingly, we decided to ship goods immediately.

　輸入規制が解除された。そのため我々は商品をすぐに出荷する決定をした。

☐ The import regulations were lifted. Consequently, more competitors have entered the market.

　輸入規制が解除された。そのためさらに多くの競合が市場に参入してきた。

for this reason は，その前に，結果が成立するための詳細な事情や理由が要求される。It was raining yesterday. For this reason, we cancelled the plan. のような文では理由が単純すぎるため so や therefore のほうが自然である。

☐ My daughter was hospitalized for pneumonia. I'll have to attend her in the hospital every day. For this reason, I'm asking for paid leave for the rest of the week.

　娘が肺炎で入院しました。毎日病院で付き添わないとなりません。そのため今週は有給をいただきたいのですが。

Tips For Better Communication　「ぜひ購入のご検討を」はNG?

　英語でセールスプロモーションのプレゼンテーションを行う場合，注意すべきことが1つあります。それはスピーチの最後の部分では，「ぜひご購入してください」のような直截的表現や金銭授受を連想させるような表現は避けるべきだということです。むしろ購入しようという気にさせるように，スピーチのボディーの部分で，商品の魅力を十分な説得力を持って伝えられるようにすることが重要となります。

　例えば Please purchase our latest model.（弊社の最新モデルをご購入ください。）や We hope you will choose our products.（弊社の製品をお選びください。）は「物乞いしている」かのように聞こえます。Please consider the purchase of our product.（弊社の製品をご検討ください。）も同様であり，また説得力も弱く聞こえます。また If you buy our product, you can streamline your daily routine.（もし弊社製品をご購入いただければ御社のルーチン業務を合理化できます。）のように If を使用すると，相手にとって Yes/No の選択肢が与えられるので，ビジネス戦術的には避けたほうがよいでしょう。

　プレゼンテーションでは，次のような表現で結ぶのがおすすめです。

☐ We hope to help you improve your productivity by means of our state-of-the-art technology.
　我々の最先端の技術によって，お客様の生産性向上のお役に立てればと思います。

☐ We hope to provide you an effective solution using our experience and expertise.
　弊社は，これまでの経験やノウハウを生かし，効果的なソリューションを提供したいと考えています。

☐ If you are interested in further details or price list, please refer to the information on the handout.
　詳細や価格表については，配布資料の内容をご参照ください。

下記に便利で代表的なサインポストをいくつか挙げておく。

トピック概要を提示
- ☐ I'm going to talk about 〜. これから〜について話をします。
- ☐ The subject〔topic〕of my talk is 〜. 私のスピーチの主題〔トピック〕は〜です。

アウトラインを紹介
- ☐ My talk is concerned with 〜. 本日のスピーチは〜に関してです。
- ☐ Basically〔Briefly〕, I have three things to say.
  基本的に〔簡単に言うと〕，3つの点についてお話しします。

本題に入る
- ☐ Let's get into the meat of the presentation.
  プレゼンテーションの本題に入りましょう。
- ☐ Now, I would like to move onto the main subject. では本題に移りたいと思います。

順序を示す
- ☐ First(ly)〔Second(ly)；Third(ly)〕... はじめに〔2番目に；3番目に〕…
- ☐ Then〔After that；Next〕... 次いで〔そのあと：次に〕…

付け加え
- ☐ Also〔Besides；In addition；Furthermore；On top of that〕, ...
  また〔そのほか：加えて；さらに；その上〕…

詳しく説明する
- ☐ I'd like to expand〔elaborate〕on 〜. 〜について詳しく説明したいと思います。

意義を問いかける
- ☐ What does this mean for 〜? これは〜にとって何を意味するのでしょうか？
- ☐ Why is this important? なぜこれが重要なのでしょうか？

注意を向けさせる
- ☐ I'd like now to draw your attention to 〜. では〜に注目してください。

グラフや表を説明する
- ☐ Here we can see ... ここで分かるように…

反対の事実に言及
- ☐ However〔Nevertheless；On the other hand〕, ...
  しかしながら〔それにもかかわらず：一方〕，…

まとめる
- ☐ I'd like now to recap 〜. ここで〜をまとめておきたいと思います。
- ☐ In conclusion ... 結論として…

「誰でも努力すればできる」は海外で通用する？

　日本には「誰でも努力すればできる」という考え方があります。これは一見すると民主的で平等な考え方に感じられますが，裏を返すと「できていないのはあなたが努力していないから」というロジックになります。

　この考え方は，労働集約型産業（製造業）に良質な労働者を提供するため，戦前から全国で標準化された学校教育制度を通じて国民に広まっていったものと思われます。こうした環境によって，日本では（少なくとも表向きは）会社のために頑張る責任感の強い労働者が多く生まれました。こうした労働者が各工程を担当していれば，管理側は最初に綿密な計画を立てておくだけで，あとは現場担当者がきっちりと仕事をこなし，成果を出してくれます。もし途中で問題が発生すれば，その担当者のミスであり，当人の努力が足りなかったということになるので，責任感のある担当者は必死でキャッチアップしようとします。

　一方，例えば一般論としてインドネシアなど東南アジアの国々では，労働は基本的にお金のためであり，インセンティブやデメリットがなければ無理をしてでも出力のクオリティーを上げるという発想はありません。その職場で働くメリットがなくなったと思えばやめていく人も多くいます。日本のような教育制度と産業の歴史的経緯が現地国に存在していない以上，そうなるのは当然の帰結です。

　日本では＜綿密な計画＋責任感ある労働者の頑張り＞というメソッドを使いこなせる人は「できる人」と見られますが，こうした人が海外に出ると多大なストレスを抱えたり，「なぜこんなこともできないのか！」のようにパラノイア的な状態になることがかなりあるという報告があります（欧米圏への赴任のケースでもこうした報告を聞いたことがあります）。「責任感ある労働者が頑張る」という価値観が現地人のメンタリティーの中にない以上（これには生活習慣，歴史，社会文化の他，宗教や法律も関連しています），現地人の価値観に合致する別の方法（例えば給料やポジションを柔軟に変更する等）を模索するほうが効果的です。「なぜできないんだ！」とイライラした態度で接することは東南アジアでは人間としての品格を疑われる行為となります。「郷に入らば郷に従え」と言います。イライラの原因は，現地事情を考慮せず，無意識に日本型レシピをそのまま現地人に押し付けようとしていることにあるのです。日本人にとっては気付きにくいのですが，「現地事情を考慮しようとしない」人は，現地人の目には「傲慢な日本人」や「頑固な日本人」として映ることが多いので注意が必要です。

Case 41 ▶ ２つのロジックパターン：螺旋型思考と直線型思考

50A 😣 改善の余地あり！

Yamane 氏は Alps Beer Company, Ltd. に勤務しています。Jeff はこの会社の出入庫監視システムの開発に携わったことがあります。今回 Yamane 氏は別件の相談で Heuristics 社を訪問しています。

Mr. Yamane	Good morning, Jeff-san. How are you doing? Thank you for the great help the other day.	Jeff さん，おはようございます。お元気ですか？ 先日は大変お世話になりました。
Jeff	Good morning, Yamane-san. Is everything OK with your monitoring system?	おはようございます，Yamane さん。そちらの監視システムに問題はありませんか？
Mr. Yamane	It is working perfectly.	問題なく動いています。
Christophe	He really worked hard on it. It's his masterpiece. Anyway, what brings you here today?	彼は本当によく頑張ってくれました。彼の代表作です。さて，今日はどのようなご用件ですか？
Mr. Yamane	Actually, I've been told to make our outlet beer garden more profitable. I know the prices are a little high. If we lower them, we may be able to expect more customers. But the problem is that we don't have much business on weekdays. Advertising might help, but it costs money. Using our website for new ads would be less costly, but it can't guarantee someone is going to visit the website. I was hoping you could come up with a great idea.	実は，アウトレットビヤガーデンをもっと収益性の高いものにするように言われているんです。ちょっと値段が高いのは分かっています。値段を下げれば，より多くの顧客を期待できるかもしれません。しかし問題は平日だとあまり仕事がないという点です。広告を打てば違うかもしれませんがコストがかかります。新しい広告を出すのに自社ホームページを使えばコストは低くてすむでしょうが，ホームページを見てくれる人がいるとは限りません。皆さんに何かいいアイデアはないかと考えていました。
Jeff	So what kind of budget do you have in mind?	では，予算はどの程度をお考えですか？
Mr. Yamane	If there is a good solution, I will report it to my bosses. But I guess they wouldn't be happy with too much cost.	よいソリューションがあれば，上に報告します。でもあまりコストがかかるのは喜ばれないでしょうね。

142

| Christophe | We all understand you have to reduce costs or raise prices. It sounds like raising prices may be counter-productive. | コストを下げるか価格を上げるかのいずれかであることははっきりしています。値上げは逆効果のような気がしますね。 |
| Jeff | We have no experience of price raising systems. Ha-ha. | うちでは値上げシステムの開発経験はないですねえ。ははは。 |

☐ counter-productive「逆効果の，非生産的な」

Review　振り返ってみよう

　50A の網掛け部分では「収益性改善を命じられた」を起点として，そのあとに頭に浮かぶままにいろいろな考えを口にして話を進め，最終的に「アイデアを教えてくれ」という結論に至っています。このような思考パターンは螺旋型と呼ばれます。螺旋型は，背景情報（①）を起点として，間接的に関連するある概念（②）から，別の間接的な概念（③），さらに別の概念（④）へと（⑤以降省略），中心トピックや結論の周りを旋回する思考パターンです。例えば①最近仕事づくめで疲れた（背景）→②温泉にでも行きたい→③だが温泉は高い→④街歩きもいいかも→⑤それにおいしいものが食べたい→結論／トピックとして「大阪グルメ旅行に行く」という思考になります。

50B 😊 これならスムーズ！

Yamane 氏は今度は頭を整理して，直線型思考で状況を説明しています。

Mr. Yamane	Good morning, Jeff-san. How are you doing? Thank you for the great help the other day.	Jeff さん，おはようございます。お元気ですか？ 先日は大変お世話になりました。
Jeff	Good morning, Yamane-san. Is everything OK with your monitoring system?	おはようございます，Yamane さん。そちらの監視システムに問題はありませんか？
Mr. Yamane	It is working perfectly.	問題なく動いています。
Christophe	He really worked hard on it. It's his masterpiece. Anyway, what brings you here today?	彼は本当によく頑張ってくれました。彼の代表作です。さて，今日はどのようなご用件ですか？
Mr. Yamane	We are looking for a new solution to make our outlet beer garden more profitable. I think there are two options: we will cut back on the staff costs or raise the marginal profits of the food and drinks. I know IT technology is an ideal tool for cost reduction. I cannot tell the exact size of our budget, but I think the management will be convinced if the solution looks viable. I am open to your ideas.	弊社では，アウトレットビヤガーデンの収益性を高めるために，新たな解決策を模索しています。これには2つの選択肢があると思います。スタッフの人件費を削減するか，料理や飲み物のマージン利益を上げるかです。IT 技術がコスト削減を行う理想的なツールであることは承知しています。正確な予算規模は言えませんが，実現できそうなソリューションであれば，経営陣も納得してくれると思います。ぜひ皆さんのアイデアをお聞かせください。
Christophe	If you can uncouple the number of customers and the staff-level, you can control the cost better.	顧客数とスタッフ数を切り離せば，よりうまくコストをコントロールできますね。
Jeff	How about making an app so that customers handle their own orders. You can minimize the service staff.	アプリを作って，お客さんが自分で注文できるようにしたらどうでしょう？ サービススタッフを最小限にすることができますよ。
Mr. Yamane	Oh, that's a wonderful idea. Can you make such a thing?	ああ，それは素晴らしいアイデアですね。そうしたものが作れるんですか？

Jeff	You name it.	お望みのものは何でも。
Christophe	And you pay for it.	それからお支払いも忘れずにお願いします。

- □ be convinced「納得する」
- □ viable「実行可能な」feasible も「実行可能な」だが単に実行できることを示すのに対し viable はそれによって収益が出て事業として存続できることを意味する。
- □ uncouple「切り離す」
- □ You name it.「お望みのものは何でも。」

Review 振り返ってみよう

　螺旋型と対照的な思考パターンは直線型と呼ばれるもので，直線型思考は＜概要→詳細＞，＜結論→理由＞，＜原因／条件→結果＞のテンプレートを取り，「→」の部分に余計な情報，無関係な情報が介在することを嫌います。**50B** では，まず目的（収益性改善）を明言し，次に自分の意見を概要→詳細（解決方法は2つ→Aまたは B）の順で展開しています。そして最後に要望（アイデアを聞きたい）で締めくくっており，無関係な情報の挿入や思考方向のブレがなく論旨が直線的に展開しています。

　Yamane 氏は3番目の発言で「収益性を高めるための解決策を模索している」のように現状を明確に定義しています。これで目的は Christophe と Jeff にもはっきりと伝わりました。Yamane 氏はそうした現状から，自分たちが何を求めているのか（つまり人件費とマージン利益のトレードオフを解決するソリューション）をはっきりと導き出せているため，Christophe らもピンポイントでアイデアを提案することができました。

Tips For Better Communication　　ロジックの展開順序における日本語と英語の違い

　日本のコミュニケーションでは，螺旋型で何かを尋ねても，聞き手は最後までこちらの意図を忖度しながら聞いてくれますが，外国では螺旋型が通じにくい場合が多々あります。例えば海外に観光旅行に行き，「X 博物館に行くため，地下鉄 Y 線に乗りたいんだが，このあたりに Z 駅が見つからない。ガイドブックではこのあたりにあると書いてあるのにな」といった状況になり，道端の人に道を尋ねます。「すみません，私のガイドブックによれば，Z 駅がこのあたりにあるのですが，見つかりませんがどこだか分かりますか？ Y 線に乗りたいんですが。X 博物館に行くので。」これは背景事情を起点とし，現状から最終目的に転換する流れです。

　しかしこの場合，あなたの意図が相手によく通じない可能性があります。「この人はガイドブックの話をしているのか？」，「この人はいろいろ言ってくるが何を聞きたいのか？」などなど。こんな時はまず「私は X 博物館に行きたい」と伝えるのが効果的です。相手はこれがあなたの目的だとすぐ理解できるからです。「Y 線に乗りたい」，「私のガイドブックでは Y 線の Z 駅は近くにあると書いてある」といった二次情報はそのあとに述べることで混乱なく伝わるでしょう。

　こうした状況に英語で対応する場合，背景状況からぐるぐる回りながら目的に向かう螺旋型は避け，直線型を使い，単刀直入に目的や意図から述べることをおすすめします。

米言語学者 Robert Kaplan は対照修辞学の視点から *Cultural Thought Patterns in Inter-cultural Education*（1966）（異文化間教育に見られる文化的思考パターン）という論文を発表した。彼はその中で，話者が属する文化圏によって独自の思考パターンが見られると述べた。

　下の図が示す通り，英語は直線性を示すのに対し，Oriental（アジア系）は螺旋型の思考パターンを持つとされる。この論文では韓国語話者の作文が観察対象だったが日本語話者でも同様の結果になったのではなかろうか。Semitic とはアラビア語・ヘブライ語話者を指す（論文ではアラビア語話者の作文を分析）。この言語圏は旧約聖書にも見られるように２つの命題が並行しながら展開していくパターンを特徴とする（＜命題１＞その子孫は地において強くなり，＜命題２＞正しい者のやからは祝福を得る（詩編112））と言われる。Romance はラテン語系話者（論文ではフランス語話者の作文を分析）を指し，英語に比べ，話の流れの中に構造とは直接関係のない要素（例えばそこで思いついた筆者のコメント）を追加できる自由度が高い。ロシア語話者の場合，文の構造が非常に複雑になる傾向があり，主文に付随する，関係性の低い従属節や修飾要素までも動員して文全体を大きく「ふくらます」修辞法を好む傾向があると述べている。難しい話はともかくとして，言語と文化の多様さには興味を引かれる。またどれほどまでに「人の思考が言語や文化によって影響を受ける」（言語決定論または言語相対論の仮説）のかという問題も興味深い。

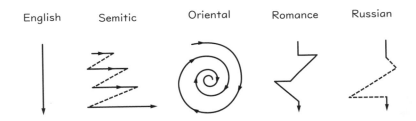

3

Candid Opinion　外国人からの辛口コメント　情報と情緒，どちらが大事？

　よく日本人は情報を活用するのが下手だと言われます。『失敗の本質』（野中郁次郎他著　中公文庫）でも太平洋戦争敗戦の原因分析の中で，「日本の組織ではすべての議論が論理ではなく情緒や空気で決まるという問題を抱えている」ことが指摘されています。香港のビジネスパーソンから寄せられた，情緒のみに頼った意思決定で失敗した日本企業の報告があるので紹介します。

　私はイタリア企業で国民 ID カードプロジェクトに携わっていました。そこのイタリア人代表は，常に大儲けする機会を探しており，より安いサプライヤーを探しているような人物でした。当時提携していた日本のサプライヤーは世界トップクラスのカード加工機器メーカーで，価格も一番高価でした。その頃，私はこのイタリア企業を辞めようとしていたので，日本の取引先に，このイタリア企業から離れるよう強くアドバイスしました。しかしそのサプライヤーは，その企業の代表の気分を害するのを避けようとするがあまり，相手の言うことを詳細に確認することなく頭から信用して，私が提示した情報と証拠はすべて無視したのです。プラン B すら用意していませんでした。結局そのサプライヤーは，数百万ドル相当のハードウェア（さらに年間数百万ドル相当の消耗品を含め）をだまし取られる結果となりました。私は日本の取引先とは友人として接していたので，彼らが信頼できない人間に騙されるのは耐えられない思いでした。

　事件後，このサプライヤーから連絡があり，私の言うことを聞くべきだったと反省していました。人を信じることが正しい場合もありますが，ビジネスはビジネスであり，ビジネス交渉で発信される新しいシグナルには常にアンテナを張っていなければなりません。

Tips For Better Communication　意外なところで必要になる宗教知識

　ある日系企業の CEO が，米国企業買収後のミーティングで "If you were David, who is Goliath?"（あなたがダビデならゴリアテ（行く手を阻む敵兵の名）は誰か？）と質問された際意味が分からず，「知的な質問に答えられない」と現地チームに思われて，当時苦労したというエピソードがあります。

　日本人の場合，こうした宗教知識がないのは教養がないのではなく，文化圏の違いによるものなのでやむを得ないことなのですが，西欧各国では共通した一般教養になっている以上，多勢に無勢。ビジネスコミュニケーションにも影響するとなっては，その国と関連した宗教ネタについてある程度学んでおいても損はないでしょう。

　ユダヤ教・キリスト教・イスラム教は「アブラハムの宗教」と呼ばれ同じルーツを持っています。ごく単純に言うと，ユダヤ教が最も古く，ユダヤ人は教え（律法）を厳格に守りながら唯一ヤハウェを信仰することで救われるが，そこから生まれたキリスト教は律法の順守ではなくイエスを救い主をして受け入れることで救済されるとしています。イスラム教はユダヤ教とキリスト教をある程度認める一方で，誤った教義が地上に広まったのを憂いた慈悲深いアッラーが，最終的救済として預言者ムハンマドを介して正しい教えを人間に伝えたとされています。

　その他，東南アジアの仏教，大乗仏教，儒教，禅などについても概要を知っておくと思わぬところで役立つかもしれません。

Case 42 ▶ why から展開する説得ロジック

51 ☺ これならスムーズ！

Kenta はドバイで開かれる IT エキスポで自社開発のスマートフォンアプリ Halal Go についてスピーチをする予定です。Stephan は Kenta に聴衆を印象付けるためのアドバイスをしています。

♪S3_51

Kenta	I am going to talk at the IT expo this fall in Dubai.	今秋ドバイで開催される IT エキスポで講演する予定なんです。
Stephan	Good for you. What are you going to talk about?	よかったですね。どんな話をするんですか？
Kenta	You know our smartphone app *Halal Go*.	うちのスマートフォンアプリ Halal Go を知っていますよね。
Stephan	I know that. It's a QR code solution to restaurant menus, right?	知ってますよ。レストランメニュー用の QR コードソリューションですよね？
Kenta	It's a sophisticated app, but I don't know how to make it sound impressive.	先進的なアプリですけど，どうしたら印象深く説明できるか分からないんです。
Stephan	Have you heard about the Golden Circle? It's Simon Sinek's communication philosophy. You're an engineer, so you probably want to emphasize what and how. But it emphasizes why first.	ゴールデンサークルを知ってますか？ Simon Sinek のコミュニケーション哲学です。あなたはエンジニアだからおそらく what と how を強調したくなるでしょう。でもこれはまず why を強調するんです。
Kenta	I see. I know the "From-farm-to-fork" concept, so maybe I can start my speech from this point.	なるほど。"From farm to fork" のコンセプトは知っているので，ここからスピーチを始めてもいいかもしれませんね。
Stephan	So for example, you can say, "Allah loves us so much He wants us to stay healthy through life. At restaurants in some countries, it can be tough to tell what to eat from what not to eat."	例えば，「Allah は私たちをとても愛されており，私たちが生涯健康であることを望んでおられます。一部の国ではレストランで何を食べていいのかいけないのかを見分けるのは難しいことがあります。」というように言えるでしょう。

148

Kenta

Then I can move to the how section, like: "We have created an easy-to-use solution for restaurant owners, using a smartphone app. It helps print out QR data of the halal certification details of ingredients and processes."

その上で how の段階に進むわけですね。例えば「私たちは，レストランオーナー向けに，スマートフォンのアプリを使った手軽なソリューションを開発しました。これは食材や工程に関するハラール認証データを QR データでプリントアウトするものです。」のように。

Stephan

That sounds good. You can add a line like: "You can simply put the printed QR sticker to each dish."

それはいいですね。「印刷した QR シールを各料理に貼るだけです。」のような 1 文を加えてもいいですね。

- Dubai「ドバイ」[duːbái] 発音とアクセントに注意。
- From-farm-to-fork　食物の生産から料理まで健全性，トレーサビリティーおよびサステナビリティーを統括的に管理するアプローチ。欧米の食品ばかりではなくハラール食品でもこうしたアプローチが採られ始めている。
- Allah「アッラー」[ǽlə]

Review　振り返ってみよう

　ここではゴールデンサークル理論* が引用されていますが，これはストーリー展開の中の話題の 1 つに過ぎず，信念，目的，ミッションなどを最初に提示し，その具体的方法論を述べ，最後に商品やソリューションを提案するというアプローチはこうしたバズワードが生まれる以前からよく用いられてきているものです。

　むしろ重要な点は，why という概念が英語の言語文化ととても相性がよく，「なぜ」という問いに十分答えることができれば，説得力のある論を構成することができるということです。51 では Stephan が「なぜ人は健康でいられるのか」という問い（why）の答えを神様の意思に求めています。これにより「では食材がハラールであるかどうか分かりにくい状況ではどうすればよいか」という方法論（how）へと流れが移り，最後にはそれを解決するソリューション（what）を提示しています。

　このようにプレゼンテーションやスピーチで聞き手の行動を促したい場合，「なぜ」の問いから始めることでパンチのあるロジックが作りやすくなります。

*「ゴールデンサークル理論」はマーケティングコンサルタントである Simon Sinek が提唱した。これは人を動かすためのマーケティングのアプローチで，3 つの同心円の輪から構成され，中心円が why の領域（信念・目的），その外円が how の領域（商品の説明や方法），そして最後の外円が what の領域（商品やサービス）に当たる。Why の領域から入ることで，人の情動を司る大脳辺縁系に直感的に働きかけ，より効果的に行動を促すことができると言われている。

説得のロジックパターンとして，特にプレゼンテーション向けにさまざまなスピーチスタイルが日本にも紹介されている。比較優位法（他と比べ比較優位を述べる），SDS 法（「概要→詳細→まとめ」の順で展開），PREP 法（「要点→理由→例→まとめ」の順で展開）などさまざまなものがあるが，参考までに，下記に Halal Go の例を用いてこれら 3 種のスタイルで表現してみる（表現は紙面の関係で単純化してある）。

比較優位法　（①従来の状況，② Halal Go の特徴）

① One of the biggest headaches for restaurant owners is reprinting the menu every time some items change.

レストランオーナーの最大の悩みの 1 つは，食材品目が変わるたびにメニューを印刷し直すことです。

② Our *Halal Go* uses your smartphone employing QR technology. It reads Halal information and prints out a sticker easily applied to your menu. You can print from your normal printer.

弊社の **Halal Go** は QR 技術を使用し，お手持ちのスマートフォンで利用できます。ハラール情報を読み取り，メニューに簡単に貼れるシールを出力します。お手持ちの通常のプリンターでの印刷が可能です。

SDS 法　（①概要，②詳細，③まとめ）

① *Halal Go* is a sophisticated smartphone app that provides an easy-to-use solution for restaurant owners.

Halal Go はレストラン経営者向けの，使い勝手のよいスマートフォンアプリです。

② It's very easy to use. You just read the QR code data or take a photo of a food item, print it out, and put the sticker on the menu.

使い方はとても簡単です。食品の **QR** コードデータを読み取るか写真を撮り，プリントアウトして，メニューにシールを貼るだけです。

③ It takes anxiety out of running restaurants with Muslim customers.

イスラム教徒のお客様を持つレストランの経営から悩みの種がなくなります。

PREP 法　（①要点，②理由，③例，④まとめ）

① Good news to restaurants with Muslim customers! Our *Halal Go* can help you streamline your operation.

イスラム教徒のお客様がいらっしゃるレストランに朗報です。弊社の **Halal Go** が運営の効率化をお手伝いします。

② *Halal Go* enables indicating Halal items on your menu economically and easily.　**Halal Go** は，経済的かつ手軽にハラール品目をメニューに示すことができます。

③ For example, Mr. Chen, a curry restaurant owner in Singapore, succeeded in attracting 20% more Muslim customers by clearly indicating Halal choices on the menu.

例えば，シンガポールでカレー店を経営するチェンさんは，メニューにハラール料理を明記することで，イスラム教徒のお客様を 2 割増やすことに成功しました。

④ *Halal Go* is the best solution for a restaurant owner to improve Halal-oriented service.

Halal Go は，レストランオーナーがハラール対応サービスを向上できるようにする最適なソリューションです。

4

ネットワークを広げる

Expanding your network

実力主義と言われる海外でも，個人的なつながりやネットワークはビジネスチャンスを求める上で非常に大きなウェイトを占めます。本セクションではパーティーやビジネスイベントで出会った際に，その関係を今後につなげたり，会話を盛り上げることで自分を効果的に印象付けるタクティクスを学びます。また相手にツテを紹介してもらうという場面も加えました。

Case 43　パーティーで人を紹介する

52 ☺ これならスムーズ！

Heuristics, UK では毎年クリスマスに，社員の他，顧客などを招待してクリスマスパーティーが開かれます。パーティー会場で Naoki が Market Thrust 社の Neal を Emma に紹介しています。Neal は以前から Naoki と知り合いでした。

♪S4_52

Naoki	Hi Neal, I'm glad you could come!	Neal，こんにちは！ 来ていただけて嬉しいです。
Neal	Happy holidays! Thanks for the invitation. How's business lately?	ハッピーホリデイ！ お招きいただきありがとうございます。最近仕事の調子はどうですか？
Naoki	A little better than predicted. So how about you?	予想よりは多少いい感じです。で，そちらはどうですか？
Neal	We're expanding enough to hire two more people.	あと 2 人雇えるくらいには拡大しています。
Naoki	That's good. For a relatively small operation, that's a big step. So, let me introduce my colleagues. Emma, this is Neal from Market Thrust. I've spoken about him before. Neal, this is Emma. She runs the PR department.	それはよかったですね。事業が比較的小規模であることを考えれば大きな一歩ですね。ところで私の同僚を紹介しましょう。Emma，こちらは Market Thrust 社の Neal です。以前，彼のことを話したことがありますよね。Neal，こちらは Emma。彼女は PR 部門を担当しています。
Emma	It's great to meet you. I've heard many things about you.	お会いできて嬉しいです。お話はいろいろと聞いています。
Neal	I hope they are mostly good.	いい話が多いといいんですけどね。
Naoki	Neal used to handle our PR before we opened our office in London. So in a way you are his successor.	Neal はうちがロンドンにオフィスを構える前にうちの PR を担当してくれていたんです。だからある意味であなたは彼の後継者ですね。
Emma	You must have been challenged by having to work with Tokyo. We have very different working cultures.	東京と一緒に仕事をしなければならないなんて大変だったでしょう。働き方の文化もまったく違うし。
Neal	It was a valuable learning experience, as I'm sure you know. In fact, it helps us deal with other Japanese clients.	きっとお分かりのことと思いますが，貴重な学習体験でした。実際，他の日本のクライアントとの取引にも役立っています。

Emma	I can imagine. Let's keep in touch to help each other.	そうでしょうねえ。これからも連絡を取り合ってお互いに協力し合いましょう。

□ Happy holidays! 以前は Merry Christmas! が使われたが近年は非キリスト教徒のことも考慮してこうした表現が使われる。
□ in a way「ある意味で」
□ be challenged by ～「～（苦労など）に見舞われる」
□ as I'm sure you know「きっとお分かりのことと思いますが」
□ deal with ～「～に対処する，対応する」
□ I can imagine.「想像できます。分かりますよ。」
□ keep in touch「連絡を取り合う」stay in touch とも言える。

Review　振り返ってみよう

　このケースでは2つの目標があります。1つは紹介者がポジティブで共感しやすい話題を振って，他者同士をうまくつなげること，そしてもう1つは，紹介された方が，互いにポジティブな印象を持てるように共感しやすい話題や話し方で初対面の会話をこなすことです。

　まず Naoki は，Neal が以前 Heuristics UK の PR を担当していたので，Emma は Neal の後継者と言えると述べて，初対面の2人を心理的に近づける役割を果たしています。さらに Emma は，Naoki が振ってくれた話題をさらに発展させて，Neal に共感を示すことで，相手にとって自己開示しやすい雰囲気を作り出しています。Neal はそれに対して It was a valuable learning experience（貴重な学習体験でした）のようなポジティブな返事を Emma に返すことで，2人のやり取りを信頼感が感じられるものにしています。

🌐 Communication Tactics

紹介者は紹介された側がスムーズに話せる雰囲気を作り，紹介された側は互いへの共感を示す

Case 44 ▶ ツテを紹介してもらう

53 ☺ これならスムーズ！

Yoshiaki は Quadram Solutions の Nathan の家で行われる BBQ パーティーに呼ばれました。Yoshiaki は東京の Heuristics から弁護士を探すよう頼まれており，休日の集まりですが Nathan に相談します。

♪S4_53

Nathan	Are you having a good time, Yoshiaki?	Yoshiaki，楽しんでるかい？
Yoshiaki	Yes, we don't have parties like this in Tokyo.	はい，東京ではこのようなパーティーはありませんから。
Nathan	I guess the cultures and demographics are pretty different.	文化も人口構成もかなり違うんだろうねえ。
Yoshiaki	We have half the US population living in a space smaller than California.	カリフォルニアより狭い土地に，アメリカの人口の半分が住んでいるんです。
Nathan	Wow, I hadn't thought of it that way.	へえ！ そうとは知らなかった。
Yoshiaki	Incidentally, do you mind if I talk shop a little?	ところで，ちょっと仕事の話をしてもいいですか？
Nathan	OK, but I'll hold you to that.	いいけど，ちょっとだけという約束だよ。
Yoshiaki	Tokyo is after me to find a law firm familiar with both US and Canadian law. I think Tokyo is considering buying a Canadian company.	東京からアメリカとカナダの両方の法律に詳しい法律事務所を探すようにとしつこく言われているんです。東京側はカナダ企業の買収を検討しているようで。
Nathan	In that case, we need to talk to Alex. Hey, Alex. Got a minute?	それなら Alex に話を聞かなきゃね。おーい，Alex。ちょっといいかな？
Alex	Sure, what do you need?	もちろんです。何の用ですか？
Nathan	Yoshiaki here has been asked by Tokyo to find a law firm here familiar with Canadian law. Any ideas?	Yoshiaki が東京からカナダの法律に詳しいここの（アメリカの）法律事務所を探すよう依頼されているんだ。何かいい考えはないかな？
Alex	Things can be different in Quebec from the rest of Canada. But I know at least one firm that's operating here and in Canada. I can put you in touch with them on Monday if you like.	ケベックとカナダの他の場所では事情が違うかもしれません。でも，ことカナダで活動している法律事務所を少なくとも1つ知っています。もしよろしければ，月曜日にその事務所と連絡が取れるようにします。

| Yoshiaki | Thanks. I'll try to repay the favor sometime. | ありがとうございます。いつか恩返しします。 |

□ I hadn't thought of it that way.「そうとは知らなかった，そこまでだとは思わなかった。」
□ incidentally「ところで」
□ talk shop「仕事の話をする」
□ I'll hold you to that.「約束だよ。約束を守ってね。」の意味。ここでは if I talk shop a little を受けて「(仕事の話をするのは) 少しだけだよ」というニュアンス。
□ be after me to *do*「しつこく言われている，追い回されている」例）The boss is after me to raise my sales. ボスに売り上げを上げるようしつこく言われている。) / The customer is after us to fix the quality problem.（品質問題を解決するよう顧客にしつこく言われている。)
□ put you in touch with ~「紹介して~と連絡が取れるようにする」I'll put you through. ((電話を) おつなぎします) の put と同じ用法。
□ I'll try to repay the favor sometime.「いつか恩返しします。」

Review　振り返ってみよう

　アメリカではプールのある自宅に人を呼んで pool-side party と言われるパーティーを開くことがよくあります。状況にもよりますが，特に欧米では，こうしたせっかくのレクリエーションの機会に仕事の話ばかりするのは，同僚とはいえ望ましくないことと思われているので注意が必要です。またこれを裏返せば，オフ時のために，相手も楽しめる仕事以外の話題をストックしておく必要があると言えます。

　まず，TPO に即した話の切り出し方です。よく英語はストレートな言語であるという言い方がされますが，これは単純化しすぎで，学生同士や友人同士は別として，**金銭のやり取りや信用が伴うビジネス関係ではそれなりの礼儀正しさと気配りがマスト**になります。実際 Yoshiaki もその点をわきまえており，パーティーの場で仕事の話を出す場合には，事前に Incidentally（ところで）で話を切り出し …，do you mind if I talk shop a little?（ちょっと仕事の話をしてもいいですか。）と一言断りを入れています。

　Nathan は I'll hold you to that.（約束守ってね）と言って釘を刺していますが，誰かツテを知っていそうな Alex を呼んで Any ideas? と聞いてくれました。この表現は相手にアドバイスや案を聞く時によく使われる表現なので覚えておくと便利です。

　最後に Yoshiaki は Alex に Thanks. とお礼を述べたあと，I'll try to repay the favor sometime.（いつか恩返しします。）と結んでいます。I owe you one. でも言い換えられます。このように単に **Thanks. だけで終わるのではなく，そのあとにさらに一言添える気配りもビジネスでは重要**です。「ありがとう」の後ろに加えられるフレーズとしてはその他に I appreciate your great help. などがあります。

🌐 Communication Tactics

　私的な場面で仕事の話はできるだけ避け，やむを得ない場合には一言断りを入れる

確信や根拠がなく，「たぶん…だろうねえ」と言う場合は，I suppose ... が最もよく使われる。

☐ **I suppose he will be here soon.** 　彼はまもなく来ると思います。

　一方 I guess は，「私によく分からないよ」や「アーア，しょうがないかなあ」というあきらめ感がある。

☐ **I guess we have to wait until he comes back.**
　　彼が戻ってくるのを待つしかないだろうなあ。

　I wonder は I wonder if they liked my presentation.（彼らは私のプレゼンを気に入ってくれただろうか。）のように「自信のなさ」「不思議に思っている気持ち」を表す他，I wonder if you can help me with this.（これを手伝ってもらえないかと思って。）や I wonder if we could〔should〕talk about this a little more.（これについてもう少し話せるかなあ〔話したほうがいいんじゃないかなあ〕。）のように依頼や提案を示すのにも使われる。

　その他，I can imagine (that). もある。これは「なるほど，想像が付くね。」というニュアンスを持つ。またさらにもっと皮肉っぽく，「さすが〜らしいねえ。」「そんなことだろうと思ったよ。」と言いたければ That doesn't surprise me. と言うことができる。

Candid Opinion ／ 外国人からの辛口コメント　日本の代理店の否定主義と準備不足

　日本の複数の代理店と一緒にエンドユーザーを回るメーカーのあるオランダ人ビジネスパーソンは，日本側と仕事をする場合，否定主義（negativism）や準備不足に関する問題をよく経験すると述べています。彼の話を紹介します。

　代理店に新製品を紹介する機会がたびたびあります。通常であれば，新製品の発売は新たな顧客やマーケットの獲得に繋がるため，日本とオランダ側双方にとっていいニュースではありますが，日本の代理店には「市場的に受け入れられない」「エンドユーザーは興味を持たない」といった否定的なコメントで迎えられることがよくあります。もちろん性能やスペックについては市場との相性もあるので一概には言えませんが，困るのは「アクションを起こす前から新製品の問題をあげつらう」「ではどうしたら問題を解決できるかといったフィードバックが一切ない」という点です。つまりここで問題となっているのは「新製品の魅力を否定すること」ではなく，「ともに協力して問題解決に当たろうというビジネス関係を否定していること」なのです。

　またエンドユーザーをともに訪問する際，代理店担当者たちが準備が十分でないまま訪問するという場面に出会います。この準備はデモ用の機材や備品ばかりでなく，エンドユーザーから求められると予想される情報や質問について十分な下調べができていないことが多いという問題です。

　これは筆者が経験してきたビジネス会議の場面でもよく見られる現象で，海外との交渉場面においても交渉担当者が手元に十分な情報を用意しておらず，相手からの質問にとっさに答えられなかったり，部下に資料を出すよう指示しても「すみません，社内に忘れてきてしまいました」といった状況となったりすることが幾度となくありました。このような情報面でのロジスティクス（情報の管理・シェア・準備）の弱さについては一考してみる価値があるかもしれません。

異文化理解 *Column*

ヨーロッパとアングロサクソンの法律の違い

　世界の法体系には大きく分けると Civil Law（大陸法）と Common Law（英米法）があります。Civil Law は制定法主義（成文法主義）を取り，議会や政府が作る制定法が第一次的法源とされ尊重されています。一方 Common Law は判例法主義の立場を取り，判例が第一次的法源とされる慣習法の伝統を持ち（裁判所の判例が先例的拘束力を持つ），歴史的継続性が重視されていると言われます。

　歴史的な起源については，Civil Law は古代ローマ時代の市民法に由来し，フランスのナポレオン法典（およびドイツ民法典）を基礎としています。この体系は現在フランスやドイツの他，カナダのケベック州やアメリカのルイジアナ州でも採用されています。また，Common Law は，ゲルマン法に由来しイングランド法として発展し，その後アメリカ，カナダ，オーストラリア，ニュージーランド，インド等で採用されています。

　Civil Law は職業裁判官制と参審制（裁判官と民間選出の参審官が協議）を持ち，行政優位の法運用を特徴とするのに対し，Common Law では，陪審制と法曹一元制（経験を積んだ弁護士などの法律家から裁判官が選ばれる）を採用し，司法優位の制度となっています。

　日本の法律については，明治期当初はフランス法の影響を受けたものの，大日本帝国憲法制定（プロイセン憲法に影響を受ける）後はドイツ法に従って法整備が行われました。現在日本は制定法主義を取ると言われていますが，戦後の日本国憲法や民事司法はアメリカの影響を強く受けているとされています。

もっと知りたい！　　talk を使った面白い表現

　talk shop は「仕事の話をする」というイディオムでよく次のように使われる。

A: **Let's go out for a beer after work.** 仕事が終わったらビールでも一杯行こうよ。

B: **Sure as long as you promise you don't talk shop.**

　いいけど仕事の話をしないって約束するならね。

　また Don't talk shop! と言えば「仕事の話はやめろ！」となる。

　この他 talk the talk（（口先で）言う）という面白いイディオムがあり，これはよく walk the walk（ちゃんと実行する）とペアで次のように使われる。

□ **Talk the talk, walk the walk.**　有言実行しろ。

□ **If you're going to talk the talk, you should walk the walk.**

　言葉だけじゃなく行動でも示すべきだ。

もっと知りたい！　　法律に関する用語

　英語における法律関連用語は非常に複雑だ。アメリカでは act は議会で承認された複数の法律のセットの全文を指す（範囲も州規模以上）のに対し，statute は議会で決定された個別の法律を指す。さらに ordinance は市町レベルの条例を指す。

　また契約では article（clause や section とも呼ばれる）は契約の「条」と訳される（さらに下の「項」は paragraph）。provision は「規定」や「定め」という訳語がよく使われる。

　アメリカでは lawyer は法廷弁護士と事務弁護士双方の弁護士を指す。attorney は attorney-at-law とも言われ，lawyer よりフォーマルで威厳のあるニュアンスを持ち「訴訟代理人」という訳が当てられている。一方イギリスの法廷弁護士は barrister，事務弁護士は solicitor と呼ばれる。ちなみに行政書士は英米とも administrative scrivener と呼ばれる。以下，その他の法律に関連した語彙を挙げてあるので参考にしてほしい。

【法律に関する動詞】

□ enact「（法を）制定する」

□ enforce「（法を）施行する」

□ establish「（法を）成立させる」例）The first antitrust laws were established in 19th century.（最初の独占禁止法は 19 世紀に制定された。）

□ indict, prosecute「起訴する」indict は事前段階として大陪審が行う審議。prosecute は indict のあとに行われる。indict よりも広く使われる。

【法律に関する名詞】

□ litigation, lawsuit「訴訟」litigation は訴訟全般の法的措置，lawsuit は通常は民法上の損害賠償をめぐる訴訟。例）file a lawsuit〔case〕（告訴する）

□ violation「法律の違反」意図的な犯罪のニュアンスがある。

□ breach「契約違反」

□ infringement「（権利・特許などの）侵害」

□ negligence「過失，怠慢」例）professional negligence（業務上過失）

□ arbitration, mediation「調停」

□ damages「損害賠償」

「すみませんでした。反省します」は世界共通の常識?—タイ

　タイは「微笑みの国」とも呼ばれる魅力ある観光国であり，国民の多くはいつもやさしく楽観的で笑顔を絶やしません（ただし屋台，店員，タクシー運転手には不愛想な人もいます）。しかし日本人がこの国にビジネスで訪れた（または赴任した）場合，この笑顔が誤解の原因にもなることがあります。

　日本人の中には心のどこかで「仕事は厳しく辛いものでなければならない」という考えを持つ人がかなりいるようで，そういう人から見るとタイ人の楽天的な様子は「問題があっても笑顔のままマイペンライ（問題ない）ばかり言っているお気楽で無責任な人」に見えるため，イライラしてしまうようです。「問題を起こした人間は神妙な顔で反省しながら他者からの叱りを甘受するのが当然だ」と教育されてきた日本人にとっては「タイ式の態度」は理解を超えるものだからです。

　しかしこれにはタイの精神文化が関係していると言われています。すなわち争いを避ける仏教の教え，サバイ（人間関係が快適で和気あいあいとしている），サヌック（楽しい），強い自尊心，信義に基づく人間関係を基調とした精神文化であり，腹を立てないよう教えられて育っているのです。

　こうした精神文化では，心の平安を乱す要素はできるだけ避けたり排除したりしようとする意識が働くのです。そのため怒りをあらわにしたり，声を荒げたり，物に当たったりすることは軽蔑されます。問題が起こった場合に笑顔でマイペンライと言うのは，自分の動揺を抑えたり，その場の雰囲気がそれ以上悪くならないようにするための相手への気遣いとも言えます。実際タイ人は根暗で緊張した職場よりも，みんなで明るくワイワイしている職場を好むため，「無駄なお喋りはやめろ，自分に厳しくなれ，叱られるのも勉強と思え」といったスポ根型の職場からは真っ先にいなくなってしまうでしょう。

　日本人は「反省した態度を見せない」＝「失敗から学ばない」のように考えがちですが，タイの文化は日本文化とは異なった OS を持っているので，当然対処の仕方も異なってきます。タイ人は人の振る舞いを見て振る舞いを変えると言われます。タイ人とうまく働くには，彼らを日本的価値観の枠に押し込むのではなく，むしろタイ文化の根底を理解し，礼儀と信義を守り，タイ人に愛されるような人物になる必要があると言えます。

Case 45 ▶ 文化の違いのネタで会話を盛り上げる

54 😊 これならスムーズ！

Heuristics, Singapore の同僚同士である日本人の Saori，インド人の Ashok，香港からシンガポールに転勤になった Patrick が食事をしています。彼らは日本文化と現地文化を比較して，その違いについて大いに盛り上がっています。

♪S4_54

Ashok	So, it's been a month. How are you guys settling in?	さて，1カ月が経ちましたね。どうですか，落ち着いてきました？
Patrick	It's pretty comfortable, even cozy, and the food is good.	かなり快適です。居心地がいいくらいです。食べ物もおいしいです。
Ashok	How about you, Saori?	Saori はどうですか？
Saori	Some of the eating etiquette was hard to get used to. For example, should I finish everything or not when eating with Indian people?	食事のマナーについては，慣れないこともありました。例えば，インド人と食事をする時，全部食べ切るべきか，そうでないのかとか。
Patrick	That's the same with the Chinese culture, especially when you are a guest in China.	それは中国の文化も同じで，特に中国に客人として来た時はそうですよね。
Ashok	Right. And you have to be careful not to use your left hand when eating. Muslims too.	そうです。また（インドでは）食べる時，左手を使わないように気をつけないといけません。イスラム教徒の場合でも。
Saori	Ah, that reminds me. I am invited to a wedding of an Indian client next month. Do you have any advice?	あ，それで思い出しました。来月，インド人のお客さんの結婚式に招待されているんですが，何かアドバイスはありますか？
Ashok	Probably you can expect it to be many hours long. People sing and dance a lot and there's plenty of food. It can last even until the sunrise.	たぶん，何時間もかかると思っておいたほうがいいですよ。みんな歌って踊って，食事もたくさん出ます。朝日が昇るまで続くこともありますよ！
Patrick	Yeah. I heard that. I suppose it's just like a Bollywood movie. Some weddings go for several days with hundreds of guests!	ああ，それは聞いたことがあります。ボリウッド映画みたいなものでしょうね。何百人ものゲストを招いて，何日も続く結婚式もありますよね。
Ashok	You may not believe it, but even strangers can attend the wedding party.	信じられないかもしれませんが，知らない人でも披露宴に参加できるんですよ。

Saori	It sounds like fun. How should I dress?	楽しそうですね。どんな格好をしたらいいでしょう？
Ashok	I can ask my sister to lend you one of her saris. You are about the same size. We can pay her a visit this weekend if you like.	妹に頼んで，サリーを1着貸してもらいましょう。サイズも同じぐらいだし。今週末，妹に会いに行きましょうか。
Saori	Thanks. That'll save the day.	ありがとう。助かります。

- □ cozy「居心地よい」温かくて心地のよい空間や近しい友人といる雰囲気を指す。
- □ That reminds me.「そう言えば。それで思い出した。」
- □ Bollywood　ボンベイ（ムンバイ）の映画産業とハリウッドを掛け合わせた語。インド映画産業の代名詞となっている。
- □ sari「サリー」インド女性用の丈の長い民族衣装。さまざまな色があり，典型的には一枚布を身にまとうようになっているのが特徴。
- □ That'll save the day.「よかった。助かった。」という意味のイディオム。

Review　振り返ってみよう

　民族的多様性の高い社会で，各自の文化について話して楽しんでいるという場面です。日本人も外国では，シンプルなものから難しい問題まで，自国文化についてよく質問されることと思います。他の国の出身者が自分の民族の話ができるのに，自国文化に関する簡単な質問にも答えられないということになれば国際的に恥ずかしいものです。「日本人はなぜ…なのか？」という質問に答えられるよう，日頃からある程度の準備をしておくことが望ましいでしょう。

　シンガポールは多民族社会で，マレー文化，中華文化，タミル文化，そしてイギリス文化が融合しています。そのため民族融和を旨としており，マレー語，中国語，タミル語を公平に公用語と定め，英語を公用語としてばかりでなく民族間の共通語として最上位に位置付けています。これは民族間の衝突を回避しようとする配慮と言えます。

　多民族社会において相手の民族や国の文化について話をする場合には，それらに対して敬意が感じられるような内容であることが大事です。実際，他民族の文化や習慣をからかうような発言をすること（その民族のステレオタイプを笑う，など）は非常に危険です。英語圏でも他民族の文化や習慣をからかうような発言は人種差別と受け止められる危険があるので注意が必要です。（しかし「自分を笑う」のはある種のユーモアになるようで，実際に自分の民族の文化・習慣を自虐ネタにして笑う英語の漫才をよく目にします。）

　シンガポールは民族多様性については非常にオープンである反面，実際の社会状況とは別に，国としてはLGBT関連の諸問題に対してまだ保守的な姿勢を取っているなど，国や地域によって事情が異なる点にも注意です。

🌐 Communication Tactics

国際人として信頼されるには自国の文化・習慣を説明できることが大切

チェスの最初の一手を opening gambit と呼びますが，You need to start with an impressive opening gambit.（印象的な切り出しで始める必要がある。）のように，チェス以外にもさまざまなゲームや交渉の最初の一手の意味として使われます。この派生語である conversation gambit は会話を切り出す表現を意味し，これを充実させ，効果的に用いることで話の流れをうまくコントロールできるようになります。例えば隠れた問題に言及する場合には，The truth of the matter is ...（事の真実は…なのです），The real question is ...（本当の問題は…），Frankly I doubt if ...（正直…かどうか疑わしいと思う）のような表現が役立ちます。また話題を転換するには **54** で Saori が使っている That reminds me ...（それで思い出しましたが）の他，Talking of ～（～と言えば），Oh, before I forget, ...（そうそう，忘れる前に…）のような conversation gambit が便利です。こうした表現はさまざまな web サイトや動画投稿サイトで見つけることができますが，これを体系的にまとめた優れた教材があるのでここで紹介しておきます。会話の切り出しをスムーズにし，説得力を持たせる上でぜひ活用してください。
Conversation Gambits——Real English Conversation Practice（Eric Keller, Sylvia T. Warner），CENGAGE learning

Candid Opinion 外国人からの辛口コメント なぜそんなに同じやり方にこだわるの？

今回は大手建設会社に入社した中国人新卒女性からのエピソードを紹介します。

私の就職先は大手建設会社で待遇も悪くなく，よい就職先と考えていましたが，入社後しばらくしてもどうも不思議に思うことがありました。私はまだ新入社員なので事務作業を行っていましたが，作業のあるプロセスにおいて非常に非効率に思える点がありました。そのプロセスを改善すれば，作業効率は大きく向上すると思ったのです。

そこで私は先輩方に，作業手順の改善を提案しました。すると先輩方からは「〇さん，そこは今までのやり方でいいから変える必要はないよ。」という返事が返ってきました。そこで私は「でもこうしたほうがもっと効率的に仕事ができるようになるのになぜ改善しないのですか。」と聞きました。何か明確な理由が示されたわけではありませんが，ともかくも「昔からこのやり方でやっているからそのままでよい」ということでした。もしかしたら私には分からない理由があるのかもしれませんが，合理的なやり方を選ばず，効率の落ちる方法にこだわる点がちょっと不思議です。

（やりすぎでない限り）匠のこだわり的な精神は日本人の美徳です。しかし「他に合理的な方法があるのにこれまでと同じ方法にこだわる」となると，この姿勢を不思議に感じる中国人は多いようです。ちなみにこれは経済学用語で「経路依存性」（制度や仕組みが過去の決定や経験に縛られること）と言い，歴史学者の磯田道史氏はこれが日本人の大きな特徴の１つであると指摘しています。私たちの仕事のやり方が文化による制約を受けている例と言えます。

異文化理解 *Column*

インドのおもてなし文化

　インド文化では，客人は神と同等に考えられているほど，もてなしが重視されます。インド人は客人をもてなそうと大変な努力をします。その上，客人がエチケットのルールに違反しても，インド人はそれにあからさまに言及したり非難したりすることはありません。

　インドを訪れた外国人旅行者は，よく知らない地元の人から社交の場に招待されることがありますが，これはインド人側が訪問者に「あなたは歓迎されている」ということを伝えたいからです。この時，「すみません，その日は行けないんです」とはっきり断るのは礼儀に反しますし，横柄な態度と受け取られることもあります。そのため曖昧な返答で終わらせる必要があります。例えば「スケジュールを確認して後ほどご連絡します」，「できる限り伺えるよう努力します」といった言い方です。

　また，Please drop by anytime. と書かれた招待状を受け取ることもあり，旅行者は送り主の意図に少々戸惑うかもしれません。しかしたいていの場合，この招待状は本心から送られたものです。実際に訪問する前には，差出人に電話で連絡しておくことをおすすめします。

　これは逆に言うと，インド人が事前の連絡なしに家を訪問してくる可能性があるということです。インド人にとって，社交のために家や職場に立ち寄ることはごく自然なことなのです。

　インドでは，ビジネス場面で飲み物と一緒に軽食が出されることがあります。その際には1，2回断ってからいただくのがよいマナーです。絶対というわけではありませんが，欲しくない場合でもはっきりと断るのはマナーに反すると考えられます。出された軽食は，手をつけずに会が終わるまでそのままにしておいても問題はありません。

Case 46 — もらった名刺から話題を発展させる

55 😊 これならスムーズ！

Yoshiaki の知り合いの業者である Eric が Quadram Solutions を訪ねてきました。その際、Kazuhiro の部署にも立ち寄り Kazuhiro と名刺交換をします。

♪S4_55

Eric	Here's my business card.	私の名刺です。
Kazuhiro	Thank you. Oh, cool design. I like the logo.	ありがとうございます。ああ、かっこいいデザインですね。ロゴがいいですね。
Eric	Thanks.	ありがとうございます。
Kazuhiro	So your head office must be in Austin, right?	本社はオースティンにあるんですよね？
Eric	That's right. I've been here for the last two years.	そうです。この2年間は私はここにいます。
Kazuhiro	One of my friends has been in Austin for a couple of years. He really likes the food.	私の友人も2年ほどオースティンにいるんですが、彼は現地の食べ物がとても気に入っています。
Eric	If you like Tex-Mex, it's a good place to be. Or steak is good and inexpensive.	Tex-Mex が好きならいいところだと思いますよ。ステーキも安くておいしいですし。
Kazuhiro	My friend is lucky. I wonder if I can find a good restaurant around here.	僕の友人はラッキーですね。この辺でおいしいレストランがないですかねえ。
Eric	I can take you to several good places depending on what kind of food you like.	どんな料理が好きかにもよりますが、いいところを何軒かご案内できますよ。
Kazuhiro	Thanks. I'd like to take you up on that.	ありがとうございます。お言葉に甘えたいと思います。

□ Tex-Mex「テキサス風メキシコ料理」
□ I wonder if I can find ～「～はあるでしょうかねえ」婉曲的な依頼表現（＝教えてください）。
□ I'd like to take you up on that.（＝ I'd like to follow your advice〔accept your offer〕.）「お言葉に甘えたいと思います。」直訳は「あなたのアドバイスや申し出に従います。」の意味。

振り返ってみよう

　Kazuhiro はまず相手の名刺のデザインについてポジティブなコメントをしています。そして次に会社（Eric はサンフランシスコにいますが本社はテキサス州オースティン）の所在地つながりから話を発展させています。Kazuhiro はオースティンに住む友人を引き合いに出しましたが，友人がいなければテキサスつながりで知っている内容（例えばロディオやカウボーイの話でもいいでしょう）を出すのがコツです。このあと Eric が Tex-Mex に言及してくれたため話の可能性はさらに広がりました。Kazuhiro は普段は口下手なようですが，当地への訪問者という立場から「この辺のよいレストランはどこか」という話に話題を広げ，Eric と個人的なつながりを作ることにとりあえず成功したようです。

　名刺から共通話題を探すための目安について下に挙げておきます。

☐　相手の会社の所在地
　→その所在地へのルート〔行き方，路線〕，同じ町にある会社に勤務している知り合いや友人についての話，その企業がある町に関する共通の話題（食べ物，レストラン，ショッピング，交通，観光，大型家電店）や評判について（褒め言葉とともに），周辺地域についてのコメント（交通状況や渋滞など），その町や地域への訪問体験や友人の話（友人が留学していた〔住んでいた，観光で訪れた〕）

☐　会社の名称
　→ユニークな名前であればその起源や言われなど

☐　外国の大手企業
　→その企業の日本支社についての話，別の国に置かれている支社の話，自分の知り合いが当該企業に勤務していることなど

　上に「大型家電店」とあるのを不思議に思った人もいるかもしれませんが，外国では日本とは異なり，PC の周辺機器や備品を扱う店が少なく，出張した場合や移住した場合に購入に困る場合も多くあります。そのため現地の人との会話の中でもよく出る話題になります。

　最後に，バーやレストランで開かれたパーティーで相手と話していて，どうしても共通の話題が見つからないような場合，店のインテリア，装飾，看板，商品などを話のきっかけにすることもできます。

🌐 **Communication Tactics**

その場で共通のトピックを見つけたり話を発展させるのも重要なコミュニケーション技術

56 😊 *これならスムーズ！*

Naoki は出席したセミナーでスピーチをした講演者に興味を持ったようです。彼は講演者とのつながりを作ろうと講演後に話しかけます。

♪S4_56

Naoki	Hello, I'm Naoki from Japan. I wonder if we could talk a little about something you said in the seminar.	こんにちは，日本から来た Naoki です。セミナーでおっしゃっていたことについて，少しお話を聞かせていただけますでしょうか。
Vincent	Sure, I'm Vincent. Nice to meet you.	もちろんです。Vincent です。よろしくお願いします。
Naoki	So you have a different take on cryptocurrency from other engineers I know.	Vincent さんは暗号通貨に対して，私の知っている他のエンジニアとは違う考えを持っているんですね。
Vincent	Maybe that's because I'm not an engineer. I'm a lawyer.	それは私がエンジニアではないからかもしれません。私は弁護士なんです。
Naoki	That explains it. So you live in Luxembourg.	なるほど，だからなんですね。ところで，ルクセンブルクにお住まいなんですね。
Vincent	That's right. But I'm from France. I'm invited to the local study group of the EU cryptocurrency.	そうです。でも出身はフランスです。EU の暗号通貨に関する現地スタディーグループに招かれているんです。
Naoki	I'd like more input from you about the risk of cryptocurrency, but this may not be the best place and time.	暗号通貨のリスクについて，もっとご意見をお聞きしたいのですが，今は場所的にも時間的にもタイミングが悪いかもしれないですね。
Vincent	Here's my card. Your are welcome to visit me.	私の名刺です。ぜひ訪ねてきてください。
Naoki	Thanks. Here's mine too. So how does living in Luxembourg compare with France?	ありがとうございます。私の名刺です。ルクセンブルクでの暮らしはフランスと比べてどうですか？
Vincent	The cost of living is a little higher, but it's comfortable and there's a lot of work for lawyers.	フランスより少し物価が高いですが，快適ですし，弁護士の仕事がたくさんあります。
Naoki	Good on you. I suppose you have a lot of rich clients.	よかったですね。裕福なクライアントが多いんでしょうね。

| Vincent | Not as many as I would like. Well, I should go mingle. Why don't you give me a call tomorrow? | 理想ほどはいませんよ。さて，そろそろ回ってきますね。明日にでもお電話いただけますか。 |
| Naoki | I will. Thanks, Vincent. | そうします。ありがとうございます，Vincent さん。 |

□ cryptocurrency「暗号通貨」　　□ That explains it.「だからなんですね。なるほど。」
□ input「意見，考え」この場合不可算名詞として使う。
□ Good on you.「よかったですね。」Good for you. と同じ。
□ go mingle　パーティーなどであちこち他の人たちのところに回りに行くこと。mingle は本来「混ざる，混じる」だが「いろいろな人と混ざって交流する」という意味にも使われる。

Review　振り返ってみよう

56 では会話を切り出すフェーズから始まり，展開フェーズを経て，会話を切り上げるフェーズまでの流れがカバーされています。ビジネス関連のパーティーはさまざまな人と交流してネットワークを広げるのが目的です。時折気後れしてポツンとしていたり，日本人同士で固まっている人がいますが，せっかくのビジネスチャンスをみすみす逃すのはもったいないことです。たいていの場合，気後れしてしまうのは会話をうまくつなぐことに自信が持てないからで，ある程度の自信と慣れがあれば初対面の人に話しかけるのはそれほど難しいことではありません。先方も新しい人と会うことに興味を持っているのですから。

56 には最小の努力で会話をつなげるためのミニマムなテンプレートが示されています。まずはスタートのフェーズです。笑顔とともに Hi!, Hello! で注意を引き，自分の名前と国を名乗り，I wonder if we could talk a little about (something you said in the seminar). で相手に関心があることを伝えます。自分に興味を持ってくれるのは嬉しいことなので，礼儀正しいビジネスパーソンであれば相手はフレンドリーに対応してくれるはずです。ちなみに最初注意を引く際は Hi や Hello を欠かさないでください。これは日本人が想定している以上に礼儀正しさを示す重要な挨拶だからです。

次に展開フェーズです。相手の発表内容，企業実績，研究内容についてポジティブなコメントを述べ，それについて多少の質問を投げかけるとよいでしょう。ここでは重要な注意点があります。それは質問攻めにして詮索好き（prying）と思われたり，自分の話を長々と述べたり，相手を長時間捕まえるのは NG ということです。話は数分程度ですませるのがコツです。

ある程度会話が進み，相手の興味が引き出せた（elicit the listener's interest）と思ったら，また別の機会に会えるように連絡先の交換を行うことで煩わしく思われずにすみます。**56** で Naoki は，I'd like more input from you about the risk of cryptocurrency, but this may not be the best place and time.（暗号通貨のリスクについて，もっと意見を聞きたいのですが，今は場所的にも時間的にもタイミングが悪いかもしれないですね。）と言って相手に気遣いを見せています。このタイミングで名刺を交換し，話を切り上げてください。皆さん自身が話を切り上げたい場合は Vincent の言った Well, I should go mingle.（さて，そろそろ回ってきますね。）を使うとよいでしょう。

Communication Tactics

質問は相手に興味があるサイン。笑顔と礼儀正しい挨拶を忘れず，質問は手短にまとめる

Case 48　相手の興味を引き出す

57　☺ これならスムーズ！

Misaki は同じマンションの友人である Jennifer と一緒に街の寿司レストランでの女子会（girls' night out）に出かけました。Jennifer と友人 Ann はアメリカの寿司と日本の寿司の違いに大いに興味があるようです。

♪S4_57

Jennifer	This is the hottest sushi restaurant in San Jose. What's your first impression?	ここはサンノゼで一番人気のお寿司屋さんなんだけど印象はどう？
Misaki	It's very modern and clean. Sushi restaurants are rather small in Japan usually. But I like this atmosphere.	とてもモダンで清潔感があるわね。日本ではお寿司屋さんはどちらかというと小さいことが多いんだけど。でもこの雰囲気は好きよ。
Jennifer	My friend Ann should be here any minute. Let's order a drink while we wait. Do you have any recommendation from the menu?	もうすぐ友達のアンが来るわ。待ち時間に飲み物を注文しましょう。何かおすすめのメニューはある？
Misaki	I heard some Americans like white wine with sushi, but I would recommend some Japanese sake. I think Dassai is great.	アメリカ人はお寿司に白ワインを合わせるのが好きだと聞いたけど。でも，私なら日本酒をすすめるわね。獺祭がいいと思うわ。
Jennifer	OK, I'll take that one. What about you, Misaki?	じゃあそれにするわ。Misaki はどうする？
Misaki	Let's share a flask.	徳利をシェアしましょう。
Jennifer	Great idea. Hi, Ann! We were just ordering a drink. Do you like sake?	いい考えね。Ann，こんにちは。ちょうど飲み物を注文していたところよ。日本酒は好き？
Ann	There's a first time for everything. Usually I drink beer with Japanese food. But this is an opportunity to try sake.	何事も初めてから始まるものね。いつもは和食と一緒にビールを飲んでいるけど。でも，この機会に日本酒を飲んでみようかな。
Misaki	That makes two of us. Ann is trying sake for the first time, and I'm trying Californian sushi for the first time.	私たち2人とも同じね。Ann は日本酒初挑戦。私はカリフォルニアのお寿司が初めて。
Ann	Is it different from Japanese sushi?	日本のお寿司とは違うの？

Misaki	Well, I've never seen cream cheese or spicy sauce on sushi in Japan.	そうね，日本のお寿司にクリームチーズやスパイシーなソースがかかっているのは見たことがないわね。
Jennifer	That's Philadelphia roll. I love it. Why not?	それはフィラデルフィアロールね。私は大好きよ。いいじゃない？
Misaki	Dairy products are relatively new in Japan. Fish is more common than meat.	日本では乳製品は比較的新しいものなの。肉より魚の方が多いわね。
Ann	I guess you never thought about other spicy sauces because of wasabi.	ワサビがあるから，他の辛いソースは考えなかったのかもね。
Misaki	On second thought, Japanese love beer. It's a Western import.	よく考えたら，日本人はビールが大好きよ。欧米からの輸入品だけどね。
Jennifer	You never know, someday many Americans will become wasabi fans.	いつか多くのアメリカ人がワサビファンになる日が来るかもしれないわね。
Misaki	Maybe somebody will make wasabi ice cream here too.	こっちでも誰かワサビアイスを作るかもね。

- ☐ Let's order a drink while we wait. 「待っている間にドリンクでも注文しましょう。」レストランで他の仲間を待っている間によく使う表現。
- ☐ flask　直訳ではフラスコだが徳利に相当。
- ☐ There's a first time for everything. 「何事も初めてから始まる。」
- ☐ This is an opportunity to do ... 「これを機会に…してみようかな」
- ☐ That makes two of us. 「私も同じです。同感です。」特にあまり芳しくない場面で「自分もあなたと同じように戸惑っている」というように相手に共感を示すのに用いられる。
- ☐ Philadelphia roll　カリフォルニアロールに並ぶ有名なアメリカ式寿司。クリームチーズが入っている。
- ☐ Why not? 「いいじゃない。そうしましょう。」ここでは疑問ではなく積極的肯定や賛同を示す。
- ☐ dairy product 「乳製品」
- ☐ on second thought 「よく考えたら」
- ☐ You never know ... 「…かもしれない」

57 では Misaki, Jennifer, Ann は日米の寿司の違いについて会話に花を咲かせています。「文化の違い」は誰でも話しやすい手頃な話題なので，聞き手を会話に引き込むにはうってつけです。とりわけ食べ物についての話なら，互いに興味を持って聞くことができます。

会話を弾ませるポイントは双方の違いについて偏りなく会話のキャッチボールを進めることです。Ann が会話中に述べている Is it different from (Japanese sushi)? は相手を会話に誘い込む上で使い勝手のよい表現です。相手が中華圏，インド圏，ヨーロッパ圏の場合，それぞれ中華料理，カレー，チーズなどの違いについて尋ねるという形で応用できるでしょう。

会話の基本姿勢は「相手との違いに興味を持つ」ことです。そのため，まず (1)「どんな違いがあるんですか？」のように興味を示す質問をし，(2) 相手の答えに対して「そうした違いがあるのは面白いですね」といったポジティブなコメントを述べ，最後に (3) 自国との違いについて言及するのが典型的なテンプレートです。

また Ann の There's a first time for everything.（何事も初めてから始まるものね。），This is an opportunity to do ...（これを機会に…してみようかな）のような発言に見られる好奇心に溢れた姿勢も，ポジティブなイメージを与えるものです。実際の場面でとっさに出てくるように練習しておくとよいでしょう。

最後にユーモアのセンスも忘れないでください。Jennifer は You never know, someday many Americans will become wasabi fans.（いつか多くのアメリカ人がワサビファンになる日が来るかもしれないわね。）とユーモアのある発言をしています。日本文化における「笑い」は時と場所をわきまえるべきものとされますが，英語の humor の語源はラテン語の「体液」に由来しており，ユーモアがあるということは，人が本来持つ人間性や共感性を持っているというニュアンスがあります。そのためユーモアのセンスが分からないと，「人が持つ温かみや人間性の欠けた人」というネガティブなイメージを持たれがちです。英語圏において，人に興味を持ってもらうためにはユーモアのセンスが強力なツールとなります。初対面の相手との会話ではちょっとしたユーモアのセンスを忘れないようにしましょう。ちなみにユーモアのセンスは一朝一夕に身につくわけではありませんが，常に誰かのユーモアやジョークの例をよく観察しているうちに自然とそうした感覚が身についてきます。

● Communication Tactics
同じ質問を問い返すことで，相手を会話に引き込むことができる

5 リーダーシップを発揮する

Leadership initiative

グローバルビジネスで求められるリーダーシップとは，単に部下を強く引っ張っていくことではなく，むしろ文化の違いに配慮しながらメンバーの力が十分発揮できるような環境を作ることと言えます。そのためには相手の意見に十分耳を傾けること，チェックを怠らないこと，文化の違いを考慮しながらフィードバックを与えること，思考方法の異なる部下の不満やミスに効果的に対応することなど，国内ビジネスよりもさらに広く深い対応能力が求められます。本セクションではこうした場面を設定して，それぞれの課題に効果的に対応するためのタクティクスを紹介します。

Case 49　アクティブリスニングで論点を明確化する

【背景】Quadram Solutions, Philippine は，現地ベンダー Adept Apps を通じて Metro Manila（マニラ地下鉄）とビジネスを行っています。ある日 Kota は Adept Apps の Manuel から報告を受けました。Metro Manila からクレームが来たということでした。

58A 😣 改善の余地あり！

Manuel は Kota に問題の相談を持ち掛けましたが，互いにざっくりとした話し方をするのでディスカッションの論点がなかなか見えてきません。

Manuel	Kota, we have a small issue. Our client Metro Manila has a system problem now. They claim that we are responsible for the failure of their data updating.	Kota，ちょっと問題があるんです。私たちのクライアントである Metro Manila が，今システムトラブルを抱えているそうです。データの更新ができず，それがこちらのせいだと言っているんです。
Kota	OK. (1) We should call them right now to arrange to send a team to take a look.	分かった。今すぐ電話をして，チームを派遣して調査するように手配しよう。
Manuel	They sounded really upset with all those errors in the system we provided.	先方は，私たちが提供したシステムのいろいろなエラーにとても怒っているようでした。
Kota	(2) I don't want to lose them as customers. What do you think we should do?	顧客として失いたくないな。どうしたらいいと思う？
Manuel	I think it's a complicated issue.	複雑な問題だと思います。

□ upset「怒っている」他に「悲しい」,「動揺している」の意味もある。
□ with all those ～「いろいろな～があって」

Review　振り返ってみよう

　「顧客がシステムのエラーに怒っている」からといってその原因が必ずしもシステム提供側にあるとは限りません。ここではまず「顧客の怒り」と「問題の原因」を切り離して考えるべきなのですが，Kota は顧客に詳しく状況を確認する前に (1) のようにチームを送る決定をしました。しかも (2) のところで，問題の論点を絞り込むことなく，What do you think we should do?（どうしたらいいと思いますか。）という漠然とした質問を Manuel に投げかけています。Manuel としては何をどう答えるべきか分からないので，最後の発言のように「複雑な問題だ」という返事でお茶を濁しています。日本人部下であれば，そのままやり取りを続けていても，「きっとこのあたりの範囲の問題を聞いているのだろう」と Kota の意図を先読み（忖度？）して何かヒントを返してくれるかもしれません。しかし外国人との会話では常に気の利いた返答が戻ってくる保証はありません。**相手の返答をそのまま聞き流すのではなく，自らが率先して質問をコントロールすることで論点を絞り込み，事実を確認するよう心がける**必要があります。こうしたコミュニケーション技法をアクティブリスニングと呼び，話し手自らが問題の所在を主体的に把握し，解決する上で効果があると言われます。

Plus+ もっと知りたい！　アクティブリスニングのフレーズ

　報告を受けたり，問題について検討したりする上で，アクティブリスニングは非常に効果的な技術だ。 58B に出てくるフレーズ以外にもよく使われる便利な表現があるのでここで紹介しておく。

感想を聞く
　Can I ask how you felt about ～?「～についてどう感じたか聞かせてもらえますか？」
意見を聞く
　Do you have any input about ～?「～について意見はありますか？」
相手の意見や相手が述べたことを確認する
　So you think ～, is that right?「つまりあなたは～と考えているんですね？」
　So you mean .... Is that correct?「つまり…という意味ですね。正しいですか？」
　You mentioned .... Is that correct?「…とおっしゃったのですね。正しいですか？」
確認する
　May I just confirm that?「それについて確認してもよいですか？」
理由を聞く
　Can you think of any reason why ...?「なぜ…なのか理由は分かりますか？」
まとめる
　Let me recap what we've talked about so far.「これまでの議論をまとめさせてください。」
理解が正しいか確認する
　Let me see if I understand the situation〔your position〕correctly.「状況〔あなたの立場〕を正しく理解できているかどうかを確認させてください。」
　My understanding is that .... Would you agree with that?「私の理解は…です。それに同意しますか？」

58B 😊 これならスムーズ！

ここでの Kota は，アクティブリスニングを使って，Manuel との会話をコントロールしながら論点を明確に把握しようとしています。

♪S5_58B

Manuel	Kota, we have a small issue. Our client Metro Manila has a system problem now. They claim that we are responsible for the failure of their data updating. They sounded very upset.	Kota, ちょっと問題があるんです。私たちのクライアントである Metro Manila が，今システムトラブルを抱えているそうです。データの更新ができず，それがこちらのせいだと言っています。先方はとても怒っているようでした。
Kota	(1) Can I just confirm the scale of the problem? What kind of data updating are we talking about?	確認したいんだが，問題の規模はどのくらいなのかな？ どのようなデータ更新の話かな？
Manuel	It seems to be the schedule updating.	スケジュールの更新のようです。
Kota	(2) So they contacted you because they have problems with their schedule updating function. Is that right?	つまりスケジュール更新機能に問題があって，君のところに連絡してきたということだね。そういうことかな？
Manuel	That's right.	その通りです。
Kota	(3) Can I ask why they're sure our software is to blame, not for example their hardware?	なぜ彼らはうちのソフトウェアに問題があると思ったのかな？ 例えばハードウェアではなくて。
Manuel	I haven't really confirmed that.	そこまでは十分には確認していません。
Kota	(4) Let me see if I understand the situation correctly. Metro Manila claims that they have a glitch with their schedule updating, and they seem upset, but the cause and the scale are not clear.	私が状況を正しく理解しているかどうか確認させてくれ。Metro Manila は，スケジュールの更新に不具合があると言って怒っているようだけど，その原因や規模についてははっきりしていないということだね。
Manuel	That's about right.	おおむねそんなところです。
Kota	Before we send our team, we really need to pin down the details by telephone call or maybe a telephone conference.	チームを派遣する前に，電話か電話会議で詳細を詰める必要があるね。

Manuel　OK, I'll set it up as soon as I can.　分かりました，できるだけ早く準備
します。

- ☐ What kind of ~ are we talking about?「どのような~についての話ですか？」
- ☐ be to blame「~に責任がある，~のせいである」
- ☐ glitch「（コンピュータやシステムなどの）不具合，障害」computer〔system；technical〕glitch の
  ように使うことが多い。
- ☐ That's about right.「おおむねそんなところです。」
- ☐ pin down the details「詳細をはっきりさせる」
- ☐ set up「準備する，設定する，立ち上げる，設置する，セットアップする」

5

Review　振り返ってみよう

　Kota はまず (1) の箇所で Can I just confirm ...? というフレーズを使って問題の規模を，
続いて What kind of data updating ...? とデータ更新の種類を確認しました。Manuel の
返事を踏まえて (2) で「スケジュール更新機能に問題があったため連絡が来た」ことを確認
し，(3) で Can I ask why they're sure ...? という表現を使って「なぜ彼らはうちのソフト
ウェアの問題と確信したのか」をさらに確認しています。その結果，Manuel が「ソフトウェ
アの問題であるかどうかは確認していない」ことが判明したため，(4) で内容再確認用のフ
レーズ Let me see if I understand the situation correctly. を使って自分の理解内容を，
Manuel の前で整理しています。これにより，Kota はチーム派遣の前に Metro Manila に電
話をかけて詳細を確認すべきであると判断しました。

🌐 Communication Tactics
自ら率先して質問をコントロールすることで論点を明確化する

Plus+　もっと知りたい！　　心理的距離を示す that, those

　　that, those は単に物を指し示すだけではなく，話者と対象物の間に大きな心理的距離
があることを示すのにも用いられる。分かりやすい心理的距離の例は「意外，驚き，反感」
で That's great!（そりゃすごい！）では意外や驚きが表されており，Those people
are just copying our ideas.（奴らはおれたちのアイデアをコピーしているんだ。）の
those は反感を示している。**58A** では all those errors（いろいろなエラー）という表
現が出てくるが，all those ~ は「~があれほど多く〔いろいろ〕あり」，また「自分で
は対処しにくい，もしくは自分にとって重要性が低い〔縁が薄い〕」といったニュアンス
で使われる。

- ☐ When I got my cancer diagnosis, all those other things suddenly
  seemed to be unimportant.
  ガンの診断を受けてから，あれほどあった他のことが突然無意味に思えるようになった。
- ☐ All those problems will go away if you read the Bible every day.
  聖書を毎日読めば，あれほどある問題が消えてなくなるだろう。
- ☐ That kind〔sort〕of thing is a waste of everyone's time.
  あんなことはみんなにとって時間の無駄だ。

Case 50　相手の返答を鵜呑みにせず内容を再確認する

【背景】Heuristics, Singapore は Strait Industries から自動バックアップシステムの発注依頼を受けました。Kenta は，インド系エンジニア Ashok にこの仕事を任せます。

59A　😖 改善の余地あり！

システム開発の仕事を担当できるかどうか Ashok に打診したところ，彼は 3 カ月あれば問題ないと答えました。Kenta は自信たっぷりなその言葉に安心し，当てにしていたところ期限 1 カ月前になって確認すると Ashok からできないと言われて困ってしまいました。

Kenta	Hi Ashok, do you have time?	やあ，Ashok。時間あるかな？
Ashok	Yes, why?	はい。なぜですか？
Kenta	You know Strait Industries? They have asked us to design an automatic cloud backup system. Do you think you can do it? But we only have three months to get it running.	Strait Industries を知っているよね？ クラウドの自動バックアップシステムの設計を依頼されたんだ。君ならできるかな？ でも 3 カ月しか時間がないんだ。
Ashok	(1) No problem. It should be straightforward. I just need the specs and details of the current setup. They want to use our cloud facilities, right?	大丈夫です。簡単ですよ。ただ，現在のセットアップの仕様と詳細が必要です。先方はうちの会社のクラウド設備を使いたいんですよね？
Kenta	Yes. I'll get you the information today. You can start it tomorrow. (2) Let me know if you hit any hurdles.	そうだよ。今日中に資料を渡すよ。明日にでも始められるよ。何か問題があったら教えてくれ。
Ashok	(3) I got it.	了解です。
	—Two months later—	—2 カ月後—
Kenta	I haven't heard from you about Strait's backup project. How is it coming?	Strait Industries のバックアッププロジェクトについて聞いていないけど，どうなってる？
Ashok	It turned out to be more difficult than I expected.	思ったより難しいことがわかりました。
Kenta	You assured me you could do it, and you haven't asked for help.	できるって言ってたじゃないか。おまけにヘルプも求めてこないし。

Ashok	The basic function is easy, but their servers and system specs have many legacy issues. We need a lot of workarounds. Plus, my assistant suddenly took a vacation.	基本的な機能は簡単なんですが、サーバーやシステムの仕様にレガシーが多いんです。代わりの方策が多く必要です。それに私のアシスタントが突然休暇を取ってしまったこともありまして。
Kenta	Do you really believe we can bring it in on time? We don't have much wriggle room?	本当に時間通りに仕上げられると思っているのかい？ あまり余裕がないんじゃないのか？
Ashok	I would like to think so, but we should maybe put a couple of more engineers on the job.	間に合うと思いたいのですが、もう数人エンジニアを増やした方がいいと思いますね。

- □ straightforward「簡単で理解しやすい」「率直な」という性格を表す用法もある。
- □ get「（入手してから）送る」send を使うと資料がすでに Kenta の手元にあるニュアンスが出る。
- □ hurdle 日本語の「ハードル」よりもむしろ「問題」に近い。overcome〔clear；get over〕the hurdle といった形で使われる。
- □ assure「保証する，請け合う」
- □ workaround「次善策，代わりの方策」
- □ bring in on time「期限までに仕上げる」ここでの bring in は「完成させて渡す」という意味。
- □ wriggle room「融通，余裕」

Review　振り返ってみよう

　(1)の Ashok の発言のような，外国での No problem. に悩まされる日本人は多いようです。彼らがこのように言う理由は各国の文化によって多少異なりますが，基本的には積極性を見せたいということがあるようです。そのためこの言葉が出てきたら「とりあえずチャレンジしてみましょう」くらいに解釈したほうが安全でしょう。

　Kenta は(2)で Let me know if you hit any hurdles. と問題があったら報告するよう言っていますが，「報連相」が苦手な外国人は多く，Ashok の (3)の I got it. を鵜呑みにするのは危険です。「主観的判断で問題がない」と思った場合には報告する必要はないはずだ，と確信している人も多いので，しっかりとインストラクションを出した上で（記録にも残しておくとよい），定期的なチェックは欠かせません。

　Kenta はこうした作業を怠ったため，期限1カ月前になって It turned out to be more difficult than I expected. という返事を受け取ることになってしまいました。しかも Ashok は悪びれることなく「レガシーが多かった上にアシスタントが休暇を取った」と言い訳をしています。Kenta は Sorry. すら言わない Ashok に苛立っていますが，彼にそれを求めるのはほぼ無理でしょう。外国人が Sorry. と言わないのは，単にプライドが高いというだけでなく，雇用形態，責任に対する考え方，ミスに寛容な文化など各国の事情が関係しています。また「本人はそれをミスと考えていない」という理由もあり得ます。

Kenta は今度は，より具体的に踏み込むことで慎重な検討が必要であると Ashok に釘を刺しています。

♪S5_59B

Kenta	Hi Ashok, do you have time?	やあ，Ashok。時間あるかな？
Ashok	Yes, why?	はい。なぜですか？
Kenta	You know Strait Industries? They have asked us to design an automatic cloud backup system. Do you think you can do it? But we only have three months to get it running.	Strait Industries を知っているよね？ クラウドの自動バックアップシステムの設計を依頼されたんだ。君ならできるかな？ でも 3 カ月しか時間がないんだ。
Ashok	No problem. It should be straightforward. I just need the specs and details of the current setup. They want to use our cloud facilities, right?	大丈夫です。簡単ですよ。ただ，現在のセットアップの仕様と詳細が必要です。先方はうちの会社のクラウド設備を使いたいんですよね？
Kenta	That's right. (1) But your optimism worries me. I'd be more confident if you had a look at their system before deciding.	そうなんだ。でも君は楽観的だけど気になるな。君が実際にシステムを見てから判断してもらったほうが私としては安心できる。
Ashok	We've been working with them without trouble. There has been no trouble, so far.	私たちは先方とこれまでも問題なく仕事をしてきましたよ。これまでもトラブルはありません。
Kenta	(2) Their architecture may be more complicated than you think. I'll get you their data today. (3) Please have a look at it, then get back to me tomorrow evening.	彼らのアーキテクチャは君が思っているより複雑かもしれないよ。今日彼らのデータを渡すよ。それを見て明日の夕方には返事をくれ。

☐ architecture「アーキテクチャ」システムの構造を指す。

Review 振り返ってみよう

　Kenta は (1) で Ashok が考慮していない点を的確に指摘しています。また (2) でも「問題は君の予想を超えるかもしれない」旨を指摘し，(3) において，まずはデータを渡すのでそれから判断するように指示しています。このように部下が No problem. で安請け合いしても，そうでなかった場合のシナリオを想定し，対策を具体的に考えさせるのをデフォルトの対応とすべきでしょう。

🌐 Communication Tactics　No problem. を額面通りに受け取らず内容を再確認する

異文化理解 *Column*

「できます」＆「問題ない」

　海外とのやり取りでは，相手に何かタスクを依頼する際，相手の返答内容を再確認することが非常に重要となります。

　日本では，まず管理者やプロジェクト担当者が計画と役割分担を綿密に立て，次に各プロセスの担当者に仕事を回します。各担当者は，管理者側が自分に期待しているであろう結果のクオリティーを忖度（？）しながら，指定された作業を約束の期限までにこなし，それが次の担当者へと回っていきます。この間，管理者と担当者は報連相で進捗を確認しながら進み，最終的にプロジェクトが完成します。つまり＜(1) 綿密な計画と役割分担＞＆＜(2) 担当者による几帳面な仕事と報連相＞が日本式作業工程の代表的レシピとなっています。しかし海外に出るとこの (2) のステージが往々にして機能しない場合があります。そのため海外では (2) のステージのところで，常に Plan B を用意しておき，柔軟かつ臨機応変に作業を進めていく必要が出てきます。

　(1) の部分で役割分担を行う場合も注意が必要です。タスクを実行できるかどうかを外国人に尋ね，I can do that. や No problem. という返事が返ってきてもそれを鵜呑みにはできません。英語圏では I can do that. はしばしば自らのチャレンジ精神や積極性をアピールするために使われます。同じく個人主義の強いインドでも Let's give it a try! 程度の意味で使われます。（こうした「安請け合い」に対処できるようにという意味でも，ステージ (2) の段階で Plan B を用意することが必須となっています。）もし作業が期日に間に合わなかったとしても彼らから「申し訳ありませんでした！」という謝罪を期待するのは無理です。むしろ彼らの「言い訳」に対処するため，会話，会議，電話の内容を細かく記録しておくことがマストと言われます。

　また中国語で使われる「問題ない（没问题）」も「自分からみて大丈夫だと思う」，「まだ自分でなんとかできるので大丈夫だろう」「一応は機能するから大丈夫じゃないの？」のような主観的な意味で使われることがあります。

　ベトナムは器用な人間が多く，何か問題が生じると自分なりの工夫で対処しようとし，結果的に日本側が求める目標成果から外れるというケースも考えられます。

　「伸び縮みする時間感覚」を持つインドネシア人やマレーシア人は，日本側が求める厳密なスケジュールを自分なりに解釈してしまうかもしれません。

　「信頼して頼んだのに裏切られた！」という結果にならないように，「具体的にどう対応するつもりか」「問題が生じるとすればどんな問題か」「問題が解決できなければどうするとよいと思うか」などの点をきっちり詰めておく必要があります。世界的に見て，日本のように上記のステージ (1) とステージ (2) の組み合わせをチーム全員が忠実にこなす国は筆者の知る限りほぼ存在しないようです（あってもやり方が異なります）。

Case 51　部下にネガティブなフィードバックを伝える

【背景】マーケティング部に勤める中国出身の Phillip は，先週営業チームと一緒に物流企業クライアントの Starlid Logistics を訪問しました。その際 Phillip がクライアントが使っているシステムについて発言した言葉がクライアントを憤慨させたらしく，上司の Ryota のもとにクレームが入りました。Ryota は Phillip のデスクのところにやって来ました。

60A　😞 改善の余地あり！

Ryota が他の人たちもいる前で Phillip に苦言を呈したところ Phillip が感情を害してしまったようです。

Ryota	(1) Phillip, I wish you didn't tell our client that their system is antique. They are very upset.	Phillip, クライアントに向かってシステムが骨董級だなんて言ってほしくなかったな。先方はとても腹を立てているよ。
Phillip	What are you talking about?	何の話ですか？
Ryota	You visited Starlid Logistics last week with the sales people, right?	先週，営業の人たちと一緒に Starlid Logistics を訪問しただろ？
Phillip	(2) I tried to interest them in our new inventory control system. Their system was old when dinosaurs were still around. They will have to replace it sooner or later. I was being frank. Besides they are still using a facsimile!	うちの新しい在庫管理システムに興味を持ってもらおうと思ったんです。彼らのシステムは大昔の時代の古いものです。遅かれ早かれ入れ替えなければならなくなるでしょう。私は率直な意見を言ったんです。しかも彼らはまだファックスを使っているんですよ。
Ryota	(3) Are you familiar with the concept of tact? Before Japanese clients, it's extremely important to show *enryo*, ahhh, restraint. You are too straight. I wish you would read the room.	「気配り」という概念を知っている？ 日本のクライアントの前では，"enryo", つまり遠慮するのがとても大事なんだよ。ストレートすぎるんだ。空気を読んでくれなくちゃ。
Phillip	Why are you criticizing me in front of everybody for being honest? Is that tactful?	なんで正直に言ったことに対してみんなの前で文句を言うんですか？ それって気配りがあるんですか？

- [ ] I wish you didn't ... 「…してほしくなかったな」I wish I didn't ... であれば「…しなきゃよかったなあ」のように残念さを表す。
- [ ] antique「骨董級の物」
- [ ] inventory control system「在庫管理システム」
- [ ] when dinosaurs were still around「まだ恐竜がいたころ」つまり「大昔」のこと。
- [ ] sooner or later「遅かれ早かれ」
- [ ] frank「率直な」ここでは「率直な性格である」ではなく「率直な態度を見せる」の意味なので進行形が使われている。
- [ ] Are you familiar with the concept of 〜 ?「〜という概念を知っているか？」相手に新しい概念を紹介するのにも，またいらだちを示すのにも使える。
- [ ] tact「（物言いにおける）気配り」相手の気持ちを害さないように気を付けて物を言う能力。
- [ ] show restraint「控えめにふるまう，遠慮する」
- [ ] read the room「空気を読む」
- [ ] tactful「如才のない，（物言いに）気配りのある」

Review　振り返ってみよう

　(1) の I wish you didn't tell our client that their system is antique.（システムが骨董級だなんて言ってほしくなかったな。）から分かるように，Ryota ははじめから苛立っており，これが対応を誤らせました。部下が日本人であれば「すみません」の一言が期待できるかもしれません。そうすれば「次回から気を付けろよ」で決着が付くのですが，Phillip は (2) で「うちの製品に興味を持ってもらいたかったからだ」と述べています。Ryota にとってこれは言い訳に聞こえたため，(3) で Are you familiar with the concept of tact?（「気配り」という概念を知っている？）と相手に詰め寄りました。これによって結果的に Phillip も反発してしまいます。

　ただ Phillip は (2) を言い訳として言ったのではなく，本当にそう思ったから言ったとすると，彼にとっては Ryota の対応がちょっと不当に感じられたかもしれません。一番問題だったのは Ryota が Phillip の言い分をきちんと聞かずに批判したことで，これが Ryota の対応をアンフェアに見せてしまった可能性があります。

60B ☺ これならスムーズ！

Ryota は Phillip に用事があることを伝え，話をするために彼を自分の部屋に招きました。

♪S5_60B

Ryota	(1) Phillip, can we talk now? Would you come into my office?	Phillip，今話せる？ 私の部屋に来てくれないか？
Phillip	Sure, what do you need?	もちろん，何か用ですか？
Ryota	I have a couple of questions about Starlid Logistics.	Starlid Logistics についていくつか質問があるんだ。
	—In Ryota's office—	—Ryota の部屋で—
Ryota	You visited Starlid Logistics last week with the sales people, right? (2) They mailed me to complain about your attitude. (3) I'd like to hear your side of the story.	先週，営業の人たちと一緒にStarlid Logistics を訪問したよね？ 向こうから君の態度についてクレームのメールが来たんだよ。君の言い分を聞かせてほしいんだ。
Phillip	Is this about me telling them they have an obsolete system? I was trying to interest them in our new inventory control system.	私が「システムが時代遅れだ」と言ったことについてですか？ うちの新しい在庫管理システムに興味を持ってもらおうと思ったんですけどね。
Ryota	I appreciate your sales effort, but next time how about being less direct. (4) Many Japanese clients are easily offended. So it's important to show restraint. Maybe be a little indirect.	営業努力は認めるが，次回はもっとソフトに言ったらどうだろう。日本のお客さんには気分を害しやすいところが多いんだ。だから控えめにふるまうことが大切なんだ。少し遠回しに言うとかね。
Phillip	I don't see anything wrong with being honest, but I'll try to be more subtle in the future.	正直に言うことのどこが悪いのかは分かりませんが，今後はもう少し控えめにするようにします。
Ryota	(5) I appreciate that. Probably that will sell more systems in the end.	ありがとう。そのほうが結果的にもっと多くのシステムが売れるだろうね。

☐ obsolete「使われなくなった，旧式の，廃れた」
☐ be easily offended「気分を害しやすい」
☐ subtle「控えめな」意図をぼやかした物言いをするというニュアンス。

182

Review 振り返ってみよう

　ここでの Ryota の対応は **60A** と異なり，非常に抑制されたものになっています。まず (1) で Phillip を他者の目のない自分の部屋に呼び入れています。次に (2) でクレームが来たという事実を淡々と述べ，(3) で I'd like to hear your side of the story. と Phillip の言い分を聞こうとしています。

　その理由を述べた Phillip に対し，(4) で日本のお客さんには気分を害しやすいところが多いので，遠回しに言うほうがよい，というようにアドバイス形式で注意を促しています。そして最後に (5) で I appreciate that. と感謝を伝えたのち，that will sell more systems in the end と，そうすることで結果的に生じるメリットに言及しています。

　今回の Ryota は**客観的な事実を述べたあと部下に弁明の機会を与え，理由とともにアドバイスを与えたのちに，感謝とメリットで締めくくる**，というタクティクスを用いました。今回の Ryota のアプローチとは若干異なりますが，海外では，ネガティブフィードバックを部下に与える典型的な流れとして，**＜よい情報→本題→相手をサポートするためにまたよい情報＞**といういわゆるサンドイッチスタイルのフィードバックがよく使われます。

🌐 **Communication Tactics**

ネガティブフィードバックでは，部下の言い分に耳を傾け，プラスの情報で締めくくる

Candid Opinion 外国人からの辛口コメント　**異文化と本社の無理解による二重苦**

　今回は日本に派遣されたアメリカ人の日本支社代表が，米国の無理な要求と日本における異文化の板挟みに遭って苦労した時の話です。

　私は日本支社の代表として日本に赴任しました。我が社は世界で最も有名な企業の1つであり，我が社の製品は業界では世界中で最も多く売れています。米国本社は自社製品がどの国でも売れるのが「当たり前」と考えていました。そのためターゲットが新たな日本市場であっても短期的な成果が求められ，私に与えられるタイムフレームも往々にして短いものでした。製品の質がよいからと言って日本市場が求めているものを提供できているとは限らないにもかかわらず，です。

　一方日本側にも別の「当たり前」が存在します。日本では多くの企業の関連会社や子会社が我が社の製品と同様の機能を果たす製品を製造していました。そのため外国製品ではなく，関連企業の製品を購入するのが習慣になっており，日本市場に参入するためにはまず人間関係と信頼の構築から始める必要がありました。

　外国市場において長期的に成功するには忍耐が非常に重要になります。しかしそうした苦労について米国本社はまったく理解しようとしませんでした。外国でビジネスをする場合，円滑に仕事を進めるためには，当事国に足を運び，その国や現地の文化を理解することが大切なのです。

　この話は，日本企業が海外に進出する場合にも当てはまるものです。実際筆者は海外で活躍する日本人ビジネスパーソンからも，「我々は単身でこんなに苦労しているのに，肝心の日本本社が現地国の状況を理解してくれない」という報告を数多く聞いています。

Case 52 混沌とした会議

【背景】Kenta は 2 人のエンジニア Ashok と Chitra を集めて会議を開いています。2 人のエンジニアはインド人らしく積極的に意見を言ってくれるのですが，Kenta は交通整理に苦労しているようです。

61A 😞 改善の余地あり！

会議の中で Kenta はなんとか話の流れを整理したいのですが，Ashok と Chitra は思い思いの意見を口にするのでうまく行きません。

Kenta	As I mentioned in the mail, we need to fine-tune our proposal for Starlid Logistics in their network construction. (1) So let me hear your thoughts if you have any, Ashok.	メールにも書いたけど，Starlid Logistics のネットワーク構築について，我々の提案を微調整する必要がある。そこでもしあればだけど Ashok, 君の意見を聞かせてほしい。
Ashok	Well, I have a basic question about why we are even doing this project.	そうですね，なぜこのプロジェクトをやるのか，という基本的な疑問がありますね。
Kenta	Did you read my message and the attached proposal?	私のメッセージと添付の企画書は読んでもらえたかな？
Ashok	I gave it a once over. I figured that's what we are going to discuss today.	一応目を通しました。今日はその話をするんだとばかり思っていましたが。
Chitra	What kind of system does Starlid Logistics want?	Starlid Logistics はどのようなシステムを希望しているんですか？
Ashok	I think it should be clear from the name, shouldn't it?	名前からして明らかだと思わない？
Kenta	(2) OK, everyone. Let's get things back on the track. Starlid will set up their data centers in Singapore and Mumbai. And they are going to synchronize them constantly.	よろしい。みんな, 話を元に戻そう。Starlid はシンガポールとムンバイにデータセンターを設置する予定なんだ。そしてそれらを常に同期させる予定だ。
Ashok	It would be easier and cheaper if they synchronize once a week.	同期を週に一度にすればもっと簡単で安上がりなんですけどね。
Kenta	(3) Gentlemen, you know we have to discuss it in an orderly fashion.	みんな，議論は順序立ててしなくちゃならないことは分かっているだろ。

☐ fine-tune「微調整する」
☐ hear one's thoughts「〜の意見を聞く」thoughts は複数形である点に注意。
☐ get things back on the track「話を元に戻す」
☐ synchronize「〜（の動き）を同期させる」

Review　振り返ってみよう

　Kenta はすぐに脱線する Ashok と Chitra に手を焼いているようです。Kenta は参加者が順序立てて話をすることを期待して、(1) で let me hear your thoughts if you have any（もし意見があれば聞かせてほしい）と投げかけていますが、2 人の部下は思い思いの発言をしており、Ashok がプロジェクトを行う理由について疑問を呈する一方で、Chitra は客先が希望するシステムの詳細を聞いています。Kenta は (2) で Let's get things back on the track. と話を戻そうとしますが、再び Ashok が「同期を週一度にすれば楽になる」のように Kenta が進めようとしている話の大筋とは無関係な話を始めました。Kenta の悩みは尽きそうにありません。Kenta の問題は、(3) の you know we have to discuss it in an orderly fashion から分かるように、「世界中誰もが順序と秩序を持って他人に遠慮しながら話を進める文化を持っているに違いない」と早合点したことにあるのかもしれません。

Voice　異文化最前線からの声　タフ・ネゴシエーター

　ある日系大手企業が、米国企業と知的財産権のライセンス契約についての交渉を行っていた際のエピソードの報告です。

　日本側チームのミッションは米国企業から知財のライセンス権を購入することでした。そのため米国に出張し、時間をかけて交渉を行ったのですが、先方の米国企業の担当者がなかなか首を縦に振りません。担当者は若い女性ですが、非常にタフなネゴシエーターでした。日本側がどんな説明を行っても why の連発で話が進展せず、日本側は一旦帰国してからもう一度交渉に臨むということになりました。
　日本側チームは再度渡米して交渉を行いましたが、一向に埒が開かず、日本側は why の攻勢にたじろぐばかりで今回も成果を上げることはできませんでした。
　米国側もついにしびれを切らし、その女性担当者（Ms. Why とまで呼ばれました）が自ら来日し、交渉することになりました。日本側も今回は交渉リーダーとして別人物を連れてきて、チームを率いさせました。新リーダーはまずアジェンダの再整理を行いました。彼がこれまでのアジェンダを見ると、さまざまな情報が無秩序にちりばめられており、ストーリーに構造とロジックがありませんでした。そこでこれを、日本側の購入理由と目的、それを用いて行う事業計画、米企業にもたらされるメリット、そして双方が今後行うべきアクションプランの形で作成し直し、それを会議で使ってよいかをまず米国担当者に確かめた上で会議に臨みました。すると面白いことに会議は 40 分ほどで終了し、米国側はライセンス販売について前向きに進めることに同意しました。そして、交渉はうまく進み、最終的に契約成立の運びとなりました。

　ここから得られる教訓は、最初の 2 回の交渉では日本側の準備がまったくできていなかったために自滅していたということです。アジェンダ作成の下地になる「なぜこのビジネスを行うのか」という明確な定義と意義付け、そのロジックを英語で説明するための準備、このロジックに基づいたアジェンダ作成と英文チェック、交渉時に必要な資料の準備と管理が不十分で、すべてを出たとこ勝負で行っていたことが問題だったわけです。米国担当者は理由が分からない話に責任者として OK を出すわけにもいかないので繰り返し why と尋ねていただけで、タフ・ネゴシエーターなどではなかったのです。

61B 😊 これならスムーズ！

ここでの Kenta は，まずブレインストーミングから始めることにしました。

♪S5_61B

Kenta	As I mentioned in the mail, we need to fine-tune our proposal for Starlid Logistics in their network construction. (1) Before that, let's get brainstorming out of the way just in case.	メールにも書いたけど，Starlid Logistics のネットワーク構築について，我々の提案を微調整する必要がある。だがその前に，念のためブレインストーミングをやっておこうか。
Ashok	Well, I have a basic question about why we are even doing this project.	そうですね。なぜこのプロジェクトをやるのか基本的な疑問がありますし。
Kenta	Starlid will set up their data centers in Singapore and Mumbai. And they are going to synchronize them constantly. (2) If we successfully do this job, it will make us a lot of money and improve our reputation in Southwest Asia.	Starlid は，シンガポールとムンバイにデータセンターを設置する予定なんだ。そして，それらを常に同期させる予定だ。この仕事が成功すれば，大きく儲かるし，西南アジアにおけるうちの評価も上がる。
Chitra	Since they are in the logistics industry, I think they may want their system expandable to other countries in the future.	彼らは物流業界にいますから，将来的には他国にもシステムを拡張できるようにしたいのではないでしょうか。
Ashok	I know a similar case. It's a local company but it's very successful with foreign clients.	似たようなケースを知っています。一地方の会社ですが，海外の顧客と組んで大成功しています。
Kenta	(3) It sounds like they might be our competitor. So let's do some investigations. How soon could your team produce a report?	競合になりそうだな。じゃあちょっと調査してみようか。そちらのチームはどのくらいでレポートができるかな？

Review：振り返ってみよう

　　インド人部下を抱える Kenta は会議のたびにストレスを感じているようですが，それは彼が会議の在り方に対して，日本的な秩序を期待していることが関係している可能性があります。まだ問題の本質がよく見えていない議題については，日本のように最初から順序立てて話すのではなく，まず (1) のようにブレインストーミング形式でわいわい言いながら意見を出させることが重要です。Kenta はさらに (2) でこのプロジェクトのメリットと意義について述べています。これに刺激され Chitra と Ashok はそれぞれ自分の意見を表明しました。そして Kenta は Ashok からの意見を踏まえ，(3) で let's do some investigations（調査してみよう）と次のステップについての指示を出すことができました。

　　このように，インド人が多い会議では，まずブレインストーミングをさせ，そこで得られた知見をもとに会議を進めることで，クリエイティブな議論が可能となる場合があります。

🌐 Communication Tactics
会議では，メンバーの意見を引き出し，それをもとに進めるのが生産的

Tips For Better Communication　曖昧なインストラクション

　　日本人の管理者は，インストラクションは曖昧なのにアウトプットのチェックはとても細かいと言われています。例えば次の文を見てみましょう。

I need you to get me some data from our clients. Include all important information in a spreadsheet, as you see fit. Please get it to me as soon as possible.
顧客のデータを集めてほしいんだ。適宜判断して重要なデータをすべてスプレッドシートに入れてくれ。できるだけ早く提出してくれ。

　　日本人の中には「そのへんのところは適当に判断しておいて」といった指示を出す人がいます。英語にすると as you see fit（自分の判断で）くらいになると思いますが，こうした指示は外国人の部下からすると一番困ります。中国人やインド人と働いた経験を持つ人が「彼らは言われたことしかやらない」と嘆くのを聞くことがありますが，それは何も彼らに限ったことではなく多くの国にも当てはまります。彼らは，一定以上の人材であれば，「言われたことしかやらない」のではなく「きっちりと指示すればその通りしっかりやる」力があり，部下を使いこなせないのはその管理者側に能力がないからだと考えます。

　　また日本語では物事を厳密に表現する言語習慣が弱い上に，冠詞や単数複数といった文法形式がないので，話す時には「言い淺らし」がないか十分注意する必要があります。例えば「私は漱石の本を読んだことがある」を英語にすると，「私は漱石によって書かれた複数書籍のうちのいくつかのものを読んだことがある（I have read a few of the books by Soseki.）」となります。

　　最初に挙げた文について言えば，例えば「2020 年から 2022 年までの実際の顧客別の売上実績を月単位で示したデータ，顧客属性，販売した製品に関するデータを，複数のスプレッドシードに年度ごとに分け，25 日木曜日の 3 時までに，共有サーバー内にある kota_data というフォルダに入れておく」くらいの細かさになるかもしれません。

Case 53　部下の問題やミスに柔軟に対処する

【背景】Abdul は Quadram Solutions, Philippine の Kota の下で働いています。Kota は Abdul にレポートの提出を頼みました。

62A 😞 改善の余地あり！

Kota は Abdul からのレポートを受け取りましたが，内容と添付資料が合っていないので基本的なミスに苛立っているようです。

Kota	Abdul, I received your report, but the attached data sheet didn't match. What happened?	Abdul，報告書を受け取ったけど，添付のデータシートが一致してないよ。どうしたんだ？
Abdul	Well, I must have given you a sheet from another project. I will send you the correct one soon.	別のプロジェクトで使ったものをお渡ししてしまったようです。すぐ正しいものを送ります。
Kota	(1) It's already delayed. It's a very basic error.	もう遅れているんだよ。とても基本的なミスだよ。
Abdul	No problem. It will be ready tomorrow probably.	問題ありません。たぶん明日には出来上がります。
Kota	I hate to sound like a nag, (2) but your report didn't mention the estimated costs for the proposed system either. Why is that?	口うるさいようだけど，君のレポートには，提案されたシステムの見積もりコストも書かれていないよ。なぜなんだ？
Abdul	I was too busy. My daughter was sick. Besides it is Ramadan.	忙しすぎたんです。娘が病気になったんです。それにラマダンですし。

□ nag「ガミガミ言うこと」
□ Ramadan「ラマダン（断食月）」

Review 振り返ってみよう

　Kota は Abdul があまりに基本的なミスをするのでその驚きが苛立ちにつながったようです。(1) では It's already delayed.（すでに遅れている。），It's a very basic error.（とても基本的なミスだ。）と強い言葉で叱責しています。また (2) では your report didn't mention the estimated costs for ～ . Why is that? と見積もりコストが書かれていない理由を問い詰めています。他の箇所でも述べたように東南アジアでは怒りをあらわにすることは上司にふさわしくない行為として見なされます（特にタイではプレッシャーの高い人間関係や職場では萎縮してしまい，よいパフォーマンスが期待できないと言われます）。こうした地域では，人々は他者の小さなミスに寛容である一方で，プライドが高いために相手からは Sorry. という言葉は期待できず，むしろ言い訳が返ってくるという特徴があります。Abdul も「忙しさと娘の病気とラマダン」という言い訳をしています。

Candid Opinion　外国人からの辛口コメント　従順さは誰のため？

日本で働いたことのあるフランス人管理職の体験談を紹介します。

私が働いていた日本の大手 IT ／ EC 企業には日本人向けと外国人向けという２つの環境がありました。新しい情報が入るとそれは私に報告されるべきなのに，日本人部下はなぜかまず別の日本人のところに報告するのです。この傾向は，食事やチームビルディングの際に顕著で，日本人同士でかたまり外国人が排除されているように感じられました。英語力に対する自信のなさと，上司の前で失礼をしたり，同僚に対してバツの悪い姿を見せたりしたくないという極度の恐れがそうさせていたと思います。

日本の presenteeism（病気であっても朝早くから夜遅くまでオフィスにいなければならないこと）の強さには驚きました。この献身精神には感銘を受けましたが，のちにこれが上に対する服従を示すためであり，仕事の能率よりも，出社していることを上司に見せることで従順さを示すのが重要なのだということを学びました。私が実験として出社時間を早めたり，退社時間を遅く変えてみると，私が特に命じたわけではないのに部下たちの出社時間と退社時間はそれと見事に連動することを発見したのです（筆者コメント：こうした行動様式のオフィス文化について，別の外国人が blame-based culture（非難されるのを避けることが行動の動機となっている文化）という説明をしていたのを聞いたことがあります）。

私の部下は常に命令を忠実に実行してくれる点で信頼が厚かったのですが，「もっといい方法があるかもしれない」と指摘することによって，私やプロジェクトに挑戦してほしいと感じていました。つまり彼らは常に上司の私に判断させることで，自分の頭で考えたり，自分の想像力を発揮することを放棄しているように見えたのです。

よく日本人には創造性が足りないと言われますが，私の経験ではむしろリーダーシップを取ることに恐れを抱いているのが最大の問題と思われます。多くの人は指示がないと動くことも，また新たな提案もできません。明確な指示があればよいのですが，障害や困難が生じるとチームは迷い，責任が取れずプロジェクトが頓挫した例を多く見ました。仕事は自分の範囲内のみに限定されたものであり，常識を超えた発想を行い，他者を巻き込んだ仕事で責任を全うしようという文化がないのだと思います。

また集団主義を個人に対して過度に優先させていることが，日本のオフィスにおける仕事の質を低下させる一因になっているように感じられます。チームワークは重要ですが，集団主義が私生活を圧迫するまでになると仕事のモチベーションが下がります。すると結果的に会社に貢献できる仕事やアイデアを提案しなくなり，自分の昇進のために集団の流れに身を任せておけばいいという考えになってしまいます。

Abdul はいくつかの凡ミスを犯しましたが Kota は忍耐強く，一つ一つ丁寧にインストラクションを出しています。

♪S5_62B

Kota	Abdul, thank you for your report, but the attached data sheet doesn't seem to match. What could have happened?	Abdul，レポートありがとう。だけど添付されたデータシートが一致しないようだね。何かあったのかい？
Abdul	No problem. I'll send you the correct one.	大丈夫です。正しいものを送ります。
Kota	Thanks. How soon can I get it? (1) Our client is now waiting for it. Punctuality is very important for us because they are a new client.	ありがとう。どのくらいでもらえるかな？クライアントが今それを待っているんだ。新しいクライアントだから時間厳守がとても重要なんだ。
Abdul	I understand.	分かりました。
Kota	One more thing. (2) We still need to provide the estimated costs. Do you think you can complete these tasks by tomorrow afternoon?	もうひとつ。まだ見積もりコストを提示する必要があるんだ。明日の午後までにこれらの作業を終わらせられるかな？
Abdul	I think so.	できると思います。
Kota	(3) Great, but let me remind you we are having a department meeting tomorrow morning. Are you sure you can complete the tasks by the afternoon?	よかった。ただ明日午前中には部門会議があるから忘れないようにね。本当に午後までに作業を完了できるかい？
Abdul	I'll do my best and if I get behind, I'll let you know right away.	最善を尽くします。もし遅くなったらすぐ連絡します。

☐ get behind「予定から遅れる」

Review　振り返ってみよう

　今回の Kota は，ミスの理由を問い詰めたりせず，忍耐強く，一つ一つ注意しなければいけない点を確認し，指導しています。添付ファイルが内容と合っていないことについて叱責するのではなく，(1) のように顧客に早く渡さなければいけない理由を説明しています。また Abdul が見積もりコストを記入し忘れた事実についても，「どうして見積もりコストを入れ忘れたのか」と問い詰めるのではなく，(2) の Do you think you can complete these tasks by tomorrow afternoon? のように「明日の午後までに終わらせることができると思うか」という言い方をしています。最後に Kota は (3) で「明日午前中に会議がある」ことをリマインドした上で，Are you sure ...? と本当に明日の午後までに作業が完成できるのかをしっかり再確認しています。Abdul も言い訳することなく，前向きに取り組む意志を示しました。東南アジア地域においては部下に十分なインストラクションを与える上でこうした心構えがより一層重要になると言われています。

Communication Tactics

部下の問題点やミスに対しては，忍耐強く一つ一つ確認し指導する

Tips For Better Communication　5つの「あ」

　製造業を中心に，手順と予定通りにきっちりと完成させる文化を培ってきた日本人からすると，東南アジアをはじめとする異文化地域では「どうしてこんな簡単なことができないのか?!」と苛立つケースも多いかもしれません。日本では各人が自分の仕事を細かくこなす文化がありますが，アジア，特に東南アジアを中心とした地域ではちょっと事情が違います。こうした場所では，「焦らず，慌てず，あきらめず，当てにせず，侮らず」という5つの「あ」による指導が肝心と言われます。現地から来るさまざま報告やエピソードは，次の点を指摘しています。

　部下がミスをしても「どうしてこんなミスをするんだ！」と焦ったり苛立ったりすることなく，忍耐強く指導します。ミスが繰り返されたとしても「どうせ彼らには無理だ」と見下したり，また「言わなくてもちゃんとやってくれるだろう」と期待するのもよくない結果を招きます。忍耐を持って指導し続けることで「意外によくやってくれるじゃないか」という結果が返ってくるといいます。国により人材育成方法は多少異なりますが，一般的に言うと下記のような形になるようです。

・部下がミスをしても怒りをあらわにしたり，面子を傷つけたりすることは避ける。
・仕事はまずやらせてみて，締切のところではきっちり管理する。
・部下の仕事の結果に問題があれば，忍耐強く（やさしく）どこがよくないかを説明し，本人に改善させる。
・うまくいかなければ，一緒にやってみようという姿勢で指導する。
・改善の結果がよければ褒めて伸ばす。改善は 100% を求めず加点方式で OK とする。

Case 54 部下からの不満に対して説明を行う

【背景】Heuristics Inc. では研修の一環として，スタッフを他部署で働かせるクロストレーニングを実施しています。マーケティング要員として採用された Phillip も，トレーニングのためにマーケティング部から一時的に営業部に出され，営業要員として働くことになりました。

63A 😞 改善の余地あり！

営業部でのクロストレーニングが始まってから 3 カ月経ち，Phillip はこの措置に対する不満を抑えられなくなりマーケティング部の上司の Ryota に不満を打ち明けています。

Phillip	I have something I need to talk about. I've been working as a sales person for three months. I was hired as a marketing specialist. I can't see any advantages in this cross-training.	お話ししたいことがあります。営業として働いて 3 カ月になります。私はマーケティングの専門家として採用されました。このクロストレーニングには何のメリットも感じられないのですが。
Ryota	(1) We believe you can learn a lot from actual experience in other departments. It's all grist for the mill.	我々としては他部署で実際の経験を積むことで，多くのことが学べると考えているんだ。何事も経験だよ。
Phillip	(2) But I don't have unlimited time. I don't know when I'll be returning to China. I want to learn as much as possible about marketing while I'm here.	でも無尽蔵に時間があるわけじゃないんです。いつ中国に帰るかわからないですし。ここにいる間にマーケティングについてできるだけ多くを学びたいんです。
Ryota	(3) It's important to learn patience in marketing or any other field. There is a Japanese saying, "If you sit on a stone for three years, you will become more comfortable." It means "Patience wins the day."	マーケティングに限らずどんな分野でも忍耐力を身につけることは大切だ。日本には「石の上にも 3 年」ということわざがある。「忍耐するものが勝つ」という意味だよ。
Phillip	That's not the patience I need now. What I have to do is improve my marketing skills and new expertise while I'm here.	今の私に必要なのはそうした忍耐力ではありません。私がやるべきことは，ここにいる間にマーケティング技術や新しい専門知識を高めることなんです。

☐ cross-training「クロストレーニング」社員を別部署に派遣して他部署の仕事を学ぶトレーニング。別競技の練習を経験することで技能アップを目指す運動選手のためのトレーニングに由来する。
☐ It's all grist for〔to〕the mill.「どんな経験でも役に立つ。」(ことわざ) grist は本来「穀物」の意味。直訳は「どんなものでも製粉機用の穀物になる」。All is grist for the mill. という言い方もある。
☐ Patience wins the day.「忍耐するものが勝つ。」(ことわざ)「石の上にも 3 年」に相当。Perseverance pays dividends.（辛抱すれば配当がある。）という言い方もある。
☐ expertise [èkspɚtíːz]「専門知識」不可算名詞である点に注意。

Review 振り返ってみよう

　伝統的な日本の仕事文化では「習うより慣れろ」,「仕事は自分で見つけるものだ」,「仕事は盗むものだ」,「(先輩の)背中を見て仕事を覚えろ」といった考え方があります。その根底には「仕事は理屈ではなく実践である」,「仕事は忍耐力と頑張りが大切」,「人に聞く前に自主的に学び実行せよ」という哲学があるのだと思います。しかしこうした考え方はともすれば誤解を招きやすいものでもあります。こうした文化的背景を共有しない外国人にとっては「習うより慣れろ」は「理由を聞かずにとにかくやれ」のように、また「仕事は自分で見つけるものだ」は「上からの細かいインストラクションを期待するな」のように聞こえる可能性があります。

　Ryota は (1) の We believe you can learn a lot from actual experience in other departments. で「経験から多くを学べること」を、(3) の It's important to learn patience in marketing or any other field. で「忍耐を学ぶことが重要であること」を述べています。しかしクロストレーニングが Phillip にとってどのようなメリットがあるのかをトレーニング期間やキャリアパス上のロードマップとあわせて具体的に説明することができていません。マネジメント側として、職務配置換えの意味について十分説明したつもりであっても、外国人社員側はそれを十分理解できていない場合がかなりあります。Phillip は (2) で I don't have unlimited time.（無尽蔵に時間があるわけではない。）, I want to learn as much as possible about marketing while I'm here.（ここにいる間にマーケティングについてできるだけ多くを学びたい。）と述べています。実際日本にいる多くの外国人が、「常に学び、最速でキャリアアップしたい。学ぶものがなければ他社（他国）に移る」という考え方を持っています。彼らはキャリアパスが見えないと、「早く成功しなければならないのに、なぜ自分はこんな仕事で時間を無駄にしなければならないのか」と日々不満を募らせ、最終的に退社してしまうケースも少なくありません。

　外国人社員が企業への貢献度を実感し、高いモチベーションを維持するには、**明確なロードマップに照らしてその意義とメリットを具体的に説明し、それを定期的に確認するプロセスが重要**になります。

63B 😊 これならスムーズ！

今回 Phillip は Ryota の他に人事部の Kaoru も交え，今後のキャリアパスについても話をする機会が得られました。

♪S5_63B

Phillip	I have something I need to talk about. I've been working as a sales person for three months. I was hired as a marketing specialist. I can't see any advantages in this cross-training.	お話ししたいことがあります。営業として働いて3カ月になります。私はマーケティングの専門家として採用されました。このクロストレーニングには何のメリットも感じられないのですが。
Ryota	I understand your feelings, but there are some things you should consider. (1) For example, seeing how the marketing approach actually works in the sales arena is a plus for you.	気持ちはわかるが，いくつか考えるべきことがある。例えば，営業の世界でマーケティングがどのように機能しているのかを見るのは君にとってプラスになる。
Kaoru	(2) I think a couple more months in sales and then maybe some time in finance might be very helpful to round out your job knowledge.	あと2，3カ月営業をやって，それから一定期間財務をやれば，仕事の知識をしっかりしたものにするのにとても役に立つと思うわ。
Phillip	I hadn't thought about it that way.	そのように考えたことはありませんでした。
Ryota	(3) How about if we meet every couple of months to briefly discuss your progress?	2，3カ月に一度会って，進捗状況を簡単に話し合うのはどうだろう。
Kaoru	(4) If successful, we could think about an expanded role when you come back.	うまくいけば戻って来た時にもっと大きな役割を担ってもらうよう考えてもいいわね。
Phillip	How long are we talking about?	どのくらいの期間ですか？
Kaoru	(5) Maybe two more months in sales and another four months or so in finance.	あと2カ月くらいは営業で，それから4カ月くらいが財務ね。
Phillip	If it's that way, I'm on board.	そういうことなら承知しました。

□ sales arena「営業の世界」
□ round out ～「～（経験などを）しっかりしたものにする」
□ expand「広げる」
□ I'm on board.「私は賛成だ。」I'm all for it. なら「是非そうしたい。」という意味になる。

　Ryota は (1) で seeing how the marketing approach actually works in the sales arena is a plus for you とクロストレーニングのメリットについて述べ，Kaoru は (2) で「営業であと 2，3 カ月と財務で一定期間（a couple more months in sales and then maybe some time in finance）」という期間を示し，それが「仕事の知識をしっかりしたものにするのにとても役立つ（very helpful to round out your job knowledge）」というロードマップを示しています。外国では雇用関係が日本よりも短いため，こうした国から来た人は与えられた職務の目的と期間，そしてその先のキャリアパスを非常に気にする傾向があります。

　Ryota は (3) で How about if we meet every couple of months to briefly discuss your progress? と，会社側が Phillip に十分なケアを払っていることを示すため数カ月に一度の面談をオファーしています。部下にケアを払う場合，このように言葉にして言うことが重要です。英語では，言わないとなかったこととして解釈される場合があります。

　そして Kaoru は (4) で本来の部署に戻って来た時により大きな責任を与えられる可能性を示唆し，(5) でトレーニングの期間について具体的に数字を出して Phillip がモチベーションを上げられるよう配慮しています。

🌐 Communication Tactics

ロードマップを示して意義を説明し，それを定期的に確認することが不満解消の鍵

欧米では転職が普通と言われる。ヨーロッパでは同じ企業に長く勤続する人はそれなりにいるが，アメリカではホワイトカラーの場合，1950-60 年代あたりから 1 つの企業で勤め上げる人が減少し始めた。同じ企業に長年属する場合，所属企業 (association) や所属部門 (affiliation) がアイデンティティーの基本になるが，転職が多い文化では，ジョブ型採用が多いため，職業／業種 (profession) がアイデンティティーになる。そのため欧米では同じ企業の社員同士よりもむしろ同業種（エンジニアや営業職など）同士のほうが親しみを感じやすいとも言われる。こうした雇用形態も研修の在り方に影響を与えている。

　"OECD Science, Technology and Industry Scoreboard 2017" によると日本の OJT 実施率は 50.4%（国際平均 58.2%，30 カ国中 21 位，1 位のフィンランドは 76.4%）となっている。また女性の実施率が男性より低いのも特徴だ（多くの国では男女同等か女性のほうが高い）。また企業内研修に対する投資額の GVA（総付加価値額）比（2011-2012 年）は先進諸国に比べ 4.7% と圧倒的に低い（オーストラリア 20.7%，イギリス 16.9%，オランダ 18.3%，アメリカ 8.2%，韓国 8%）。

　日本の研修は，投資額 GVA（総付加価値額）比で，OJT の比重が高く，公的資格や認証機関による正式な研修が 0.7% ときわめて低いのも特徴の 1 つだ（イギリス，オーストラリア，カナダなど他の先進国は 5-6% 代）。もしかすると徒弟制度文化の強い日本型指導法が，目に見える作業プロセスを現場で指導する形式である OJT と親和性が高いことによるのかもしれない。欧米では OJT は生産や販売，営業の現場ではよく見られるが，知的労働は可視化が難しいので，専門機関による正式研修で行われることが多い。

　最近は日本では減少傾向にあるようだが，将来の幹部を育てるために海外に赴任させて経験を積ませるのも一種のクロストレーニングと言える。しかしジョブ型採用が主流の欧米でのクロストレーニングでは，本人の専門から外れるような配置換えや，関連が薄い部門間でのジョブローテーション（例えば営業部から人事部）は行われず，むしろ最初からそのポジションに合った人間を採用する。こうした影響もあり，自分のスキル不足を補うために業務時間外に自費で資格などを学ぶ OFF-JT はよく見られる。修士号の取得も給料や昇進と関係があるので働きながら夜間に学ぶ人も多い。

6 コンフリクトを解決する

Managing conflicts

文化的背景が異なる人間同士のコミュニケーションにおいては，誤解や摩擦が生じやすく，それを放っておくとやがてはストレスや不満となってネガティブな結果をもたらします。しかし互いに価値観が異なる場合，自分では日本で正攻法とされる対応方法を採っているつもりが，逆に状況をこじらせてしまう可能性も存在します。本セクションではビジネス場面で実際にあった例をベースに，どのようにコンフリクト（衝突）を解決し，ポジティブな方向に関係を導いていくか，そのタクティクスについて，NG 例と対比しながら解説します。

Case 55 ▶ 待遇に関する誤解を解く

【背景】Masakazu は Heuristics Inc. から Quadram Solutions に出向し，マーケティング部で課長として勤務しています。彼は，ある在米日系企業でマーケット・アナリストとして働いていた女性マーケター Irene を新たに雇いました。彼女は中華系アメリカ人で日本語の読み書きができます。

Irene は，同僚の Ella（白人系アメリカ人）とともに，Masakazu のマーケティング部門で働くことになりました。Masakazu は，Heuristics Inc. で使っていた日本語のビジネスフォーム一式を翻訳するよう Irene に依頼しました。

Irene はよく残業して翻訳してくれるため，Masakazu は仕事が終わったあと Irene を夕食に連れて行くことがありました。Ella はこれを Irene へのひいきと見て，自分が不当な扱いを受けていると主張しています。

64A 😣 状況が悪化！

Masakazu は Ella からの抗議に対応しているつもりですが，Ella は一向に矛を収める様子がありません。

Ella	I don't think I've been given the same opportunity as Irene. It seems to be unfair treatment.	私には Irene と同じような機会が与えられていないように思います。不公平な扱いを受けているような気がするのですが。
Masakazu	I'm sorry, but I don't understand what you mean by the same opportunity as Irene.	すまないが「Irene と同じ機会」とはどういうことか分からないんだが。
Ella	You're asking her a lot of special project work and even take her out for dinner sometimes. That's very different from how you treat me.	あなたは彼女に特別なプロジェクトの業務をたくさん頼み，時には食事にも連れて行っていますよね。私への接し方とずいぶん違いますね。
Masakazu	(1) I'm surprised to hear you feel it's unfair. (2) She just has an Asian background. She can read and write Chinese characters and has experience you don't. Since she's doing extra work, I take her out sometimes to show my appreciation.	アンフェアに感じているとは意外だね。彼女はアジア系という背景があるだけだよ。漢字の読み書きもできるし，あなたにはない経験もある。残業をしてくれているので，感謝の気持ちを示すために，たまに外食に連れて行っているんだよ。
Ella	Both Irene and I are supposed to be marketers, not translators. (3) Her doing translating work means I have to do more marketing work. I notice that you don't feel it's necessary to take me out to show your appreciation. Maybe we should review our job descriptions for the department.	私も Irene も本来は翻訳者ではなく，マーケターのはずです。彼女が翻訳をしていることで，私はマーケティングの仕事が増えることになります。でも，あなたは私への感謝の気持ちを伝えるために，私を外食に連れて行く必要はないと思っているようですね。この部署の職務記述書を見直すべきかもしれませんね。

Masakazu　(4) This is just a temporary project. Changing the organization or job descriptions seems too much.

これはあくまで一時的なプロジェクトだよ。組織や職務記述書を変えるのはやりすぎに思えるけどねえ。

Ella　Perhaps I should see if HR feels the same way.

人事部もそう思うか確認したほうがよさそうですね。

□ take ~ out for dinner「～を食事に連れて行く」
□ I'm surprised to hear ...「…とは意外〔驚き〕だ」
□ job description「職務記述書」
□ seem too much「やり過ぎに思える」
□ Perhaps I should see if ...「…かどうか確認したほうがよさそうだ」

Review　振り返ってみよう

64A はアメリカが舞台となっています。海外，特にアメリカでは機会平等も含む「フェアさ」という考えが業務範囲や報酬の面でも徹底しており，処遇の上でアンフェアと感じればはっきりと口に出して言う文化があります（その代わり上司も部下が相応の仕事をしていない場合には解雇に躊躇がありません）。

Masakazu は，日本語フォーマットによる書類を英訳したかったのですが，ちょっとした作業であり，わざわざ外注するほどのものではなかったので，その場しのぎの策（makeshift measures）として軽い気持ちで部下の Irene に頼んだということなのでしょう。日本には，自社人材をさまざまな目的に使い回すという文化があることから，(1) の I'm surprised to hear ...（…と聞いて驚いた）という発言にもあるように，Masakazu にはアンフェアだという意識はないようです。

彼は (2) でエスニック的背景の違い（She just has an Asian background）と Ella の持たない能力（She can read and write Chinese characters）に言及していますが，これは人種的問題と本来の職務規定範囲外の事項に関わるため，相手によっては大きく感情を害する可能性があります。

実際 Ella は (3) で Her doing translating work means I have to do more marketing work. のように実害があると抗議しています。Masakazu は (4) で This is just a temporary project.（これはあくまで一時的なプロジェクトだよ。）と述べていますが，この段階で言っても後付けの言い訳に聞こえる可能性があるので，もっと早い時点で明言しておくべきでした。しかも Ella のいらだちは「ちょっとしたヘルプを頼んだだけ」という点にあるのではなく，「上司としてフェアな処遇に対する意識と部下への配慮が欠如している」ことにあるのですが，Masakazu にはピンと来ていないのも問題です。

64B 😊 状況をうまくハンドリング！

Masakazu が Ella に対する配慮を示したところ相手の反応が変わってきました。

♪S6_64B

Ella	I don't think I've been given the same opportunity as Irene. It seems to be unfair treatment.	私には Irene と同じような機会が与えられていないように思います。不公平な扱いを受けているような気がするのですが。
Masakazu	(1) I hope I'm not treating anyone unfairly, but I'd like to listen to your concerns.	誰も不当には扱っているつもりはないんだが，気になっている点を聞かせてほしい。
Ella	You're asking her a lot of special project work and even take her out for dinner sometimes. That's very different from how you treat me.	あなたは彼女に特別なプロジェクトの業務をたくさん頼み，時には食事にも連れて行っていますよね。私への接し方とずいぶん違いますね。
Masakazu	(2) This is a temporary project, and it requires reading skills of Chinese characters. Since it's extra work, I take her out to show my appreciation. (3) I know it may mean extra-work for you. I intend to reflect it in your performance evaluation.	これは一時的なプロジェクトで，漢字の読解力が必要なんだ。これは本来とは別の仕事だから感謝を表すために時々彼女を食事に連れて行っているんだ。これが君の仕事を増やすかもしれないことも分かっているから，君の業績評価にも反映させるつもりだよ。
Ella	If you put it that way, and if it's temporary, I can understand your position.	そういうことなら，そして一時的ということであれば，そちらの立場も理解できます。

☐ listen to one's concerns「相手の懸念に耳を傾ける」
☐ if you put it that way「もしそういうことであれば」
☐ understand one's position「立場を理解する」

振り返ってみよう

　Masakazu は (1) でまず I'd like to listen to your concerns（あなたが気になっている点を聞きたい）と Ella の主張に耳を傾ける姿勢を見せ，(2) の前半で今回の件が「一時的」であることを明言しました。また (2) の後半ではエスニック的な背景については言及を避けながらも，it requires reading skills of Chinese characters（漢字の読解力が必要）と，相手の意見に耳を傾けた上できちんと説明しようとしています。英語圏における「フェアさ」は単に処遇の公平さに限らず「自分の意見を聞いてくれるかどうか」も含まれます。そして (3) では I intend to reflect it in your performance evaluation.（あなたの業績評価に反映させるつもりだ。）と Ella の評価と処遇に関する配慮を示し，「そちらの立場も理解できる」という発言を引き出しています。

🌐 Communication Tactics

言い分を聞くのも含め，フェアな待遇に努める姿勢を言葉で示すことが重要

Tips For Better Communication　相手に敬意を払うとは

　「海外で働く際に重要なことは何か？」という質問を海外赴任経験者にすると，彼らからの報告の中に「相手への敬意を払う」という答えがよく見られます。では具体的にどうすれば「敬意を払っている」ことになるのでしょうか？

　日本では対人的態度つまり「相手の前で態度と意見を控えめにし，話し方は丁重でおずおずと，そして頭を頻繁に下げる」が大きな比重を占めますが，これがインド，東（南）アジア，アフリカ，イスラム圏，欧米圏で普遍的に通じるとは限りません（むしろ自信のなさに見える可能性があります）。

　筆者が集めた報告を見る限り，現地の人間は，日本人が彼らに敬意を払っているかどうかについて，単に1つの行為（例えばお辞儀など）からではなく，その日本人が，現地で日頃から見せる態度の積み重ねとして見ているようです。

　例えば，欧米では「ランチや食事に行くなら日本人とだけでなく，現地人を誘う」ということがあります。彼らは機会平等に敏感で，日本人だけで食事に行ってばかりいると，「自分たちはインフォーマルな情報共有の場からわざと外されている」「日本人だけで物事を決定している（ように少なくとも見える）」のでアンフェアだという気持ちを抱きます。欧米はフェアさに敏感だということを心に留めておく必要があるでしょう。

　東南アジアにある製造工場なら，日本のベストプラクティスやレシピを押し付けるのではなく，時折現地人が提案するアイデアも取り上げて真剣に検討することが相手に信頼感を抱かせます。その他，現地の言語や習慣・宗教に興味を持って学ぶことも含まれます。一言で言えば，「相手国の価値観と文化に積極的に入り込み，現地人の立場を理解し，日々物事に柔軟に対応すること」が相手からの敬意に結びつくと言えます。

Case 56 — 現地スタッフの反感を解いて動かす

【背景】Heuristics Inc. が傘下にある米国 Quadram Solutions に依頼して行っていたプロジェクトが失敗に終わったため，日本から出向中の Yoshiaki は，プロジェクトに関わった人たちに原因究明のため手を貸すように頼んでいます。しかし現地技術者の反応があまり芳しくありません。どうやら原因究明には気乗りがしないようです。

65A ☹ 状況が悪化！

Yoshiaki は原因究明を頼むために米国の開発チームメンバーに会話を切り出しています。

Yoshiaki	(1) OK, now I'd like to spend a little time on figuring out what went wrong with the data integration project.	では，データ統合プロジェクトで何が問題だったのかを解明することに少し時間を割きたいと思います。
Dave	(2) That's ancient history. Shouldn't we be looking at the future?	それは昔の話ですよ。未来に目を向けるべきじゃないですか？
Yoshiaki	(3) But it's extremely important to identify the issues that contributed to the poor showing.	しかし今回の不調の原因となった問題を特定することは，非常に重要なことです。
Adele	Shouldn't the post-mortem be done in Japan? We just followed their orders.	事後検証は日本でやるべきじゃないですか？ 私たちは，ただ彼らの指示に従っただけですから。
Dave	Wouldn't it be better to look at the future instead of looking over our shoulders?	終わったことを四の五の言わずに，将来を見据えたほうがいいんじゃないでしょうか？
Yoshiaki	(4) I think it is obvious to find out what went wrong so we can avoid or fix it next time. (5) We always do things this way.	何が悪かったのかを突き止め，次回はそれを回避したり，修正したりできるようにするのは当然のことだと思うんです。私たちはいつもこの方法でやっています。
Adele	By "we" you mean Japanese? This is not Japan.	「私たち」というのは，日本人のことですか？ ここは日本ではありませんよ。
Yoshiaki	Maybe you do the same thing when you lose a baseball or football game, right?	野球やサッカーの試合で負けた時，同じことをするんじゃないですか？
Dave	Maybe but this isn't a game.	そうかもしれませんが，これは試合じゃないですよ。
Yoshiaki	So how do you suggest we improve for the next time then?	では，次回に向けてどのように改善すればいいと思いますか？

| Adele | I think we need to concentrate on what to do right, not what we did wrong. | 何が悪かったかではなく，何をちゃんとやるべきかに集中する必要があると思いますよ。 |

□ that's ancient history「それは昔の話だ」
□ poor showing「ひどい結果」
□ post-mortem「事後検証」本来は「検視」の意味。
□ look over one's shoulders「後ろを振り返る，気にする」

6

Review 振り返ってみよう

　Yoshiaki は (1) で I'd like to spend a little time on figuring out what went wrong（何が問題だったのかを解明することに少し時間を割きたい）と会合の主旨をストレートに切り出しています。しかし Dave は (2) で Shouldn't we be looking at the future?（未来に目を向けるべきではないか。）と言って反発しています。Yoshiaki は (3) で it's extremely important to identify the issues that contributed to the poor showing（今回の不調の原因となった問題を特定することは非常に重要だ），(4) で it is obvious to find out what went wrong so we can avoid or fix it next time（何が悪かったのかを突き止め，次回はそれを回避したり，修正したりできるようにするのは当然だ）と，問題の原因究明が非常に重要なプロセスであることを力説するのですが，Dave も Adele も非協力的な姿勢のままです。この 2 人はことの重要性を理解できていないのでしょうか。

　しびれを切らした Yoshiaki は (5) で，We always do things this way.（我々はいつもこのやり方でやっている。），つまり日本ではこのアプローチでうまくいっているのだと主張します。しかしこれは逆にさらに技術者たちの反感を買ってしまいました。結局どう伝えれば理解してもらえるのかも分からないまま，自分の意図を伝えることができずに終わってしまいました。

☺ 状況をうまくハンドリング！

Yoshiaki は今度は，状況に対する視点を変えた説明を試みます。

♪S6_65B

Yoshiaki	OK, now I'd like to spend a little time on figuring out what went wrong with the data integration project.	では，データ統合プロジェクトで何が問題だったのかを解明することに少し時間を割きたいと思います。
Dave	That's ancient history. Shouldn't we be looking at the future?	それは昔の話ですよ。未来に目を向けるべきじゃないですか？
Yoshiaki	That's right. (1) I'd like us to share what we learned from the previous project, positive or negative. So we can move forward then.	その通りです。前回のプロジェクトで学んだことを，ポジティブなこともネガティブなことも含めて，私たちが共有したいのです。そうすれば，前に進むことができますから。
Adele	So specifically what do you want us to do?	では，具体的に何をすればいいのでしょうか？
Yoshiaki	(2) We can start by brain-storming. Maybe both the last project and the next. We can look at what worked and what didn't. (3) Then we can apply them next time.	まず，ブレインストーミングから始めましょう。前回のプロジェクトと次のプロジェクトの両方についてです。何がうまくいって，何がうまくいかなかったかを調べることができます。そして，それを次回に活かすことができます。
Dave	If it's brain-storming, not witch-hunting, I'm for it.	魔女狩りではなく，ブレインストーミングであれば，賛成です。
Yoshiaki	(4) All of your feedback is really valuable. I appreciate it.	皆さんのフィードバックは本当に貴重です。ありがとうございます。
Adele	In that case, I'm in.	そういう話なら私も参加します。

☐ I'm for it.「賛成する。」
☐ I'm in.「参加する。」

Review : 振り返ってみよう

　　今回 Yoshiaki は Dave と Adele の気持ちを動かすことに成功しました。説得が不調に終わった **65A** では Yoshiaki は日本流の「反省会文化」を現地人に押し付けていたようです。外国では「自分のミスや至らなかった点をメンバーとシェアする」ということは，他者に弱みをさらすことであり，競争社会ではそれが不利に働く可能性があります。そのため日本流の反省会は「ミスの告白や懺悔」や「魔女狩り」のように聞こえるのです。

　　反省会は「さらなる目標のためのレビュー」ということなのですから，それを (1) の I'd like us to share what we learned from the previous project のように「今後のための学びをシェアする会」という形で現地技術者に提示し，(2) で We can start by brainstorming. とブレインストーミング形式で行うことを伝えたのがよかったのです。(3) では we can apply them next time（それを次回に活かすことができる）と，そうすることのメリットに言及し，最後に (4) で協力してもらえることの価値を All of your feedback is really valuable.（皆さんのフィードバックはすべてとても貴重だ。）と評価した上で，I appreciate it. と協力への感謝を示しています。Yoshiaki のこうした態度は現地スタッフからも誠意あるものとして理解されました。

🌐 Communication Tactics　　反省会文化のない国では視点を未来とメリットに定めて説明する

Case 57 ▶ 交渉相手からの攻撃を阻止し，屈しない姿勢を見せる

【背景】日本の Heuristics Inc. はルクセンブルクのベンチャー企業 LuxTech 社にウェアラブル端末用システムの開発を依頼しましたが，開発が順調に進んでいません。Heuristics UK へ長期出張中の Naoki はルクセンブルクを訪れ，LuxTech 社 CEO の Sébastien Delacroix 氏と会合と持ちました。

66A 😟 状況が悪化！

Naoki は双方が妥協しながら協力する道を探っていますが，相手のペースに押し切られているようです。

Naoki	It seems we have a problem. I heard you want more investment, but we have to say it's very difficult.	ちょっと問題があるようですね。もっと投資が欲しいということですが，非常に難しいと言わざるを得ません。
Sébastien	Naoki, you're a sales person. I don't think you understand the issues faced by engineers here. We've lost three core engineers just in the last three weeks. We have to pay better to replace them. Besides lately it's very difficult to find high-quality personnel.	Naoki，あなたは営業ですよね。こちらでエンジニアが直面している問題を理解されてはいないと思います。この3週間で，中核のエンジニアが3人退社しました。その代わりを補充するために給料待遇を上げないといけないんです。その上，最近は質のいい人材を確保するのが非常に難しくなっているんです。
Naoki	I understand your situation, but I think we need to cooperate with each other. Of course we will seriously consider it.	状況は分かりますが，お互いに協力し合うことが必要だと思います。もちろん，検討させていただきます。
Sébastien	Excellent. So you agreed to pay us more, right?	素晴らしい。では，報酬を上げることに同意されたのですね？

☐ It seems we have a problem.「ちょっと問題があるようですね。」問題があることを相手に切り出す時によく使うフレーズ。
☐ replace　ここでは「彼らを交替させる」ではなく「彼らの補充人員を置く」という意味。

Review 振り返ってみよう

　対立を恐れない個人主義型文化圏では，長期的な協調関係よりも，短期的な利益が重視されがちなため，交渉では時として攻撃的なアプローチが取られることがあります。日本人は対立が苦手で，双方がともに歩み寄る形を理想形としているため，交渉は協調的であり，相手の譲歩を期待しています。そのため相手がまったく譲歩せず，むしろさらに要求を突き付けてくる場合，日本側のシナリオは大きく崩れ，交渉の主導権が相手に握られることになりがちです。

　Sébastien は Naoki の交渉権限を攻撃した上で，さらに追加要求を押し付けてきました。Sébastien は「環境が変化しているから，こうした追加要求をするのも当然だ」という論法で迫って来ています。これにひるんだ Naoki は，お互いに歩み寄ることが大事だとして，すぐさま譲歩する姿勢を見せてしまいました。そしてこれをチャンスと見た Sébastien によって，追加要求に Yes と言ったものとして畳みかけられています。

66B 😊 状況をうまくハンドリング！

ここでの Naoki は相手の攻撃に対しても毅然と対応しています。

♪S6_66B

Naoki
I want to directly talk to you because I heard that you are asking for increased investment (1) even though the project is one month behind schedule. (2) I thought that was a misunderstanding.

直接ご相談したいのは、プロジェクトが1カ月遅れているにもかかわらず、投資額の増加を求めていると聞いたからです。どこかで誤解があったのではと思いました。

Sébastien
Naoki, you're a sales person. I don't think you understand the issues faced by engineers here. We've lost three core engineers just in the last three weeks. We have to pay better to replace them.

Naoki、あなたは営業ですよね。こちらでエンジニアが直面している問題を理解されてはいないと思います。この3週間で、中核のエンジニアが3人退社しました。その代わりを補充するために給料待遇を上げないといけないんです。

Naoki
I think I understand quite well, but in any case, (3) I've been given the authority, and it's me you have to deal with. (4) We wouldn't be having this conversation if you had paid well in the first place, or at least, notified us earlier.

よく理解しているつもりですが、いずれにせよ、権限を与えられているのは私であり、あなたの交渉相手は私ですよ。そもそも十分な支払いをしていれば、少なくとももっと早くこちらに連絡してくだされば、こんな話はせずに済んだはずです。

□ a misunderstanding　情報が正確に伝わらなかったある場面や状況という意味で可算名詞になっている。ここでは「話を伝達してくれた人が伝え間違えた可能性がある」というニュアンス。不定冠詞を your にすると相手に対する攻撃になり、my〔our〕にするとこちらの弱みをさらすことになる。

Review 振り返ってみよう

今回 Naoki はまず、基本的な姿勢として (1) のように「そちらが遅れているにもかかわらず投資増加を求めるのはおかしい」が、(2) で示すように「何かの間違いじゃないか」というスタンスで口火を切りました。

Sébastien は当然ながら Naoki を攻撃してきますが、Naoki は (3) で自分こそが交渉相手であると断言したのちに、(4)「そもそも十分な支払いをしていなかった責任はあなたにある、つまりあなたに投資額の追加要求の権利はない」というロジックで論破しています。英語では「こうするのはあなたの責任でしょ？ だからあなたがこうするのが合理的ですよね」というロジックが用いられます。この論法は、まず前提となる相手の責任と義務範囲を事前にしっかり見定め、その定義を基に相手の非や不作為を主張するというやり方なので、こちらの論拠となる契約条件をしっかり押さえておく（またはその条件について事前にしっかりと文面で言質を取っておく）ことが非常に重要になります。

🌐 **Communication Tactics**　交渉では相手からの攻撃を毅然としてロジックで抑える

Case 58 ▶ 相手の不合理性を突き，自分の正しさを主張する

【背景】「Case 57」のあとも，Naoki と Sébastien の交渉は依然として続いています。Sébastien は Heuristics Inc. が追加機能の実装を以前と同じ予算でやらせるのはアンフェアだと言って予算の追加を要求してきました。

67A 😣 状況が悪化！

Naoki はなんとか事態を丸く収めたいのですが，相手の強い主張に圧倒され気味です。

Sébastien	You demanded a couple of more features be added in the middle of the project. It's unfair for the same price.	そちらはプロジェクトの途中で2，3の機能を追加するよう要求してきましたよね。同じ価格では不公平ですよ。
Naoki	(1) We had no choice about the features because the planned biometric authentication didn't work. (2) So we are both somewhat at fault. What about splitting the difference?	予定していた生体認証がうまくいかなかったので追加機能についてはやむを得ないことでした。だからお互いに多少なりとも非があります。差額分を折半するというのはどうでしょう？
Sébastien	I'd be happier if you paid the whole thing. But I'm willing to accept this compromise.	全部払っていただければ嬉しいんですがね。しかしこの妥協案は喜んでお受けしましょう。
Naoki	Thank you for understanding.	ご理解いただきありがとうございます。

□ biometric authentication「生体認証」
□ at fault「責任〔過失〕がある」
□ split the difference「差額を折半する」

Review 振り返ってみよう

　今度は Sébastien は Naoki 側が不公平であるという主張を使って，自分の要求を飲ませようとしています。つまりプロジェクトが始まったあとで，同じ値段で追加機能を要求するのはアンフェアだというのです。

　Naoki は相手との対立を避けたいからか，もしくは少し譲歩すれば相手も譲歩するはずだという淡い期待に賭けたのか，(1)で the planned biometric authentication didn't work（予定していた生体認証がうまくいかなかった）としながらも，それを相手の義務不履行であると追及することなく，We had no choice about the features（追加機能はやむを得なかった）とし，(2)でともに歩み寄りが必要と主張しています。

　しかしこういう攻撃的な相手に対して自ら歩み寄りを提案するということは，「Naoki のほうに譲歩せざるを得ない弱点があるのだ」という誤解を持たせることになりかねません。実際 Sébastien は 2 番目の発言からも分かるように，何も失わず一方的に利益を得ることに成功しました。

67B ☺ 状況をうまくハンドリング！

Naoki は「互いに歩み寄る」というアプローチを止め，ロジックを前面に主張することにしました。

♪S6_67B

Sébastien You demanded a couple of more features be added in the middle of the project. It's unfair for the same price.

そちらはプロジェクトの途中で2, 3の機能を追加するよう要求してきましたよね。同じ価格では不公平ですよ。

Naoki (1) No, I don't think so. (2) In the first place, you assured us that you could add the latest biometric authentication feature. (3) But it turned out you couldn't implement it. (4) The added features are to compensate for the failure. The management and the shareholders want to put this behind us as soon as possible.

いえ，そうは思いませんよ。そもそも，最新の生体認証機能を追加できると我々に請け合いましたよね。でも結局は実装できなかった。追加された機能は，その失敗を補うためのものです。経営陣も株主も，一刻も早くこの件を収めたいと思っています。

Sébastien I can see where you are coming from. I'll see what I can do to tweak the budget.

まあいいでしょう。どう予算を調整できるか考えてみましょう。

- □ assure ～ that ....「…であることを～に請け合う〔保証する〕」
- □ compensate for ～「～を補償する〔補う〕，～の埋め合わせをする」
- □ put ～ behind us「～のことはもう終わったことにする〔水に流す〕」
- □ I can see where you are coming from.「まあいいでしょう。」同意・不同意は別にしても「相手の立場は理解できた」という意味の慣用表現。
- □ I'll see what I can do.「なんとか〔できることは〕やってみます。」
- □ tweak「微調整する」

Review 振り返ってみよう

　67B の Naoki は，相手の不公平クレーム戦法に対し，まず (1) で毅然と否定し，(2) で you assured us that you could add the latest biometric authentication feature と，Sébastien は最新の生体認証機能を追加できると請け負っている，つまり「生体認証機能を追加するのがプロジェクトの不可欠条件として Sébastien が合意している」ということを確認しています。そしてこれを論拠にして，約束履行に失敗したのは Sébastien であることを (3) で主張し，(4) で Sébastien 側がその代償行為を行うのは当然である，というロジックを展開させています。ここでも **66B** の場合と同様に「約束に基づけば，あなたが責任を負うのは当然でしょ」という迫り方をしたのが奏功したと言えます。

🌐 **Communication Tactics**
「あなたにとってそうするのが理に適っている」というロジックで人を動かす

日本文化では「譲歩」は相手を認め，両者の調和を保ちながら問題を解決するという意味で美徳と言えるでしょう。また妥協も現実と折り合いをつけるという意味では，いわゆる「大人の」行為と言えます。英語の compromise は「譲歩（する）」や「妥協（する）」と訳されていますが，日本語のニュアンスとは少々異なります。

　英語の compromise は「何かを失う〔あきらめる〕」と同義と解釈されます。もちろん，交渉をうまく成立させるには両者が何らかの譲歩や妥協を行う必要が生じることはよくあるでしょう。しかし対立型文化を持つ英語圏の人はこのことが分かっていながらも，一般的に compromise と言うと心情的に「負けた感」に近い抵抗感があるようです。彼らには「交渉が行き詰まったらまずは両者が譲歩〔妥協〕し合うのが当然」という常識はないようです。

　日本人的には「状況が状況なので，ここは互いに譲り合うのがよいと思います」という譲り合いの精神に訴えて Given this situation, I think we should compromise.（この状況を考えれば我々は妥協すべきだと思います。）と言いたいところですが，英語圏では相手が譲り合いを持ちかけてきた場合，それは「相手が自分の弱さを自覚していることの表れ」もしくは「自分の見解を貫くポリシーの欠如」と捉える傾向があります。そのため「他に方法がない以上妥協も当然でしょ」というロジックを使って，Given this situation, we have little choice but to compromise.（この状況を考えれば我々は妥協する以外に選択肢がほぼない。）と言うほうが効果的と言えます。

　compromise の派生語に uncompromising という形容詞がありますが，「犠牲や負けに甘んじない」という褒め言葉として使われます。

☐ Jack is really uncompromising about high-quality.

　　ジャックは高品質への強いこだわりがある。

　商品の品質やブランドへのこだわりを追求する時は No compromise. という表現（またはキャッチフレーズ）が使われます。「妥協しない」が「品質へのこだわり」という褒め言葉として使われる点は日英ともに共通です。

Plus+ もっと知りたい！　交渉を表す語と交渉のスタイル

　日本語の「交渉」に対応する英語には negotiation と bargaining がある。同義的に使われることも多いが，厳密には微妙に意味が異なる。negotiation（複数形で使われることが多い）は一定期間にわたって複数の交渉事項を扱う全体プロセスを指す。一方 bargaining は，通常，価格をめぐって，交渉者同士が競い合いながら，自分のためにより多くの利益や優位性を引き出そうとするプロセスを指す。

　特にポジション型（positional-based）の交渉（negotiation も bargaining もともにある）は，配分型（distributive）アプローチとも呼ばれ，当事者は，互いに離れたポジションからスタートし，手に入れたいポジション（通常は価格）を確保しようと妥協が成立するまで交渉を続ける。このタイプの交渉では，交渉の裏に隠れた利益，意図，真意は考慮せず，自己利益の最大化と相手利益の最小化を目指す過酷な交渉になるため，結果としてゼロ・サム〔win-lose〕の状況に至ることがある。

　反対に双方の利益を最大化し win-win の結果を目指すアプローチを統合型（integrative）または利益型（interest-based）アプローチと呼ぶ。例えば２人の姉妹が１つのミカンを取り合っている場合，これを２つに切って分けるのが一見公平な対応に見えるかもしれない。しかしこの対応は，２人がミカンを欲しがっている隠れた動機や目的についてはまったく考慮していない。姉の隠れた動機がミカンの皮でジャムを作ることであり，妹の動機が中身を食べることだと初めから分かっていれば，双方とも win-win になることができるはずである。このアプローチでは，交渉者が互いに情報をオープンにシェアし，自分のニーズや意図を明かすとともに，手に入れたい目標の一部を手放し，条件を組み合わせ異なったオプションを提示することで新しい状況を作り，互いに受け入れられる状況を作り出す過程が中心となる。

Plus+ もっと知りたい！　交渉における攻撃的アプローチ

　対立を容認する文化の交渉現場では攻撃的なアプローチがよく使われる。典型的なのは **66A** のような相手の権限を攻撃するやり方である。相手の権限を傷つけ，それに乗じて相手の弱みに付け入るというものだ。

　また「話を逸らす」（deflection），「時間稼ぎをする」（stalling），「相手の不公正さを訴える」（unfairness claim）という手法もある。

　この他，社内政治的な駆け引きを行う（playing a political game）のも英語圏における交渉のテクニックである。

☐ You know Mike, right? One of your board members. He is a golf buddy of mine. If I talk to him, he will surely agree with my proposal. マイクを知ってるか？ 役員の１人だ。彼は私のゴルフ仲間だ。彼と話せば，きっと私の案に賛成してくれるはずだ。

☐ If you insist on being stubborn, I could always talk to Mike. It wouldn't go well for you. どうしても意地を張りたいなら，Mike に相談してもいいけどね。あなたにとって好ましくないことになるかもね。

風評の危険性（reputational risks）をほのめかして脅す，という手も使われる。

☐ Ultimately late delivery would be bad for Heuristics. We could avoid the reputation hit by raising the budget. 最終的に納期が遅れると Heuristics にとって不利になりますよ。予算を上げていただければ，評判が低下することは避けられるようにはできますがね。

Case 59 ▶ why, how, what の流れに従って共通利益を探る

【背景】Alps Beer Company, Ltd. の Yoda 氏はイタリアのミネラルウォーターを輸入する計画を立てています。イタリアのミネラルウォーターメーカー San Giovanni 社の社長 Bruno 氏が訪日して，初回のミーティングが行われています。San Giovanni 社からは数百本のサンプルがすでに届いており，品質管理部の Nanami がサンプルの評価を行いました。

68A 😖 状況が悪化！

日本側はボトル外観の改善を再三求めますが，日本市場を理解していないのか，Bruno 氏と話がどうもかみ合わず，議論が堂々巡りになっています。

Mr. Yoda	Thank you for your time today. (1) OK, let's get down to business. To begin with, our quality control has discovered some issues we need to address. Nanami, go ahead.	今日はお時間を割いていただき，ありがとうございます。さて，本題に入りましょう。まず始めに，品質管理上対処すべき問題が見つかりました。Nanami，お願いします。
Nanami	As you know, (2) Japanese customers are discerning about product quality. (3) But your samples have several problems. First, the caps have random colors.	ご存知のとおり，日本の顧客は品質に対する目が肥えています。しかし今回のサンプルにはいくつか問題があります。まず，キャップの色がバラバラです。
Mr. Bruno	Yes. We produce them in different countries where materials are cheaper.	はい。材料がより安くなっているいくつかの国で生産しているんです。
Nanami	(4) But the product appearance is critically important here. Besides, the labels come off easily.	でも日本では製品の見た目が非常に重要です。それにラベルがすぐにはがれてしまいます。
Mr. Bruno	No one cares about that in Europe. I assure you that the quality of water is good.	それはヨーロッパでは誰も気にしませんよ。水の品質は保証しますよ。
Nanami	But the bottles are not pristine. (5) Please understand that the Japanese market is very competitive. (6) No one would choose that package. (7) Unless you solve the problems, we cannot sell your products.	でも，ボトルが新品に見えません。日本の市場は非常に競争が激しいことをご理解ください。あのようなパッケージでは誰も選ばないでしょう。この問題を解決しない限り，私たちは御社の製品を売ることはできません。
Mr. Bruno	We want to sell water, not bottles, right? Aren't you missing the point?	私たちは水が売りたいのであって，ボトルではないでしょう？ 論点がずれてませんか？

| **Mr. Yoda** | We know what the point is. (8) Japanese consumers are very concerned about the appearance. | 論点は分かっています。日本の消費者は見た目をとても気にするんです。 |

□ be discerning about ～「～に目が肥えている」
□ come off「取れる，外れる」
□ pristine「製造時のままの状態を保った，新品同様の」
□ miss the point「ポイントがずれている」
□ be concerned about ～「～に関心を払う」

6

Review　振り返ってみよう

　Yoda 氏は (1) で let's get down to business（本題に入りましょう）と挨拶もそこそこに本題に入っています。時々こうした人を見かけますが，特に海外ではまず訪問のねぎらいや感謝の言葉に続いてスモールトークで距離を縮め，次にそのミーティングを開いた目的（why）について簡単に説明するスタイルが望まれます。次の段階では両社がどのようなパートナーシップの可能性があるか（how）を議論した上で双方に何ができるのか（what）という議論に入るべきでした。

　品質管理担当者にとって，製品の品質について正確な評価を下すことが仕事なので，(2) の Japanese customers are discerning about product quality で日本市場の特性を述べ (3) の your samples have several problems でサンプルの問題点を指摘するのは当たり前です。問題なのは交渉責任者である Yoda 氏が目的とロードマップの定義をすることなく，いきなり部下の品質管理担当者に発言をさせたことです。どのようなパートナーシップの可能性があるのかまだ議論もされていない状態で，製品サンプルの問題指摘と，日本市場および顧客に対する見識不足をあげつらわれたので，Bruno 氏は困惑したはずです。(5) の発言はともかく，(6) の No one would choose that package. と (7) の Unless you solve the problems, we cannot sell your products. は英語として上から目線の失礼な言い方です。

　一方 Bruno 氏としても，どのようなビジネスモデルになるかも分からない以上，「はいはい，では製品の外見を我が社のコスト負担で改善しますよ」といった無意味な譲歩はできません。しかし Yoda 氏は，相手に「分かりました」と譲歩を迫ることが交渉の目標と信じ（ポジション〔配分〕型アプローチ：「もっと知りたい！　交渉を表す語と交渉のスタイル」p.211を参照），(8) で再び畳みかけようとしています。

68B ☺ 状況をうまくハンドリング！

Yoda 氏は異なる交渉アプローチに切り替えています。

♪S6_68B

Mr. Yoda	Thank you for visiting us. Is everything OK with your accommodations?	この度はお越しいただきありがとうございます。宿は問題ないですか？
Mr. Bruno	Thank you. The hotel is quite comfortable and convenient.	ありがとうございます。ホテルはとても快適で便利です。
	—small talk—	—スモールトークが続く—
Mr. Yoda	OK. (1) Let's start with clarifying why we are interested in your product specifically. Then after that, Nanami will take over to discuss some issues. (2) We are planning to sell traditional but chic European products. We first thought about French mineral water, but there are already several brands on the market. Thus we considered Italian mineral water.	では，なぜ御社の製品に具体的に興味を持ったのかを明確にすることから始めましょう。そのあと Nanami に引き継いで，いくつかの問題を議論します。私たちは，伝統的ながらシックなヨーロッパ製品を販売しようと考えています。最初はフランスのミネラルウォーターを考えていたのですが，すでにいくつかのブランドが市場に出ています。そこでイタリアのミネラルウォーターを検討した次第です。
Nanami	Italy has a very fashionable and positive image in Japan. Thanks for your samples. (3) I have some questions about the package appearance. The caps have random colors, and the label comes off easily. Also many bottles have scratches on the surface. (4) That conflicts with our image of Italy.	日本ではイタリアはとてもおしゃれでよいイメージがあります。サンプルをありがとうございました。製品の外見について少し質問させてください。キャップの色がバラバラで，ラベルがはがれやすいですね。また，ボトルの表面に傷がついているものも多くあります。これは私たちが持つイタリアのイメージとぶつかります。
Mr. Bruno	It's no problem to standardize the appearance, but it will increase the costs.	外見を標準化するのは問題ないですが，コストアップになりますね。
Mr. Yoda	That's the point. (5) Since we will sell your water as a high-end brand, the appearance is critical. (6) We can discuss how to adjust the expected extra costs.	そこがポイントです。御社の水を高級ブランドとして販売するわけですから，外観は重要です。その分予想されるコストアップをどう調整すればよいかについて議論しましょう。

214

| **Mr. Bruno** | I'm sure we can reach a mutually acceptable compromise. | お互いに納得のいく合意点が見つかると思います。 |

☐ take over「引き継ぐ」　　☐ conflict with ～「～とぶつかる」
☐ standardize「標準化する」
☐ compromise　ここでは「妥協点」ではなく「合意点」として使われている。

Review　振り返ってみよう

　今回 Yoda 氏は，まずスモールトークで友好的雰囲気を作った上で，Alps Beer がどんな計画を持っているのかについて (1) で Let's start with clarifying why …（なぜ…かを明確にすることから始めましょう）のように切り出し，(2) において「なぜイタリアを選んだのか」を説明して，今回話し合いを持った目的（why）を明確化しています。

　続いて Nanami は，相手に対するポジティブなコメントとサンプルを送ってくれたことに対する感謝を示した上で，サンプルの質を第一声から批判するのを避け，(3) で I have some questions about the package appearance.（製品の外見について少し質問させてください。）のように質問という形で相手に配慮した発言を行っています。(4) の That conflicts with our image of Italy.（これは私たちが持つイタリアのイメージとぶつかります。）という発言は，**68A** における「あなたの製品の質は日本市場で売れるレベルに至っていない」という言い方から，「日本人はあなたの製品にこのようなイメージを期待している」という言い方に変えたものになっています。

　次に Yoda 氏は (5) で Since we will sell your water as a high-end brand, the appearance is critical. と「高級ブランドとして日本市場に参入する」という戦略（how）を示した上で，そのために必要な条件（外観）を提示しました。そして最後に，(6) において We can discuss …（…を議論できる）と，双方にとって何ができるか（what）を議論する用意があることを伝えています。そのため Bruno 氏もその提案を歓迎する発言をしています。

🌐 Communication Tactics

交渉ではディテールから始めず，目的とグランドデザインを明確化する

Case 60 ▷ 相手の面子を立てながら問題の事後処理を行う

【背景】北洋重機は実績あるドイツ装置メーカーの Franken Engineering 社と製品を日本に供給する契約を結びました。北洋重機は日本市場の有望性と事前リスク評価についてまったく問題ない旨を再三強調していましたが、為替変動により採算が取れなくなったため同プロジェクトを中止することを決定しました。

69A 😞 状況が悪化！

北洋重機側のプロジェクトマネージャーの Hara 氏と Franken Engineering 社の副社長 Schmidt 氏の間で協議が行われています。

Mr. Schmidt	You informed me suddenly that the joint project is being cancelled due to the abrupt exchange rate fluctuation. But we could still offset the exchange difference by providing our products manufactured in the Polish factory. I insist this option be considered by your decision maker.	突然そちらから為替の急変動で共同プロジェクトが中止されると連絡がありました。しかし、弊社としてはポーランド工場で生産した製品を提供することで、為替差益を相殺することも可能です。この案をぜひともご検討いただけるよう責任者の方にお伝えください。
Mr. Hara	(1) I'm very sorry, but this has already been decided. This can't be helped.	大変申し訳ないのですが、これはもう決まってしまったことです。これはどうしようもないことなのです。
Mr. Schmidt	It can be helped. It's not a question of ability but of will. I think you have a responsibility to at least explain your reason and entertain alternatives.	どうしようもないということはないでしょう。能力の問題ではなく、意志の問題です。少なくとも理由を説明し、代替案を検討する責任があると思います。
Mr. Hara	(2) The board has made the decision. So it's final.	理事会が決定したのです。ですからこれは最終的なものです。
Mr. Schmidt	Well, in that case, I want to talk directly to the board members. When can you set up a teleconference?	そういうことであれば、私は理事会のメンバーに直接話をしたいと思います。いつ電話会議を設定していただけますか？
Mr. Hara	(3) I'm sorry, but I think it's very difficult.	申し訳ないですが、非常に難しいかと思います。
Mr. Schmidt	I will have to explain your lack of integrity to my board of directors. I will surely bring the subject up at the next industry conference.	そちらの誠実さのなさを、私どもの取締役会で説明せざるを得なくなりますね。次の業界コンファレンスでは必ずこの話題を取り上げるつもりです。

□ abrupt「唐突な」sudden にはない，突然であるがゆえの不快感が含まれる。また「ぶっきらぼう」
　という意味もある。
□ offset「相殺する」
□ a question of ～「～の問題」後ろに time, money, will などが来る。
□ entertain　ここでは「楽しませる」ではなく「検討する」(＝consider) の意味。フォーマルな表現。

Review　振り返ってみよう

　Hara 氏は，迫ってくる相手を (1)，(3) のように謝ることでなんとか押しとどめようとして
います。しかし，彼の言葉は陳謝の形を取っているものの Schmidt 氏には陳謝には聞こえて
いません。Hara 氏はさらに (2) で，彼の側にはもう譲る余地がないことを明言しています。
　海外の多くの国では，プロジェクトをやむなく中止する場合には，少なくとも (a) その理由
を説明する機会を設けること，(b) 相手の言い分を聞く機会を提供すること，(c) 最高責任者が
(d) 対面（またはリモートでも顔を見せて）で，(e) 責任ある言葉で説明すべきと考えられてい
ます。日本では，名の通った企業であっても，対立する気まずい雰囲気や責任問題を回避した
いためか，時折 (a) から (e) を無視した対処を行っているケースが見られます。特に口頭での
説明は非常に重要であり，いくらきちんと説明されている文面，資料，データを用意しても口
頭での説明をしないと「卑怯者」とみなされます。最後の発言からも Schmidt 氏がかなり腹
に据えかねていることが分かります。

Tips For Better Communication　謝ることと責任

　日本では，何か問題が発生すると，（特に目下や立場の弱い側が）相手の心証を害さな
いようにまず素直に頭を下げたり「すみません」と口にすることが求められます。つまり
「謝り」が責任とは切り離されており，人間関係を維持する儀式として機能しています。
　しかし英語圏の人間からすると，**69A** の Hara 氏のような陳謝の言葉は誠実に謝って
いるようには聞こえません。英語圏の場合，「謝る」という行為は「責任を認め，責任を
取る」という行為とセットになっており，どちらか片方だけを実行するというのはあり得
ないからです（街中で不意にぶつかったような場合にマナーとしてすぐに謝るのとは異な
ります）。そのため陳謝を口にしながら責任を取らないのは極めて不誠実な行為として映
ります。そんなことをするのであれば，むしろ謝らないほうがまだましと言えます。

Plus+ もっと知りたい！　意外な意味を持つ語彙

　69A では entertain が consider のフォーマルな同義語として使われている。英語に
は，このようによく知られている意味とは異なる意味を持つ語彙が存在する。下記にその
いくつかを紹介しておく。
□ employ「（メソッドや技術を）用いる」
□ compromise「（原則や基準に）背く，（立場，可能性，データやコンピューターなどの
　安全性を）危うくする〔損なう〕」
□ negotiate「（カーブ，路，迷路などを）慎重に通る，うまく通り抜ける」
□ sophisticated「高度で複雑な」機械やシステムに関して用いられる。
□ respect「点」　例）in many respects（多くの点で）
□ end「目的」　例）to this end（この目的で）

Mr. Schmidt は今の状況には不満ながら，彼に対する Mr. Hara の対応にはよい感情を持っているようです。

♪S6_69B

Mr. Schmidt	You informed me suddenly that the joint project is being cancelled due to the abrupt exchange rate fluctuation. But we could still offset the exchange difference by providing our products manufactured in the Polish factory. I insist this option be considered by your decision maker.	突然そちらから為替の急変動で共同プロジェクトが中止されると連絡がありました。しかし、弊社としてはポーランド工場で生産した製品を提供することで、為替差益を相殺することも可能です。この案をぜひともご検討いただけるよう責任者の方にお伝えください。
Mr. Hara	(1) I'm willing to bring this up to the management, but I can't guarantee they will reconsider the decision.	経営陣に提案するのは構いませんが、再考してくれるかは保証できませんよ。
Mr. Schmidt	I appreciate it. I would like to plead my case directly to the board if possible by teleconference. I believe I could convince them.	ありがとうございます。できれば電話会議で役員会と直接お話したいです。納得していただけると思います。
Mr. Hara	(2) In the meantime, let's have a video meeting to talk about what kind of tactics might be persuasive. But please bear in mind that I can't guarantee anything.	それまでの間、どんな戦術が説得力があるかをビデオ会議で話しましょう。ただし何も保証はできないので、その点はご承知おきください。
Mr. Schmidt	At least, I'm very happy you are cooperative and taking responsibility.	少なくとも、あなたが協力的で責任を果たしていただいているのはとても嬉しいことです。

- ☐ bring ~ up to the management「~を経営陣に上げる」
- ☐ plead one's case「（深刻な状況で自分の立場を守るために）自分の意見を述べる」本来は裁判の用語。
- ☐ in the meantime「その間、それまでとりあえず」2つのイベントの間に何かを行うというニュアンス
- ☐ bear in mind「頭に入れておく、覚えておく」

Review　振り返ってみよう

　今回 Hara 氏は Schmidt 氏の置かれた立場を考慮し，まず相手の言い分に耳を傾け，(1) のように，結果は保証できないとしながらも，自分でできる範囲のことをすると約束しました。Schmidt 氏は Hara 氏の姿勢を評価しており，感謝を示しています。海外とのビジネスではこのようなフェアな姿勢の積み重ねが，その人物の評価につながります。このようなよい心証がやがては信用につながり，「この人となら一緒にビジネスができる」「この人に相談すればこの問題が解決できるかもしれない」と相手に思ってもらえるようになるわけです。

　さらに Hara 氏は (2) でさらなる協力を提案しています。これを「わざわざ面倒なことを背負いこむ必要もないのに」と思う人もいるかもしれませんが，特に欧米圏では「ともに困難を乗り越えた，またそうした努力をした」という思いが相手に対する信頼と敬意の基盤になることがよくあります。ダイアログの中で Schmidt 氏はこの提案を，担当者としての責任を果たす誠意ある行為と捉えています。

🌐 Communication Tactics
　問題が生じた場合，ともに解決策を探る姿勢を見せることが誠意として評価される

Tips For Better Communication　なかったことにする

　時々物の本で「日本人には水に流すという考えがあるが，外国にはない」といったような文言を目にします。しかし面倒な問題や悪い状況が続いている場合，これに早く片を付けて，新たな一歩を踏み出したい，という心理は世界共通のものでしょう。ただし問題の捉え方は洋の東西で異なるため，表現方法も違ってきます。特にデリケートな状況においては，ちょっとした発想の違いが誤解につながる可能性もあります。

　「水に流そう」を Let's forget it. のように英訳することはできます。しかし forget の響きがよくありません。forget できるのは「非常に小さく，軽い事柄」に限られ，下記のような場面で使われます。

A: I've been calling the restaurant, but it's busy. I can't make reservations.
　レストランに電話し続けているんだけどお話し中なんだ。予約できないなあ。

B: Let's forget it. We will go to an izakaya.
　もういいよ。居酒屋に行こう。

　また日本語では「今回の件はなかったことに」という表現もよく使われますが，これを直訳して Let's pretend it never happened. と言うと「問題が起こったがそれに頬かむりをしよう」というビジネス倫理が欠落したような発言に聞こえます。むしろ英語では，面倒な問題をこれっきりにしたい場合，「問題はあったが，その話についてはもう話さない」(**Let's never speak of this again.**) もしくは「終わった問題として片づける」(**Let's put this to rest.** または **Let's put this behind us.**) のように言うと理解してもらえます。

ドイツで長く仕事をしているビジネスパーソンが経験した実例からのアドバイスを紹介します。

　ドイツとビジネスをする場合，責任の所在が非常に明確に決められているという事情を知る必要があるでしょう。ドイツでは何かプロジェクトを行って失敗した場合，役員といえどもすぐ首が飛ぶことは珍しくありません。そのためドイツ企業が日本とJV（joint venture）をする場合にはドイツ側が慎重になるのも十分うなずけます。

　しかしドイツ側が一度日本側を信用した場合には，日本側がそれなりの責任を全うし，誠意ある態度をもって，ともにプロジェクトの進行や問題の解決に当たるのが当然なものと期待してきます。

　「すみません，ビジネス環境が変わったので，申し訳ありませんが中止にさせてください」という一言で，先ほどまであれだけ積極的だったのに手の平を返したように（英語で「手の平を返す」は do an about-face や do a complete 180 と言う）相手から去ることは，ドイツ側責任者の面子を潰すどころか相手の首を飛ばすことになりかねません。ひいては日本企業の評判が下がる可能性も出てきます（筆者もこうした実例の報告を受けています。筆者自身の商社勤務時代にも似たような例がありました）。こうした状況に至る原因としては，日本側の上層部が，現場における信頼関係をビジネス資源とみなさず，また現場担当者も上層部の意向に忖度するがあまり，ドイツ側と個人的な信頼関係を構築・維持することへの関心や努力がおろそかになっているということがあるかもしれません。

Communication Tactics 一覧

本書で紹介したタクティクスと，本文で用いられたものを中心に関連する表現例をまとめています。

222

No.16 **誠実な印象を与えられるように理由や状況は率先して具体的に説明する** ┄ Section3 106
We test-flew it with some customers, but they found Japan-specific issues. We use some different accounting practices. Also keep in mind that Japanese customers are very conscious about details.

> 説明の際に曖昧な表現を使うと不誠実に聞こえたり誤解を与える恐れがあります。理由や状況は率先して具体的に説明するよう心がけましょう。

No.17 **自信ある話し方や堂々とした態度は信頼感を得るための重要なキー** ┄┄┄ Section3 109
I'm really excited to be able to work on marketing with you all.
Together I'm confident we can do great things.

> 新天地での自己紹介では謙遜は不要。信頼を得るため堂々と自身の情熱を伝えましょう。

No.18 **説得型リーダーから相談型リーダーへ** ┄┄┄┄┄┄┄┄┄┄┄┄┄┄┄┄┄┄ Section3 115
Today I'd like to hear your thoughts about it.

> 部下に働きかける際には，彼らが上司に期待するアプローチ法を採るのが効果的。東南アジアでは「相談型」を期待されることが多いです。

No.19 **自信を持って具体的に自分の能力を説明する** ┄┄┄┄┄┄┄┄┄┄┄┄┄ Section3 117
The position you're offering is a step up that allows me to use even more of my abilities.
I always keep on top of the latest developments and I'm very persistent with a lot of attention to details.
It's exactly what I've been looking for. More varied experience. I have confidence I can deal with it. You'll be happy you hired me.
I'm looking forward to it, and before you ask, I know this is a high-pressure job sometimes. I welcome the challenge.

> 採用面接を受ける際には、自分の経験を自信を持って具体的に話し、積極性をアピールしましょう。

No.20 **求められた即断を断るには，合理的な理由があることを明確に示すのがベスト**
┄┄┄ Section3 121
Before I give you a definitive answer, I should doublecheck on the budget with my boss. I'll get back to you as soon as I hear from him.

> 判断を保留する際には，誤解を受けるのを避けるため，明確な表現で理にかなった理由を示す必要があります。

No.21 **単なる上下関係ではなく，ともに問題を解決するという姿勢が大切** ┄┄┄┄ Section3 125
You must be worried. How is he doing?
If you feel that strongly about it, maybe we could let you take unpaid leave. How would that be?

> グローバルなビジネス環境においては，社内外の関係者に対して「相手の問題解決に協力したい」という姿勢を示すことが信頼醸成につながります。

No.22 **不可能さの説得を試みるより，解決策を提示してボールを相手に投げるのが効果的**
┄┄┄┄┄┄┄┄┄┄┄┄┄┄┄┄┄┄┄┄┄┄┄┄┄┄┄┄┄┄┄┄┄┄┄┄┄ Section3 129
But if we do it right, we can be successful.
With our time and resources spent well, we can be a major success.

> 実現困難な課題を投げかけられた際には，できない理由を列挙するのではなく，可能性のある解決策を提示して最終判断は相手にゆだねるのが効果的です。

No.23 紹介者は紹介された側がスムーズに話せる雰囲気を作り，紹介された側は互いへの共感を示す ···Section4 153

Neal used to handle our PR before we opened our office in London. So in a way you are his successor.

You must have been challenged by having to work with Tokyo.

It was a valuable learning experience, as I'm sure you know.

> 紹介者は紹介された側がスムーズに会話に入れる雰囲気を作り，紹介された側は互いにポジティブな印象を持てるように初対面の会話をこなすことが大切です。

No.24 私的な場面で仕事の話はできるだけ避け，やむを得ない場合には一言断りを入れる
···Section4 155

Do you mind if I talk shop a little?

> ビジネス関係の相手でも，私的な場面では仕事の話を避ける気配りを忘れずに。やむを得ない場合は断りを入れるのが礼儀です。

No.25 国際人として信頼されるには自国の文化・習慣を説明できることが大切 ···Section4 161

That's the same with the Chinese culture, especially when you are a guest in China.

Right. And you have to be careful not to use your left hand when eating. Muslims too.

Probably you can expect it to be many hours long. People sing and dance a lot and there's plenty of food. It can last even until the sunrise.

You may not believe it, but even strangers can attend the wedding party.

> 国際人として信頼を得るには，「日本人はなぜ…なのか」といった文化・習慣に関する質問に答えられるよう日頃から準備しておくことが望ましいでしょう。

No.26 その場で共通のトピックを見つけたり話を発展させるのも重要なコミュニケーション技術
···Section4 165

Oh, cool design. I like the logo.

So your head office must be in Austin, right?

One of my friends has been in Austin for a couple of years. He really likes the food.

I wonder if I can find a good restaurant around here.

> 名刺交換の場合は相手の会社の所在地や会社の名称など，パーティーの場ではその場のインテリアや装飾などを話のきっかけとすることができます。

No.27 質問は相手に興味があるサイン。笑顔と礼儀正しい挨拶を忘れず，質問は手短にまとめる ···Section4 167

Hello, I'm Naoki from Japan. I wonder if we could talk a little about something you said in the seminar.

I'd like more input from you about the risk of cryptocurrency, but this may not be the best place and time.

> ビジネス関連のパーティーはネットワークを広げるチャンス。気後れすることなく，笑顔と礼儀正しい挨拶を忘れずに，相手への関心を伝えましょう。

No.28 同じ質問を問い返すことで相手を会話に引き込むことができる·············Section4 170

Is it different from Japanese sushi?

> 会話の基本姿勢は相手との違いに興味を持つことです。興味を示す質問，ポジティブなコメントで相手を会話に引き込むことができます。

Can I just confirm the scale of the problem?

What kind of data updating are we talking about?

So they contacted you because they have problems with their schedule updating function. Is that right?

Can I ask why they're sure our software is to blame, not for example their hardware?

Let me see if I understand the situation correctly.

> 状況を確認するためには，相手の返答をそのまま受け取るだけではなく，自らが率先して質問をコントロールすることで論点を絞り込みことが大切です。

But your optimism worries me. I'd be more confident if you had a look at their system before deciding.

Their architecture may be more complicated than you think.

Please have a look at it, then get back to me tomorrow evening.

> 「できます」という返事は積極性のアピールの場合があります。額面通り受け取らず，内容の再確認と定期的なチェックを忘れずに。

I'd like to hear your side of the story.

I appreciate that. Probably that will sell more systems in the end.

> ネガティブフィードバックの伝え方には注意が必要。相手の言い分に耳を傾け，理由と共にアドバイスを与えたあと，感謝の言葉と結果的に生じるメリットで締めくくるのが効果的です。

Before that, let's get brainstorming out of the way just in case.

> 外国人を含む会議で日本的な秩序は期待できません。まずブレーンストーミングで自由に意見を出させ，それをもとに進めることでクリエイティブな議論が可能になります。

Our client is now waiting for it. Punctuality is very important for us because they are a new client.

We still need to provide the estimated costs. Do you think you can complete these tasks by tomorrow afternoon?

Great, but let me remind you we are having a department meeting tomorrow morning. Are you sure you can complete the tasks by the afternoon?

> 東南アジアなどでは，怒りをあらわにすることは上司にふさわしくない行為とみなされます。ミスの理由を問い詰めたりせず，忍耐強く一つ一つ確認し指導する必要があります。

For example, seeing how the marketing approach actually works in the sales arena is a plus for you.

I think a couple more months in sales and then maybe some time in finance might be very helpful to round out your job knowledge.

How about if we meet every couple of months to briefly discuss your progress?

If successful, we could think about an expanded role when you come back.

外国人社員のモチベーションを維持するには，明確なロードマップに照らしてその意義とメリットを説明し，それを定期的に確認するプロセスが重要です。

No.35 **言い分を聞くのも含め，フェアな待遇に努める姿勢を言葉で示すことが重要**

I hope I'm not treating anyone unfairly, but I'd like to listen to your concerns.
I know it may mean extra-work for you. I intend to reflect it in your performance evaluation.

欧米はフェアさに敏感。アンフェアだと感じている相手の主張には耳を傾けること，フェアな評価と処遇に努める姿勢を言葉で伝えることが重要です。

No.36 **反省会文化のない国では視点を未来とメリットに定めて説明する**
I'd like us to share what we learned from the previous project, positive or negative. So we can move forward then.

ミスや至らなかった点をメンバーとシェアするのは他者に弱みをさらすことと捉えられることがあります。視点を未来とメリットに定めた未来志向の説明・説得が鍵となります。

No.37 **交渉では相手からの攻撃を毅然としてロジックで抑える**
I've been given the authority, and it's me you have to deal with. We wouldn't be having this conversation if you had paid well in the first place, or at least, notified us earlier.

交渉相手からの攻撃をロジックで抑えるためには，相手の責任と義務範囲を見定め，こちらの論拠となる契約条件などを押さえておくことが重要です。

No.38 **「あなたにとってそうするのが理に適っている」というロジックで人を動かす**

In the first place, you assured us that you could add the latest biometric authentication feature. But it turned out you couldn't implement it. The added features are to compensate for the failure.

攻撃的な相手に対して自ら歩み寄るのは危険。自分の正しさを主張し，どうするのが理にかなっているのかを説いて相手を動かす戦術が効果的です。

No.39 **交渉ではディテールから始めず，目的とグランドデザインを明確化する**
Let's start with clarifying why we are interested your product specifically.

いきなりディテールから入るのはNG。スモールトークで距離を縮め，why（目的）を明確にし，そのあとhow，whatへと議論を進める流れがスムーズです。

No.40 **問題が生じた場合，ともに解決策を探る姿勢を見せることが誠意として評価される**

I'm willing to bring this up to the management, but I can't guarantee they will reconsider the decision.
In the meantime, let's have a video meeting to talk about what kind of tactics might be persuasive.

問題の事後処理においては謝って終わりではなく，相手の言い分に耳を傾け，自分に何ができるかを考え，ともに解決策を探る姿勢が大切です。

【参考文献】

Al-Omari, Jehad (2008) *Understanding the Arab Culture*, 2nd Edition. Robinson, London.

Alamri, Sarah. (2001) "Compliment production and compliment responses in immersion and non-immersion environments.: Saudi English learners," Doctoral dissertation, University of Roehampton. "

Ali Alsamawi et al. (2017) "OECD Science, Technology and Industry Scoreboard 2017　The Digital Transformation." OECD Publishing.

ベロック，ヒレア（2016）『ユダヤ人 なぜ、摩擦が生まれるのか』祥伝社，東京．

ベルティ，ルチャーノ（不詳）『ウフィツィー全作品カタログ』ベコッチ出版，フィレンツェ．

ボアズ，ベンジャミン（2022）『日本はクール！？間違いだらけの日本の文化発信』クロスメディア・パブリッシング，東京．

Breen, Michael (2017) *The New Koreans: The Story of a Nation*. Thomas Dunne Books, New York.

Brown, P., and S. C. Levinson (1987) Politeness: Some Universals In Language Usage. Cambridge University Press, Cambridge.

千葉祐大（2019）『異文化理解の問題地図～「で、どこから変える？」グローバル化できない職場のマネジメント』技術評論社，東京．

Conrad, Richard (2019) *Culture Hacks: Deciphering Differences in American, Chinese, and Japanese Thinking*. Lioncrest Publishing, Austin.

Edney, Victor Douglas (1990) "The political, social and economic ideas of John Macmurray," Doctoral dissertation, London School of Economics and Political Science.

Ferraro, Gary P., and E. K. Briody (2017) *The Cultural Dimension of Global Business*. Routledge, London.

藤井恵（2014）『タイ・シンガポール・インドネシア・ベトナム駐在員の選任・赴任から帰任まで完全ガイド（改訂版）』清文社，東京．

Granrath, Lorenz（2015）「講演録-304 ドイツにおける博士の育成と活用　フラウンホーファー日本代表部における経験から（Training system of Doctorates and their utilization in German society. From the experience as the representative in Japan of the Fraunhofer.）」文部科学省科学技術・学術政策研究所第1調査研究グループ．

Haidt, Jonathan (2013) *The Righteous Mind: Why Good People Are Divided by Politics and Religion*. Penguin Books, London; New York.（邦訳題『社会はなぜ左と右にわかれるのか──対立を超えるための道徳心理学』）

Herrigel, Eugen (1953) *Zen in the Art of Archery*. (trans. from German by R. F. C. Hull).　Routledge and Kegan Paul, London.（邦題訳：『弓と禅』）

Hofstede, G. H. (1984). *Culture's consequences: International differences in work-related values* (Abridged ed.). Beverly Hills, CA: Sage.（邦訳訳『経営文化の国際比較：多国籍企業の中の国民性』）

ホームズ，ヘンリー（2000）『タイ人と働く─ヒエラルキー的社会と気配りの世界』末廣昭（訳）．めこん，東京．

Huntington, Samuel P. (1996) *The Clash of Civilizations and the Remaking of World Order*. Simon & Schuster, New York.（邦訳題『文明の衝突』）

飯田光孝（1992）『タイあたりカルチャー・ショック─若き企業戦士の異文化体験』勁草書房，東京．

飯山陽（2018）『イスラム教の論理』新潮新書．新潮社，東京．

池田謙一（2021）「第7回「世界価値観調査レポート」最大77カ国比較から浮かび上がった日本の特徴」電通総研および同志社大学．

インテック・ジャパン（編著）（1990）『多くの実体験に学ぶ海外適応型社員になる法—国際派ビジネスマン37人の証言！』マネジメント社，東京.

糸木公廣（2013）『日本人が海外で最高の仕事をする方法—スキルよりも大切なもの』英治出版，東京.

ジョイス，コリン（2009）『「アメリカ社会」入門 英国人ニューヨークに住む』生活人新書，谷岡健彦（訳）. NHK出版，東京.

ジョイス，コリン（2018）『マインド・ザ・ギャップ！日本とイギリスの〈すきま〉』NHK出版新書，鍛原多惠子（訳）NHK出版，東京.

カーネギー，デール（2016）『人を動かす』文庫版，山口博（訳）. 創元社，東京.

Kaplan, Robert B. Kaplan (1966) "Cultural Thought Patterns in Inter-cultural Education." A Journal of Research in Language Studies Volume16, Issue1-2, 1-20.

カップ，ロッシェル（2015）『反省しないアメリカ人をあつかう方法34』アルク，東京.

唐沢憲正（2003）『アメリカ駐在員引継書 ビジネスマンから見たアメリカの本質』文芸社，東京.

片野優，須貝典子（2012）『こんなにちがう ヨーロッパ各国気質—32か国・国民性診断』草思社，東京.

Keller, Eric Keller, and Sylvia T. Warner (2002) Conversation Gambits — Real English Conversation Practice. HEINLE, CENGAGE learning, Hampshire.

木村時夫（1983）「対華二十一条要求と大隈重信」早稲田人文自然科學研究 vol.23, 1-24. 早稲田大学社会科学部学会.

岸岡駿一郎（2004）『アメリカで欲しがられる日本人 嫌がられる日本人—出向先を伸ばす方法と考え方』白石書店，東京.

小平達也（2013）「異文化タレントマネジメント—外国人社員を部下にもつ上司に求められるコミュニケーション技術—」企業と人材 2013年1月号, 24-18.

小池生夫，髙田智子，松井順子ほか（2010）『企業が求める英語力』朝日出版社，東京.

コーリー，マイケル（2011）『もし「ガイジン」が上司になったら』ディスカヴァー・トゥエンティワン，東京.

公益社団法人中小企業研究センター（編著）（2015）「中小企業のハラールへの取組」調査研究報告 No.129, 公益社団法人中小企業研究センター

幸地司（2008）『オフショア開発に失敗する方法—中国オフショアのリスク管理』ソフト・リサーチ・センター，東京.

江河海 (2004)『こんなに違う中国人の面子（メンツ）—不思議な国がよくわかる25人の証言』佐藤嘉江子（訳）. 祥伝社，東京.

小山和智（1998）『インドネシア・マレイシア駐在員マニュアル—88のアドバイス』旺史社，東京.

久米功一ほか（2015）「五カ国マネジャー調査」リクルートワークス研究所，東京.

楠本徹也（2018）「日本の職場における中国人従業員の日本人とのコミュニケーション問題」東京外国語大学留学生日本語教育センター論集44, 35-48.

Leech, Geoffrey, (2014) The Pragmatics of Politeness. Oxford University Press, Oxford.

Lonien, Claude (2022) Land of the Rising/Falling Sun: The Quest for a New Japanese Economic and Social Model. ユニオンプレス，大阪.（邦訳題：『日の出ずる国、日の沈む国—新たなる日本の経済社会モデルを求めて』）

Lucas, S.E. (2012). The art of public speaking. New York City, NY: McGraw-Hill.

McGraw, A.P., Warren, C. (2010) "Benign violations: Making immoral behavior funny." Psychological Science, 21, 1141–1149.

Meyer, Erin (2016) *The Culture Map: Decoding How People Think, Lead, and Get Things Done Across Cultures.* PublicAffairs, New York.（邦訳題：『異文化理解力―相手と自分の真意がわかる ビジネスパーソン必須の教養』）

Michael J. Sandel (2021) The Tyranny of Merit: What's Become of the Common Good? Penguin Books; London; New York.（邦訳題『実力も運のうち：能力主義は正義か？』）

宮森千嘉子，宮林隆吉 (2019)『経営戦略としての異文化適応力 ホフステードの6次元モデル実践的活用法』日本能率協会マネジメントセンター，東京.

日本聖書協会（編）(1993)『聖書』口語訳，1955年改訳. 日本聖書協会，東京.

鍋島有希 (2015)「日本の大学を卒業した外国人社員の職場における葛藤と解決方略（中小製造業企業を事例として）」グローバル人材育成教育研究2巻2号.

鍋島有希 (2016)「外国人社員の「職場における学習」と大学教育に関する研究：日本企業の人材育成で起こるコンフリクトに着目して」九州大学博士論文.

中島マリン (2012)『タイのしきたり』めこん，東京.

中村圭志 (2017)『聖書、コーラン、仏典―原典から宗教の本質をさぐる』中公新書. 中央公論新社，東京.

中田考ほか（監）(2014)『日亜対訳 クルアーン―（付）訳解と正統十読誦注解』作品社，東京.

那須理香 (2015)「1893年シカゴ万国宗教会議における日本仏教代表 釈宗演の公演―「近代仏教」伝播の観点から―」日本語・日本学研究第5号，東京外国語大学.

日本仏教研究会（編）(1995)『アジアの中の日本仏教 (2)』日本仏教研究会，東京.

西田ひろ子 (2002)『マレーシア、フィリピン進出日系企業における異文化間コミュニケーション摩擦』多賀出版，東京.

西田ひろ子 (2003)『日本企業で働く日系ブラジル人と日本人の間の異文化間コミュニケーション摩擦』創元社，東京.

西田ひろ子 (2008)『グローバル社会における異文化間コミュニケーション』風間書房，東京.

西田ひろ子（編著）(2016)『中国、ベトナム進出日系企業における異文化間コミュニケーション考察』風間書房，東京.

小倉紀蔵 (1998)『韓国は一個の哲学である―「理」と「気」の社会システム』講談社現代新書. 講談社，東京.

大熊玄 (2015)『鈴木大拙の言葉―世界人としての日本人』朝文社，東京.

大西和彦 (2011)「ジェトロ ベトナム人材調査 歴史と文化から見たベトナム人～人材育成と活用への心構え～」ジェトロハノイセンター.

太田正孝 (2008)『多国籍企業と異文化マネジメント』同文館出版，東京.

パワー，カーラ (2015)『コーランには本当は何が書かれていたか？』秋山淑子（訳）. 文藝春秋社，東京.

Rawls, John (1999) *A Theory of Justice*, Revised Edition. Oxford University Press, New York.

李協京，田渕五十生 (1997)「中国人の日本留学の百年－歴史的軌跡と現在の留学事情について－」奈良教育大学紀要，人文・社会科学46巻1号，21-35.

ロム・インターナショナル（編著）(2014)『ニュースではわからない イスラム57か国の実像』KAWADE夢文庫. ロム・インターナショナル 東京.

斎藤親載 (2009)『タイ人と日本人』学生社，東京.

サター，アンドリュー・J (2004)『ユダヤ人の頭のなか』中村起子（訳）インデックス・コミュニケーションズ，東京.

清好延（せい・よしのぶ）(2009)『インド人とのつきあい方―インドの常識とビジネスの奥義』ダイヤモンド社，東京.

関泰二（2016）『シンガポールとビジネスをするための鉄則55』アルク，東京.

Seah, Sharon et.al. (2022) "The State of Southeast Asia: 2022 Survey Report." ISEAS Yusof Ishak Institute, Singapore.

瀬戸千尋（2000）「ジェスチャーの使用頻度に関する実証的研究：言語の潜在的影響」異文化コミュニケーション研究12，65-77．神田外語大学.

シャンカル，パンドランギ，加茂純（2012）『インド人コンサルタントが教えるインドビジネスのルール』中経出版，東京.

茂木正朗（2013）『親日指数世界一の国！インドネシアで快適に滞在するにはコツがある』B&Tブックス，日刊工業新聞社，東京.

白木三秀（2014）『グローバル・マネジャーの育成と評価：日本人派遣者880人、現地スタッフ2192人の調査より』早稲田大学出版部，東京.

シロニー，ベン・アミン（1993）『ユダヤ人と日本人—成功したのけ者 異端視され、迫害されながら成功した両民族』仲山順一（訳）．日本公法，東京.

Squicciarini, Mariagrazia et al. (2015) "Estimating Cross-Country Investment in Training: An Experimental Methodology," OECD Science, Technology and Industry Working Papers 2015. OECD Publications, Paris.

Storti, Craig (2017) *Cross-Cultural Dialogues: 74 Brief Encounters with Cultural Difference*, 2nd Edition. Intercultural Press, Boston ; London.

鈴木大拙（1997）『新編東洋的な見方』岩波文庫，上田閑照（編）．岩波書店，東京.

鈴木岩行，谷地篤博（編著）（2010）『インドネシアとベトナムにおける人材育成の研究』八千代出版，東京.

鈴木伸子（2022）『日本企業に入社した外国人社員の葛藤：日本型雇用システムへの適応とキャリア形成の実際』ココ出版，東京.

Takei, Isao, and Jon P. Alston. (2018) *Japanese Business Culture And Practices: A Guide to Twenty-first Century Japanese Business*. iUniverse Inc, Bloomington, IN.

高橋基人（2013）『こんなにちがう中国各省気質—31地域・性格診断』草思社，東京.

Tannen, Deborah (2001) *You Just Don't Understand: Women and Men in Conversation*. Harper, New York; London; Toronto; Sydney.

塚崎裕子（2008）『外国人専門職・技術職の雇用問題』明石出版，東京.

辻周吾（2018）「日本企業における中国人社員の異文化間コミュニケーション考察－創造性開発の視点からの異文化マネジメントの提言」日本創造学会論文誌21，64-75.

海野素央，鈴木了符子（2005）『企業合併と「異文化」：企業文化の衝突』學文社，東京.

ヴェーバー，マックス（1989）『プロテスタンティズムの倫理と資本主義の精神』岩波文庫，大塚久雄（訳）．岩波書店，東京.

World Values Survey (2022) "WVS Wave 7." The World Values Survey Association, Tilburg University.

翟学伟（ザイ・ガクイ）（2004）「人情、面子与权力的再产生—情理社会中的社会交换方式—」『社会学研究』5，48-57.

ゾンバルト，ヴェルナー（2015）『ユダヤ人と経済生活』講談社学術文庫，金森誠也（訳）．講談社，東京.

【著者略歴】

鈴木武生 Ph.D.

(株)アジアユーロ言語研究所代表取締役。商社勤務後，独立し，アジアユーロ言語研究所を設立。翻訳・通訳業務，多言語辞書および漢英字典編纂，データ処理，検索エンジン開発を行うとともに，大手外資系メーカーのアジア太平洋地区ビジネス開発を支援。また企業向けスキル研修プログラム（英語，中国語，異文化理解など）の開発と実施，ならびにグローバル人材研修・開発のコンサルティングを行う。早稲田大学および跡見学園女子大学非常勤講師。(株)日中韓辞典研究所言語学顧問。さくらリンケージインターナショナル社シニアコンサルタント。趣味はジャズギター，自転車，言語（台湾語，広東語，韓国語，フランス語他）。現在台湾少数民族言語タイヤル語（文法）のフィールドワークを行っている。主な著作には『異文化理解で変わる ビジネス英会話・チャット状況・場面 115』上田怜奈監修（Z 会），『英会話のピンチ切り抜け術 成功するコミュニケーションのコツ（CD ブック）』（NHK 出版），また訳書には『詳説正規表現』ジェフリー・E．F．フリードル著，春遍雀來監修（オライリー・ジャパン），『実践フランチャイズ・ビジネス—FC 起業ノウハウのすべて』（ジョセフ・R・マキューゾ＆ドナルド・D・ボロイアン著，木原健一郎監修）などがある。

東京大学総合文化研究科修了（言語情報科学専攻），言語学博士。
会社 HP: https://asiaeuro.org

【監修者略歴】

上田怜奈

さくらリンケージインターナショナル社 CEO・米国公認会計士（ワシントン州）。山口県生まれ。日本の政府機関（通訳／翻訳官），外資系会計事務所にて勤務後，独立。2013 年に企業語学研修および翻訳の事業を開業。大手企業や大学での英語語学研修を行う。2019 年にルクセンブルクにて法人化，併せて企業の海外進出時のコンサルティング等の業務も行う。さくらリンケージアカデミー主宰。主な著作には『ビジネス英語の鬼 100 則』(明日香出版社)，『異文化理解で変わる ビジネス英会話・チャット 状況・場面 115』(Z会，監修)，『ビジネス英語のツボとコツがゼッタイにわかる本』（秀和システム）などがある。

大阪外国語大学（現大阪大学）外国語学部卒業。米イリノイ大学 MBA 課程在学中。
ブログ: https://sakuralinkageacademy.com
会社 HP：https://sakuralinkage.com

【音声吹き込み】
Jack Merluzzi
Howard Colefield
Hannah Grace

書籍のアンケートにご協力ください

抽選で図書カードを
プレゼント！

Z会の「個人情報の取り扱いについて」はZ会Web
サイト (https://www.zkai.co.jp/home/policy/)
に掲載しておりますのでご覧ください。

心をつかみ、人を動かすビジネス英会話スキル
成功するための異文化対応戦術 40

初版第 1 刷発行‥‥‥‥‥‥2023 年 3 月 10 日
著者‥‥‥‥‥‥‥‥‥‥‥鈴木武生
発行人‥‥‥‥‥‥‥‥‥‥藤井孝昭
発行‥‥‥‥‥‥‥‥‥‥‥Ｚ会
　　　　　　　　　　　　〒 411-0033　静岡県三島市文教町 1-9-11
　　　　　　　　　　　　【販売部門：書籍の乱丁・落丁・返品・交換・注文】
　　　　　　　　　　　　TEL 055-976-9095
　　　　　　　　　　　　【書籍の内容に関するお問い合わせ】
　　　　　　　　　　　　https://www.zkai.co.jp/books/contact/
　　　　　　　　　　　　【ホームページ】
　　　　　　　　　　　　https://www.zkai.co.jp/books/

英文校閲‥‥‥‥‥‥‥‥‥Mike Lloret
校閲協力‥‥‥‥‥‥‥‥‥堀田史恵（株式会社にこにこ）
装丁‥‥‥‥‥‥‥‥‥‥‥萩原弦一郎（合同会社２５６）
DTP‥‥‥‥‥‥‥‥‥‥‥株式会社 デジタルプレス
録音・編集‥‥‥‥‥‥‥‥一般財団法人 英語教育協議会（ELEC）
印刷・製本‥‥‥‥‥‥‥‥シナノ書籍印刷株式会社